JN432782

안보통일교육의 이론과 실제

박찬석 한만길 정지웅 김상무 변종헌 방만기
박형빈 안승대 권승혁 이상희 조 윤

교육과학사

머리말

2025년을 앞두고 있는 시점에서 우리의 통일은 쉽지 않음을 알고 있다. 더욱더 파악하여야 할 것은 남북한이 서로 자주적이지 못하고 한미일 동맹, 북중러 관계 개선의 기회를 가지고 있다는 것이다.

우선 우리 사회는 북한에 대한 설득과 안심 그리고 적대적 감정의 순화가 필요하다. 그러나 남북한의 집권 세력들은 강경 노선을 앞세워 소모적인 갈등을 조성하고 있다. 이러한 가운데 통일을 위한 길에 있어서 우리는 북한을 설득하여야 한다는 명제를 다시 생각하여야 할 때이다. 이러한 기초를 마련하여야 우리 사회 내부의 상호보완적 통일교육이 이루어지는 것이다.

우리 내부와 남북 사이를 생각하는 통일교육이 바로 안보통일교육으로 진화할 수 있는 것이다. 평화통일교육은 늘 들어 왔지만, 안보통일교육은 본 연구자들이 우리의 과거와 우리 주변의 통일 국가 그리고 우리의 상황을 파악할 때, 우리 사회의 통합과 궁극적으로 북한 사회의 자체 발전을 위한 설득으로 나가기 위해서는 우리의 안보와 통일 그리고 통일교육을 잘 갖추어야 할 것이라고 생각하게 되었다.

북한 사회는 주변 사회주의 국가인 중국보다도 상당히 낙후되어 있다. 그러한 상황에 있기에 아직도 이념적 강경함은 북한 당국을 엄습하고 있다. 그렇기에 남북 대립이 북한 사회를 개방화하는 데 많은 어려움을 갖고 있다. 이러한 한계적인 상황에서 북한 인식을 하루 빨리 벗어나는 길은 바로 우리 사회가 진정성 있는 우리의 안보를 스스로 지키고 북한의 안보 상황도 파악하면서 통일교육의 실천을 전개하는 것이라고 할 수 있다.

우리가 보다 진일보한 스스로의 안보 역량을 갖고 미래를 준비한다면 북한에 대한 적개심은 지나치지 않은 입장이 될 것이다. 역시 북한이 우리의 자체 안보가 강력하다고 인식하고 있다면 우리에 대해 무시하지 않을 것이다. 그러나 오늘날 남북한은 서로 강한 힘을 갖고 있음에서 우리는 서로를 화해, 협력, 대화의 길을 찾지 않고 있다. 이제 우리는 안보통일교육을 통해 남북한의 진정한 발전을 위한 상호 안보 역량을 인식하는 통일교육을 시도하여야 한다. 예를 들면 북한 인권 접근에 있어서도 북한이 정권 안보로 인식하지 않고 사회적 삶으로의 인민의 생활 향상으로 생각하도록 하는 방안을 찾도록 북한에게 대안을 주어야 한다. 그렇기에 우리의 대북 인권 단체는 대결적으로 북한 정권 전체를 멸시하고 비난하는 것에서 벗어나 북한의 인민들이 일상적 삶 속에서 인간다움을 갖게 하는 조언과 관심을 보여 주어야 할 것이다. 남북한에서 이루어지고 있는 수많은 풍선 전쟁을 우리는 과감하게 거부하면서 한반도의 미래를 위해 바람직한 일을 전개하여야 할 것이다.

우리가 구한말과 일제 암흑기, 그리고 독재 치하에 있었을 때에 미국을 비롯한 선진 선교사들이 펼쳤던 한국인에 보였던 숭고한 사랑을 우리가 북한 인민들에게 보여 주어야 할 시기인 것이다. 직접적이 아니라면 간접적으로도 북한 사회가 인간답게 살 수 있는 인민들이 숭고한 가치를 갖는 사회가 되도록 도와야 한다. 인권 문제를 갖고 북한 당국을 압도하려는 마음이 있다면 그것은 다시 전쟁을 해도 좋다는 생각일 것이다. 이제부터 우리는 남북한의 안보적 역량과 위험성을 알고 숭고하고 자연스러운 남북 인식과 교류와 협력지원에 힘을 쏟아야 할 것이다.

다가오는 2025년은 어느 때보다도 우리는 북한의 상황을 잘 인식하고 접근하여야 할 것이다. 이러한 과정에서 궁극적으로 남북통합의 길이 열리게 하려면, 우리가 잊지 말아야 할 것은 "북한을 있는 그대로" 인정하면서 그 안에서 북한의 정상화를 이루도록 하여야 한다. 이러한 순수함이 남북한 통합으로 가는 중요한 획을 스스로 생각하고 접근하여야 한다는 것이다. 따라서 북한의 전면적인 개혁을 통해 정상 국가로 가는 길이 너무도 힘들다고 우리 스스로 통일의 진행을 멈추어서는 안 된다.

북한 사회는 당분간 더욱더 그들의 국가 지향에 더 열을 올리고 강화할 것이다. 그러한 움직임으로 북한의 진정한 발전을 이루기는 어려울 것이다. 따라서 우리는 북한에 대한 전반적인 인식과 이해를 중심으로 한 교육을 모색하여야 한다. 북한의 상황을 예의 주시하면서 우리 내부의 안보통일교육을 강화하여야 한다. 북한에 대한 인적, 물적 자원을 충분히 생각하고 우리 내부의 갈등을 스스로 소화하여 새로운 남북 및 남남 평화 사회를 건설하려는 계획을 개인, 사회, 국가가 추진하여야 한다.

따라서 이러한 전반적인 어두운 분위기를 밝게 만들려는 의지로 본 저자들은 안보와 통일교육을 생각하고 논의한 것이다. 앞으로는 지금까지 진행되어 온 다양한 북한 및 통일교육 연구에 있어서 보다 분석적이어야 하며, 그것들이 총체적으로 인식되는 노력이 전제되어야 할 것이다. 북한은 그들의 새로움을 구축하려고 한다. 그러나 그러한 구축이 북한 인민들을 위한 구축이 아니라면 늘 실패할 것이다. 그러한 실패를 북한 당국은 인민들이나 남한에 핑계 두지 않았으면 한다.

북한의 실패는 우리에게는 압박이고 어려움이다. 따라서 새로운 북한의 각오가 진정으로 인민을 위한 것으로 지향돼야 성공할 것이다. 우리 역시 북한 연구의 지향이 늘 북한의 실태에 대한 올바른 관점을 가지고 파악하려는 내용성을 가지고 있어야 한다.

북한 사회는 분단과 전쟁 이후 70여 년 이상 사회주의 전형국가에서 유일사상 국가, 국가제일주의로 변모하여 왔다. 이런 사회를 우리가 파악하면 북한 인민들은 너무도 인내력을 생산해 내고 있다는 것이다. 고구려의 기상을 갖고 국가와 혼연일체가 되려는 각고의 노력으로 70여 년을 버텨 왔다. 우리는 그릇된 정부의 횡포가 있을 때마다 수차례 내부의 다양한 인식과 이해가 격론으로 치닫고 정부를 교체했다.

북한 사회가 태국식의 국왕 절대체제를 구축하면서 국가가 전문적 행정가에 의해 움직이는 사회로 변화되었으면 하는 마음이다. 그래야 북한이 다양한 가능성을 열어 놓고 선진 국가로 향한 소통과 통합을 수립하고 집행할 수 있을 것이다.

이러한 길을 안보통일교육적 활동에서 우리가 준비했으면 한다. 우리 사회가 다문화의 상황으로 가기 때문에 실질적으로 배려와 사랑을 갖춘 시민 윤리 영역을 강화하여야 하는 상황에 놓여 있다. 따라서 통일 문제에 있어서 분단 이전의 우리 사회의 제도적, 민족주의적 차원을 뛰어넘는 사회통합을 모색하는 노력이 전개되어야 할 것이다. 이를 위해서는 그동안 방만하게 실시된 다문화 교육에 대한 진지한 논의가 필요하다. 그 속에서 한국의 사회 통합적 가치관과 사고방식을 결합시키는 시민 윤리가 방안으로 모색되어야 한다.

그에 따라 본 서적은 사회 통합의 가치를 실현하기 위한 주된 역할을 교육에서 통합 방안에 관하여 논하고자 한다. 특히 본고는 주민 생활의 정신과 행동의 밑바탕이 되고 있는 가치관, 사회규범, 통일에 관한 시민 윤리 과제와 그 실천 방안에 초점을 두고자 한다.

이처럼 상호보완적 안보통일교육은 시민들의 다양한 가치관, 사회규범, 시민 윤리적 통합과 관련하여 교육을 중심으로 다루는 것이어야 한다. 이를 위한 보다 구체적이고 보다 심도 있는 원칙과 방안, 즉 장기적이고 체계적인 프로그램이 요구된다. 인간 정신의 변화를 시도하는 영역은 교육 분야이다. 교육도 사회통합 차원에서는 크게 사회적 차원의 언론, 문화 등을 통한 사회교육과 제도적 차원의 노력이 요구된다.

남북한 주민의 가치통합의 주된 역할을 담당하게 될 우리 사회의 통일교육은 통합에 있어서 문제점을 극복하려는 노력이 요청된다. 그 문제점에 대한 면밀한 분석 없이는 통일교육의 완전한 비전을 가질 수 없다. 결국 상호보완적 안보통일교육은 바람직한 시민 사회 통합이 기초되어야 하며, 이를 위해서는 체제의 유연성과 개방성을 더욱 강화하여야 한다.

우리도 상호보완적 안보통일교육의 입장에서 통일과 평화로의 길을 가기 위하여 주변 국가의 상황을 올바르게 파악하면서 민족의 특수한 관계인 남북한 문제를 슬기롭게 해결하여야 한다. 분명 우리 사회가 분단을 극복하지 못하는 이유는 바로 남북한 양자 정부, 국민들에 있으며, 그것을 극복하려는 의지를 발산할 때 가능함을 남북한 구성원 스스로는 통찰하여야 한다. 이러한 노력으로 남북 평화, 남북통일의 가능태가 실현되는 것이다. 이를 위하여 우리 대한민국 사회 구성원들은 진정한 평화 통일, 남북 통합의 갈 길을 나서야 할 것이다.

우금티를 바라보며

저자를 대표하며 박찬석 올림

목 차

제1부

이론적 탐색

제1장

박 찬 석(공주교육대학교)

안보통일교육의 실천

Ⅰ. 서론

통일교육은 국민들의 자유민주적 질서를 통해 통일 실천의지와 태도를 확립하는 교육이다(통일부, 2023: 164). 자유민주적 기본 질서는 민주주의의 실천 속에서 강화되어 오늘에 이르렀으며, 평화 및 통일을 조성하는 데 있어서 보편성을 조성할 수 교육적 기반이 된다.

그러나 한국의 정치 지형으로 볼 때, 우리 사회는 자유민주적 진영과 민주사회적 진영으로 나누어진 듯한 입장을 가지고 있다. 그러한 갈등의 원인은 양자의 세력들이 자신의 입장으로 상황을 인식하고 포용적 시각을 갖지 못하기 때문이다. 한 마디로 분단을 인식하고 접근하는 데 있어서, 자신의 입장에서 좌우 정치 집단들이 분단상황을 해석하고 있고 현실에 매우 엄중하기 때문이다.

실제로 남북을 가로 지르는 비무장지대(DMZ)는 6.25 전쟁 이후 오늘까지지도 비무장화되지 않고 애초부터 가능하지 않았다. 비무장 지역 안에 전혀 비무장 되어 있지 않다.[1] 그런 와중에서 남과 북은 다섯 번에 걸친 남북 정상회담과 두 번에 걸친 북미정상 회담이 진척되었지만, 상황이 전혀 바뀌지 않고 있다.

통일교육에서 중시한 통일의 진전을 위한 평화교육적 진행은 2024년 벽두 남북 대치와 더불어 북한의 통일논의에 대한 거부를 통해 새로운 국면을 맞이하게 되었다(조선중앙통신, 2024.1.16.).

1) The common wisdom of American GI's on duty in the area is "there ain't no D in the DMZ." Don Oberdoreer, 2001, THE TWO KOREAS: a comtemporary history, Indianapolis: Basic Books, p. 2.

> 수도 평양의 남쪽관문에 꼴불견으로 서 있는 《조국통일3대헌장기념탑》을 철거해 버리는 등 이여의 대책들도 실행함으로써 우리 공화국의 민족력사에서 《통일》, 《화해》, 《동족》이라는 개념자체를 완전히 제거해 버려야 합니다.

이러한 2024년 1월에 열린 최고인민회의에서의 김정은의 발언은 아직도 남북은 종전이 아닌 휴전상태이고 그에 따른 중대한 대치적 결함이 나타나고 있다. 이러한 북한의 인식에서 '최강의 절대적 힘'을 주장하기도 한다. 통일은 남북한의 일방에 의해 전개되는 것이 아니다. 따라서 우리는 북한의 실제적인 주민들에 대한 대남 대립과 갈등적 입장을 주시하면서 동시에 통일교육적 지향을 갖추어야 한다. 그렇게 하기 위해 통일교육 목표, 내용은 중장기적으로 북한이 거부하는 통일, 화해, 동족에 대한 교육적 소명과 실천에 대한 새로운 모색을 전개하여야 할 것이다. 그러한 차원에서 통일교육은 국가안보, 안정적 분단 관리를 추진하면서 평화증진과 같은 거대 담론에 대해 부차적인 준비로 기초할 필요가 있다.

2024년 대한민국은 남남갈등의 해소를 위한 긴 호흡을 한 시기에 이르렀다. 남북문제로 인해 발생하는 남남갈등은 정부, 시민단체를 중심으로 완화하는 길을 찾아야 한다. 그 이유는 북한 자체가 한국을 적대적으로 인식하고 어떠한 상황에서도 '강력한 군사력보유는 나라와 민족의 운명을 지키기 위해서 반드시 선택해야만 하는 필연적인 투쟁공정이며 국명적으로 받아들어야 할 력사적 과제'라고 보고 있다(조선중앙통신, 2024). 북한 자체가 매우 격정적으로 연설하는 투를 인정하더라도 이번의 경우는 남북한의 그동안 신뢰를 생각하지 않고, 어떠한 희생을 하더라도 그들의 원칙에 대한 생각이 매우 강경하다.

그러한 차원에서 통일교육의 진행은 앞으로 남북한 간의 인식에 대한 신중함이 더욱 강화되어야 할 것으로 보인다. 통일교육의 변천을 보면 반공교육→통일안보교육→통일교육→평화통일교육 그리고 이후는 안보통일교육으로 가야 할 수순으로 보인다. 그 이유는 2024년 현 북한 당국이 말하는 "미국의 사촉 속에서 강되는 일본, 대한민국의 군사적 결탁 등은 우리 국가의 안전을 각일각 더욱 엄중하게 해치고 있습니다."를 밝혔듯이 대한민국에 대해 낙인찍고 있다(조선중앙통신, 2024). 이에 따라 북한 당국은 압도적인 군사력강화와 핵전쟁억제력을 우선시하고 있다.

이러한 시국에 평화통일교육은 정체불명의 교육으로 전락할 수 있다. 평화나 통일을 원하지 않는 북한에 대해 우리 내부에는 많은 고려를 하여야 할 것이다. 이러한 측면에서 통일교육을 실시한 우리의 상황들을 파악해 볼 때, 남북의 평화와 통일을 생각하는 동시에 전쟁준비에 버금가는 안보역량을 기르는 분단의 현장에서 분쟁적 요소를 극복할 내용을 강화할 필요가 있다. 올바른 우리 내부의 안보역량을 강화하는 통일교육의 실시가 급선무이다. 이러한 이유로 안보통일교육을 실시하여야 한다. 그렇게 하기 위해서는 대북 적대적 감정을 기르기보다는 남북한 상황에 대한 올바른 인식과 우리 내부의 남남갈등의 요소를 차분히 파악하고 현재의 분단적 삶에 대한 인식과 지향 그리고 통일의지를 잘 지속할 교육이 필요한 것이다. 우리는 분단 환경적 요인들에 대한 잘 파악하여 통일로의 미래지향적 진척을 이루는 기회를 안보통일교육에서 잘 진행하여야 할 것이다.

Ⅱ. 안보통일교육에 대한 전환적 인식

1. 안보통일교육에 대한 이해

그동안 남과 북은 서로 간의 갈등과 오해가 있더라도 양자의 정부가 추구하는 통일의 규범이 적시되어 있었다. 우리의 교육에서는 평화적으로 통일을 만들어가자는 노력이 아직도 진행되고 있다. 그러나 북한 당국은 규범적 차원에서도 평화적 통일, 동족, 화해 등에 대해 매우 부정적이다. 이러한 사태에서 우리는 헌법 제4조를 바꾸지 않는 한, 그리고 우리의 분단의식 극복의 염원이 사라지지 않는 한 남북통일의 길을 가야 한다. 헌법 4조는 “대한민국은 통일을 지향하며, 자유민주적 기본 질서에 입각한 평화적 통일 정책을 수립하고 이를 추진한다.”라고 밝히고 있으며, 헌법에서 보이는 영토 문제와 통일 지향이 장구하게 앞으로 헌법 개정 이후에도 남아 있을 것이다.

이러한 차원에서 평화통일을 지향하면서 남북 전쟁 우려 문제를 극복하여야 한다. 만약 상호 갈등을 고조하는 길을 북한의 경우처럼 우리가 반통일, 반평화적 입장을 추구한다면 전쟁은 현실문제가 될 수도 있다. 따라서 위기 극복에 있어서 이전보다 더 복잡하게 된 사항을 파악하고 '성찰'과 '통찰'이라는 내부에서 힘들게 하는 통일교육을 거시적인 논의에 국한되지 말고 분단과 갈등을 어느 장소나 어느 시기에서도 학습자 스스로 정상적으로 인식하고 성찰적 사고를 하도록 하는 교육방법을 구축하여야 할 것이다(조정아, 2018: 38-39).

현재 남북한의 상황은 실질적으로 통일논의보다는 '힘을 통한 무력시위'를 전개하는 모습이다. 따라서 현실적으로 힘의 균형을 잘 유지할 수 있는 노력 안에서 통일교육을 전개하여야 할 것이다. 일방적, 침략적 의도를 갖지는 않되, 현재의 상황에 반하여 벌어질 수 있는 국지전이나 전면전 등의 침략적 행위를 막을 수 있는 안보의 확보가 요청되는 것이다(함택영, 1998: 94-95). 따라서 일반 국민들이 현재의 남북 갈등 상황에서 안전한 결과를 도출할 수 있는 방안을 찾는 통일교육의 지향점을 찾고 한다. 이러한 측면에서 통일교육의 주도를 하는 정부가 나서서 사상적 편견과 분단으로 인하여 논쟁이 일어나는 한국 사회의 단면을 융합적으로 만들어가는 통일교육적 논의를 전개하여야 할 것이다.

평화통일교육은 원칙적으로 맞는 것은 사실이나, 현실적으로 북한의 무력시위에 대한 강한 논리를 구축하는 데 한계를 보인다. 현실적으로 한국 국민들이 북한을 현상학적 차원에서 보면, 평화통일교육은 변경과 재수정의 과정을 거쳐 안보통일교육으로 변모하는 과정이 필요하다(박찬석, 2023: 276-277). 그러한 차원에서 통일교육은 안보를 중시하는 대북 인식의 사실에 따른 수정, 변경, 확장되는 것이 당연하다.

이러한 근원에 근거하여 볼 때, 통일교육은 '건전한 안보의식'에서 국가안보를 중심으로 기술하는 것이 요청된다. 북한을 경계의 대상으로 인식하는 범위를 포함하며, 우리의 주권, 자유와 권리, 생명, 환경을 보호하는 적극적 안보의식으로 확장하는 방향이 요청된다(한만길, 2019: 150). 현재로는 "균형 있는 북한관"을 교육목표로 삼기에는 안보위주의 인식이 평화위주의 인식보다 우위를 점할 상황이다. 따라서 평화와 안보를 균형 있게 보고자 하는 노력에 있어서 이전의 평화통일교육은 안보를 평화논의 속에서 파악하는 경향이 있었다면, 2024년에 극명하게 평화를 안보논의 속에서 논의하려는 안보통일교육의 입장이 대두되어야 할 것으로 보인다.

특히 러시아-우크라이나 전쟁, 이스라엘-팔레스타인 분쟁을 바라볼 때, 평화를 지키기 위한 안보에 대한 논의가 증폭된 현실 인식을 모색하여야 할 것이다. 남북한의 현실 이해의 증폭을 강화하는 안보통일교육이 우리 사회가 반드시 가져야 하는 북한 및 통일에 대한 사회 통합을 이루게 하는 평화논의의 한계를 극복하는 길을 만들어 줄 것이다.

2. 안보 역량과 평화 증진을 위한 세계시민 교육적 통일교육 접근 방안

이전 문재인 정부가 주장했던 남북 논의는 '한반도 평화 정착'이 우선이었다. 그렇기에 북한과의 관계 개선을 위한 '북한 인권'이나 '탈북 어민 강제 소환' 등에 있어서 소극적이었던 것이 사실이다(통일신문, 2024년 2월 19일자).[2] 북한이탈주민들이나 일반 국민들이 갖는 대북 인식을 파악하면서 궁극적으로는 현시점에서의 대북 인식과 통일논의로 강화할 수 있는 내용의 통일교육은 "통일의지", 통일의식", "국가안보 태세강화" 등을 강조할 필요가 있다. 안보통일교육적 전환은 평화통일교육적 논의들에서 이상적인 논의들을 현실에 근거한 통일관련 내용으로 구현하자는 것이다. '통일의지'와 '통일의식'은 장기적인 관점의 교육 행위로 보아야 한다. 그러한 차원에서 안보통일교육은 세계시민교육과의 연관성을 확대할 필요가 있다.

2) 2024년 2월 19일자 통일신문 5면, 전주명 더불어민주당 북한이탈주민 특별위원회 부위원장의 인터뷰에서 2019년 발생한 탈북어민 2명 강제북송문제는 인권 국가 대한민국이 지나치게 북한 당국의 "탈북어부가 공해상에서 북한 어민 16명을 살해했다"는 말에만 집중하면서 3일 만에 강제 북송시킨 바 있다. 특수 관계인 남한과 북한 정부가 공조하는 것은 이의가 없을 듯하지만 범죄자라도 '소수자의 인권 보호' 차원에서 깊은 인권 보호적 조사가 없었던 것이 국민 정서상 문재인 정부의 대북관이 북한 정부의 입장에 경도된 지나친 점을 파악해 볼 수 있다. 최소 탈북자들의 조사가 2~3개월 소요하는 것을 볼 때, 문재인 정부는 북한 당국에 대해 지나치게 관계 개선을 추진하려는 입장을 보였다고 할 수 있다. 그러한 입장이 북한의 대남 인식에 있어서 매우 부정적인 언사나 태도를 가중하게 하는 요인으로 작동했다고 볼 수 있다.

세계시민교육에 대한 우리 정부의 수행 과제는 2021년~2025년 "제3차 국제개발협력 종합기본계획"에 의거하여 협력과 연대를 통한 글로벌 가치 및 상생의 국익 실현을 추구하고 있다. 이러한 차원에서 우리가 추구하는 세계시민교육은 이러한 차원에서 지속가능성을 강화하는 국가교육이다. 글로벌 가치와 상생은 바로 안보와 평화를 지속가능하게 한다는 의미를 갖는 것이다. 따라서 평화와 갈등해소를 추구하는 의미에서 실질적인 안보를 구축하는 것이 평화와 갈등해소의 기초가 될 수 있다. 따라서 스스로 국가나 사회 그리고 개인은 스스로의 안위와 안전을 위한 길을 찾아야 한다. 그러한 입장에서 세계시민교육의 지속가능발전 목표(SDGs: Sustainable Development Goals)에 안보통일교육도 집중할 필요가 있다. 교육의 주체인 사람에 대한 인식을 통해 경제와 풍요로 진행하는 데 있어서 우리는 연대의식과 세계시민적 존중을 갖추어야 할 것이다(윤종혁, 2024).

안보통일교육에서는 다양성(Diversity)에 대한 인식에 있어서 보다 포용적이며 인류의 안보적 가치에 대해 평화와 갈등 해소적 차원에 기초하여야 할 것이다. 그러한 입장에서 통일을 지향하는 한국 사회와 다문화 사회에서는 다양한 학습자의 인지·정서·행동적 특성과 요구를 인정하고 그에 대한 맞춤형 교육을 제공하는 방안으로 모색하여야 한다(김미경 외, 2022: 18).

안보통일교육은 현재 불안정한 세계화의 사태에서도 세계시민의식 퇴조와 다자동맹 중심의 대립 위기 고조의 상황을 잘 인식하고 수월성(Excellence)과 공정성(Equity) 그리고 참여성(Participation)으로 학습자들의 시민성을 강화하는 안보적 최소한의 통일교육의 강화를 이루도록 노력하여야 할 것이다. 수월성, 공정성, 참여성을 기초로 한 안보통일교육은 경제적, 사회적, 민주주의적 논의를 통해 평화를 담보하는 안보역량을 구축하여 인권과 협력, 기본적 자유를 구가하도록 하는 교육이다. 지속가능한 안보통일교육이 되게 하려면 인내심을 갖고 다양성을 이해하면서 문화다양성에서의 배려가 구축되어야 할 것이다. 상호 존중의 거버넌스는 절제된 개인과 국가의 삶에서 창발적인 역량을 도모할 때 생성되는 것이다(윤종혁, 2024). 이러한 입장에서 안보통일교육은 기존의 통일안보교육과는 달리 한반도의 분단 상황에서 최적의 안보역량을 구축하여 한반도 평화를 만들어내는 노력에 따라야 한다. 대북 적대적 안보 역량 강화는 세계시민교육 차원에서 한계를 지울 수밖에 없다. 동북아의 평화 증진을 위한 자체 안보 역량 강화라는 목적으로 논의를 전개하여야 할 것이다.

즉 미래 통일 사회를 기원한다면, 안보통일교육은 학습자가 냉철한 한반도 분단 상황을 인식하고 통일교육에서 도달할 수 있는 과정적 남북 상호 이해 교육을 전개하여야 한다. 책임 있게 안보통일교육을 실시하는 것은 급변하고 불확실한 미래 사회에서 공동체가 모두 문제해결에 참여하고 자기 주도적인 안보 역량과 평화의지 강화의 삶을 살 수 있도록 협력하는 교육을 제공하는 것이다. 따라서 안보통일교육은 그동안의 다양한 통일교육에서 만들어졌던 통일에 대한 잠재력 발휘(Potential fulfilling)를 차분히 전개하는 것으로 최종적으로 학습자 개개인이 지닌 고유의 통일 의식의 잠재력을 일깨우는 과정이라 하겠다.

Ⅲ. 새로운 안보통일교육의 이해

1. 통일교육과 안보의 기초

2024년도 통일교육은 새로운 방식의 접근이 요청된다. 학습자들은 대북 인식이 매우 부정적이다. 이러한 의식을 학습자들이 갖고 있는 한, 일상적 생활 속에서 북한에 대해 대적관이나 전쟁관을 심어주기 쉽다. 이러한 상황에 몰두되면 남과 북은 민족 상쟁의 비극을 맞이할 위험성이 지극히 높다. 따라서 자체적인 안정감을 갖고 대북문제, 통일문제를 접근하게 하는 방안이 요청된다.

진보적 문재인 정부는 남북 화해 협력의 미비와 북한의 핵무기 개발로 남북 간의 평화적 미래를 일구기에는 역부족이었다. 한반도 평화프로세스를 주창하면서 영구적인 평화정착을 위한 평화통일교육을 실현하고자 하였다(윤철기, 2019: 74-75). 평화통일교육의 주장은 안보적 의지를 갖추어야 하는 상황에 대해 깊은 우려를 하는 국민들을 설득시키지 못하였다. 또한 북한 정권도 실질적인 금강산 관광, 개성공단 재개 등 남북 사이의 화해와 협력적 실천을 실시하지 못함에 따라 인내력을 상실하였다. 당연하게 파악하는 남북 화해와 협력은 야당의 협조를 얻지 못하는 상황에서 비판적 여론에 실제적으로 작동하지 못하였다. 그렇기에 평화통일교육 정책은 대북 논의에서 성과를 얻지 못하고 국민들은 북한을 의심하며 동시에 문재인 정부도 오해 받게 되었다. 그에 따라 이성적 안보통일교육을 강화하여야 할 노력이 요청된다고 하겠다.

안보통일교육의 목표는 우리 사회의 안정적인 갈등 문제에 대해서 생각하는 기회를 갖는 것이다. 2024년 현재 오늘날 우리 사회는 안보에 대한 다양한 사안이 발생하고 있다. 이는 소통의 부재에서 중대한 비판 의식을 갖는 것에서 분출되는 것이다. 분명 남과 북의 험로는 윤석열 정부 출범 이후 새로운 안보시대를 알리는 중요한 단서에 노정된다. 지금의 시대는 남북이 군사력으로 무장하는 안보의 갈등을 보이고 있다. 이전의 진보 정부에 비하여 윤석열 정부는 북한의 핵개발과 대한국 의식에 대해 회의적이었다.

2020년대 중반 세계 국가들은 내부적 민주주의에 있어서 지속적으로 발전하지 못하고 있다. 북한은 말할 것도 없이 러시아, 중국. 일본, 북유럽, 서유럽에서도 민주주의 쇠퇴현상이 발견된다(박구용, 2022: 82). 이러한 상황에서 한 국가 구성원들은 다양한 문제를 해소하기 위해 자체의 개인 안보, 사회 안보, 국가 안보를 지향하는 교육을 강화하여야 할 것이다.

특히 분단의 위기가 상존해 있는 남북 상황을 안정적으로 관리하기 위해서는 장기적인 계획을 추진할 필요가 있다. 현재의 한반도와 동북아 정세를 볼 때, 우리는 안보적 의지를 갖는 것을 당연하게 파악하고 있는 것이다. 그렇기에 대북 논의에서 새로운 이성적 안보통일교육을 강화하여야 한다는 것이다.

첫째, 안보통일교육은 남북 상호 편견, 전쟁에 대한 무지 극복을 가능하게 국가 안보 교육을 전개함과 동시에 통일교육에서의 이성적 대북 논의를 전개하여야 한다. 그동안 남북한은 각자 주변 국가 간의 정상적 논의를 실시하면서도 한반도 휴전 상황 위기관리를 증대하고 있다. 남북관계에 있어서 적대적 관계를 '힘에 의한 평화'를 가속하는 남북한 사이에는 안보 딜레마가 해소되지 않고 있다(제성훈, 2023: 703).

남북한의 신뢰구축과 실질적 화해·협력 없이 평화협정을 문재인 정부에서 시도하였다. 그러나 현실적으로 남북한뿐만 아니라 분단 관련 당사국들의 평화협정

조건인 실질적 평화가 한반도에 구현되지 못하고 상호 핵보유에 매진하고자 노력하고 있다(정성장, 2023: 44). 따라서 우리 내부에서는 평화를 조성하는 노력이 실질적으로 구현되는 조치가 이루어지지 않은 상황에서 남북의 갈등을 극복하는 데 한계를 보이고 있다. 따라서 우리가 추구하는 통일교육에서 현재로서는 안보라는 의미를 부각하여 남북 상황의 갈등 관리 등을 전개하는 과정이 요청된다. 이를 위해서는 국내적으로는 정부나 야당은 국민적 통합 및 국가 안보와 정전체제의 관리를 위한 초당적 협력이 요구된다. 따라서 안보통일교육은 한반도의 안정적 안보역량을 길러 내는 데 주력하면서, 이성적 평정심을 학습하도록 하여야 한다. 2024년은 어느 때보다도 남북한 정부의 상호 불신이 팽배해 있기에, 우리 내부는 스스로 안보를 지키는 통일교육적 인식과 진척이 요청된다.

둘째, 안보통일교육은 한반도, 동북아 및 세계 안보에 대해 학습자가 교육받도록 세계 시민교육적 자세를 갖추는 내용을 구현하여야 한다. 우리가 안보통일교육을 실시하는 이유는 한반도 평화와 안보를 함께 지향하려는 교육적 노력이다. 국제적으로는 한국은 미국, 일본과 군사협력을 강화하고 있고, 북한은 중국, 러시아의 관계 정상화를 위해 노력하고 있다. 또다시 한반도의 질서는 '실존적 위협'이 전개되고 있다. 그렇기에 대북안보에 기초한 안보적 대비가 요구된다. 안보통일교육은 러시아－우크라이나 전쟁에서 보듯이 자체적인 사실상 안보 역량을 갖추어야 휴전이든 평화 정착이 가능함을 볼 수 있다. 따라서 안보 역량 강화를 위한 노력을 전개하면서 지속적인 통일교육을 전개하여야 한다. 그리고 북한이 핵무장화에 대해 알고 배워서 '사실상의 안보 역량'을 통해 한반도 평화적 관리의 책무에 대해 국민적으로 학습하는 안보통일교육을 전개하여야 한다. 남북한의 정치, 군사, 이념적 대치상황을 파악하고 '안보 역량' 강화를 위한 안보통일교육을 실현하여야 한다. 사실상의 안보 역량 강화는 보다 지속 가능한 안정적인 안보통일교육을 조성하는 데 있다. 이에 안보통일교육 내용은 가능하면 남북한의 정치, 군사적 상황과 상호 이해를 위한 북한 인식 교육이 증편되어야 한다. 기존의 남북의 적대적 인식에만 머물러 있지 말고 안보통일교육은 현실적인 북한 인식의 수준을 지속하게 하는 통일교육으로 전개되어야 할 것이다.

셋째, 안보와 평화를 동시에 구축하는 안보통일교육에 대한 논의가 계속화되어야 한다. 이전의 평화통일교육은 한반도 평화 정착에 실패하였다. 이에 현실적으로 평화통일교육은 국민적 지지를 얻기 어려운 실정이다. 즉 북한의 남북 신뢰에 대한 태도 변화가 없으며 남북한의 고강도 군사력 증가가 이루어지고 있고, 아직도 한반도에서 첨예한 군사적 긴장상태가 고조되고 있다. 따라서 평화통일교육을 시도하기에는 시간이 더욱 필요하다. 실질적으로 한반도 안보 상황을 직시하고 대북 인식을 건실하게 파악할 수 있는 안보통일교육을 진행하여야 할 것이다. 그러한 안보통일교육은 평화를 구축하기 위한 안보 역량을 강화하고 대북 인식을 직시하는 국민적 안보와 평화 정착의 교육이라고 하겠다. 학교나 사회 현장에서는 북한에서 실시되는 사회, 문화, 교육, 일상생활에 대한 올바른 인식을 통해 남북 분쟁의 입장에만 집중하지 말고 평화적 안전 상황을 준비하는 안보통일교육적 내용이 부여되어야 할 것이다. 안보통일교육적 공간은 군사적 긴장과 충돌에 대해 예방책을 제시하여야 한다. 안보통일교육은 분단 한반도에서 실시되어야 할 숙명적 교육이다. 따라서 안보통일교육에 대한 인식에 있어서도 안보와 평화의 긴 호흡을 갖고 통일교육적 해결 역량을 강화하여야 할 것이다.

2. 안보통일교육의 내용

안보통일교육은 학습자들의 통일에 대한 필요성이나 안보 의지를 점검하는 내용을 담고 있어야 한다. 그렇기에 보수나 진보 정권은 앞으로 다투어 통일에 대한 대책과 미래적 논의를 계속 주장하였다. 그러나 현실은 통일의지나 의식에서 계속 줄어들고 있다.

2017년 10월에 파악한 통일 필요성 인식 자료(민주평화통일자문회의, 2017: 36-37)와 2020년 3월에 조사한 자료(민주평화통일자문회의, 2020: 54) 그리고 2023년 12월에 파악한 통일 필요성 인식 자료(민주평화통일자문회의, 2023b: 47)를 보면 통일 필요성에 대한 인식이 매우 달리 나타난다. 통일의 필요와 불필요로 나누어 볼 때, 상당히 통일의 불필요에 대한 입장이 강조되고 있다.

〈표 1-1〉 통일필요성 인식

(년도 추이)	필요 (2017.10 → 2020.03 → 2023.12)	불필요 (2017.10 → 2020.03 → 2023.12)
단위: %	76.0 → 69.2 → 64.0	22.5 → 28.7 → 35.3

실질적으로 통일의 필요성은 계속 줄고 있으며 통일교육 관계자들은 우리 정부가 이러한 환경 속에서 무엇을 강구하여야 적극적인 통일 실천과 그에 대한 안보 역량과 평화 증진을 이룰 수 있을지 알 필요가 있다.

그동안 통일필요성 인식 추이(민주평화통일자문회의, 2023b: 48)를 보면, 실질적으로 통일 문제 접근에 있어서 국민적인 호응을 적극적으로 얻지 못하고 있다. 통일 실천은 앞으로 장기적인 교육적 방안을 전개하여야 할 것이다.

앞으로 전개되는 안보통일교육은 궁극적인 평화통일을 이루기 위한 방안으로 국민적 의견 수렴과 논의에 주목하여야 할 것이다. 국민들은 남북한 대치 상황에서 제대로 된 통일 미래를 만들기 위해서는 안보적 역량을 강화하기를 주목한다. 러시아-우크라이나 전쟁, 이스라엘-하마스 전쟁의 두 개의 전쟁 상황에서 2024 뮌헨안보회의에서 유럽의 각국 정부의 우선순위는 '안보'가 우선되고 있다(정은숙, 2024: 1). 따라서 정부는 일상생활 속에서 개개인이 자신의 안전과 보호를 위한 실천 방안을 모색할 필요가 있다. 국가 장래의 통일을 구현할 방법은 한 개인의 평온은 물론 한 사회의 안전을 보장하는 것이다. 이 안전은 평화와 직결되며, 평화와 안전, 즉 개인 안보를 실현하는 자아와 사회 조건이 잘 조화를 맺어야 한다(박보영, 2006: 53). 이러한 차원에서 안보통일교육은 개인안보, 사회안보, 국가안보에 대한 내용을 완성하여야 한다. 이에 정부는 범국민통합 안보대책을 세우며 우리 사회의 적극적인 안보 의지와 통일교육적 논의를 보장하여야 한다.

앞으로 안보통일교육은 안보 역량을 강화하는 길을 모색하는 내용을 갖는다. 이에 통일에 대해 장기적인 자세를 가져야 한다. 그 이유는 북한이 맹렬히 현재 상황의 통일, 동족, 화해, 협력을 거부하고 있기 때문이다. 그에 장기적인 분단 체제 관리를 안정화하며 안보에 대한 논의를 더욱 확충하여 스스로 다양한 논쟁에서 '자유민주적 포용성'을 길러 내야 할 것이다. 안보의 논의는 평화통일교육

주창자들의 비판을 수용하고 현실적인 대안들을 제시하여야 한다. 그 이유는 자유민주적 포용성은 안보의 다중적 관점에서 평화 능력을 포용하는 경향을 갖는다. 자유민주적 포용성은 세계시민적 가치를 갖고 안보, 화해와 용서의 능력을 갖추는 것이다. 이러한 논리들은 앞으로 전개되는 통일문제에 대한 갈등적 요소에 대해 보다 포용적인 헌법 정신에 기초한 안보와 평화 그리고 인권 존중, 배려, 정의, 책임의 덕목을 전개할 것이다.

이러한 취지에서 안보통일교육은 통일문제를 다루는 데 있어서 안보 역량을 학습자가 키우는 교육이다. 평화로운 삶은 스스로 지켜내는 개인 안보 역량이 기초되어야 한다. 그렇기에 개인이나 사회 그리고 국가적인 갈등 속에서도 기초가 되는 개인이 현혹되지 않고 스스로 안전보호를 구축해 나가는 것이다. 따라서 안보통일교육은 전쟁 없는 안보를 추구하며 스스로 자강력을 길러내는 것이다. 러시아-우크라이나 전쟁에서 보여준 정치 지도자들의 말에 현혹되어 전쟁에 동조하여 전쟁을 치르는 국민들의 비참함을 우리는 상기하여야 한다. 그러한 차원에서 안보통일교육은 안보를 통한 학습자의 굳센 의지가 어떠한 상황에서도 안보 딜레마를 인식하고 감당하게 하는 기초를 함양하는 교육이다. 안보통일교육은 학습자들의 안보 역량을 길러 장기적 통일 안보의 진척을 위한 다각적인 관심과 노력을 강화하여야 한다.

러시아-우크라이나 전쟁, 이스라엘-하마스 전쟁을 겪고 있는 2024년 현재, '힘에 의한 평화'는 안보적 딜레마를 고조할 위험도 있다. 즉 '힘에 의한 평화'를 진척하는 안보는 늘 전쟁을 대비하여야 하는 안보 딜레마를 해소하지 못한다(제성훈, 2023: 699). 따라서 우리가 추구하는 안보통일교육은 분단의 역사, 통일 한국으로의 진행을 위한 준비 그리고 대북 인식을 배우면서 애국심과 통합된 안보와 평화 지속적 통합의 정체성을 마련하여야 한다. 이제는 안보통일교육적 논의를 강화하여 북한 인식 교육을 포함하여 통일로 가기 위한 국제 관계, 한미일관계, 남북 관계를 이해하는 학습 시간을 가져야 한다.

Ⅳ. 안보통일교육의 실천 문제에 대한 논의

1. 남북한 안보적 논의의 중요성

'힘에 의한 평화'가 안보통일교육의 전부라고 생각한다면 한반도의 위기는 고조될 것이다. 북한이 스스로 한(조선)반도의 평화를 위해 핵무기 제작에 박차를 가한다는 말과 행위로 한반도 안보를 위기로 몰아넣고 있다. 이러한 이율배반적인 입장을 강조하기 위한 안보통일교육은 한반도의 평화와 안전을 위해서는 위험성이 높다. 따라서 '힘에 의한 평화'도 추구하면서 동시에 북한 상황을 인식하고 신뢰를 구축하는 노력도 병행하여야 한다.

현재 남북한 간의 이질적 반감은 더욱 확대되고 있다. 상호 이해를 위해 접근하기에는 매우 어려운 상황이다. 더더욱 북한은 그들이 추구하는 통일이 이루어지지 않는다면 한국과의 통일논의는 불가하다고 못 박고 있다. 그렇기에 안보통일교육은 분단 사회에서 소극적인 평화만이라도 구축할 수 있는 북한 인식교육을 주장하는 바이다. 갈등 국가 간이나 집단들이 서로 제대로 인식만 하여도 갈등의 증폭은 막을 수 있다. 따라서 남북한의 엄중한 갈등 상황 속에서도 북한 인식의 교육적 성과는 분명히 존재한다. 북한의 실정을 가장 잘 파악하고 대책을 세우는 한국 사회의 국민적 교육, 안보통일교육이 진행되어야 후일 전쟁도 막고 관계 개선을 이루어내서 통일로 가는 길을 진행할 기틀을 만들어야 할 것이다.

우리 사회는 안보적 취약성을 본질적으로 극복하여야 함을 안보통일교육에서 다루어야 할 것이다. 북한의 존재함을 파악하면서 안보통일교육은 역사적으로 민족 내부의 갈등에서 인내하며 통일의 길을 모색하던 신라, 고려의 역사적 교훈을 배워야 할 것이다. 분명 좀 더 유연한 자세에서 국가안보를 상기할 필요가 있다. 안보는 국가의 취약성을 감소하는 과정이 필요하다. 안보 역량은 국가의 생존과 번영을 위해 주로 사용된다(김열수, 2010: 181). 정상적인 안보 역량은 방어(defence), 억제(deterrence), 강압(coercion) 그리고 과시(swaggering)를 잘 활용하여야 한다. 최대한의 안보 역량은 전쟁을 막는 것이며, 지속가능한 번영을 추구하는 것이다.

군사 행동은 지도자와 국민의 머릿속에서 시작될 수 있다. 그렇기에 국가는 스스로 방어하고 전쟁을 억제하고 강압을 이겨내서 안보와 평화를 위한 배려를 조성하고 지속적으로 자체의 번영을 추구하여야 한다(차승주, 2023: 247). 이제 북한은 한국에게는 강압과 미국에게는 과시를 통해 자체 전쟁 수행 능력을 앞세우고 있다. 그러한 상황에서 우리의 현실은 안보통일교육을 통해 안정적인 안보 역량과 범국가적 차원에서 민주주의를 강화하고 인류 보편적 권리를 조성할 수 있는 세계 평화활동에 주력하여야 한다. 그러한 전반적인 인식을 도모하는 안보통일교육은 우리의 안보 역량을 통해 북한에게 전쟁을 상정한 조치를 방어, 억제하려는 최소한의 현실적 논의를 구상하는 것이다.

이 과정에서 안보통일교육은 현실적 북한 인식을 위해 북한과의 '갈등'과 '화해'의 양상을 안보적 차원에서 인식하고 교육하여야 한다(홍석훈, 2018: 110). 언제든지 북한은 핵무기로 '공포의 균형' 내지는 '실존적 위협'으로 우리 사회를 압박하고 있다. 이러한 상황에서 한・미・일 군사 동맹을 강화하는 상황에서 북한의 핵 전술에 담대하게 대응할 필요가 있다(정성장, 2024: 34). 북한이 수소폭탄과 ICBM을 개발하는 것은 한국에 대한 압도적인 군사력 우위를 확보하고자 하는 의도를 갖는 것이다. 이러한 생각에 몰두하는 북한과의 통일을 준비하는 우리 사회는 북한에 대한 안보적 역량을 갖추어야 하고, 그러한 안보통일교육을 실시하여야 한다.

따라서 우리 사회는 북한의 현 변동적 상황에서 한국에 대한 강한 불신이 있음을 인지하고 계속 안보통일교육을 통해 다양한 상황을 준비할 필요가 있다. 그러한 상황에서 안보통일교육은 북한의 다양한 반한 정책을 수습하면서 북한에 대한 안보적 통일교육을 보다 더 보강하여야 한다. 따라서 우리의 안보통일교육은 안보적 논의 작업을 강화시키며, 문화적, 환경적 기초를 파악하여 민족적 통일로의 길, 세계시민사적인 통일의 길을 찾아야 할 것이다.

전쟁과 휴전이 지나간 상황 속에서도 한반도는 긴장, 분쟁의 폭력적 언사들이 전개되고 있다. 그렇기에 휴전 상황을 잘 관리하면서 동시에 안보적 역량을 조성하여 한반도의 안전을 강화하여야 한다. '안보적 논의'를 주축으로 하여 '평화 증진', '통일 논의의 강화'를 조성하여야 할 것이다.

2. 한반도의 총체적 인식과 안보통일교육의 전개

우리의 통일교육은 우여곡절 끝에 평화교육과 안보교육의 사이에서 요동쳐 왔다. 그럼에도 통일교육은 안보를 위한 통일교육, 안보를 향한 통일교육, 안보를 이루는 통일교육이어야 한다. 통일교육은 안보 속에서 평화를 구축하는 논의로 재편되어야 한다. 그렇기에 과정으로서의 통일을 지속하면서 동시에 안보를 보장하는 남북공존도 제대로 유지하는 의지를 가져야 한다.

첫째, 우리 사회는 다각적인 통일교육적 안보 환경을 조성하기 위해 안보와 평화에 대한 논의를 계속 진행하여야 한다. 건실한 안보를 구축하는 지난한 선제 노력이 이루어져야 우리 사회가 안보적인 상황을 잘 전개할 수 있다. 매일 안보를 보장하는 통일 환경을 만들지 못하였다. 이제라도 국가 안보를 구축하는 현실적 안보통일교육을 만들어 내는 환경을 조성하여야 한다. 좀 더 화목한 안보를 구성하는 안전과 안보를 지속적으로 교육하는 통일교육의 환경을 만들어야 한다.

둘째, 통일을 위한 장기적인 안보 인식을 지속가능하게 한반도 긴장 완화를 유지하여야 한다. 진정한 통일 안보 환경을 잘 조성하여 전쟁이나 갈등을 극복하고 분단 관리를 잘 조성하는 것이다. 즉 자유민주주의 이념하에 국가를 보위하고 안보 역량을 강화하여 평화적으로 통일을 하며 영구적 독립을 유지하는 것이다(김열수, 2010: 19). 이러한 국가의 목표를 통해 분단 상황에서 대북 견제와 무기 증강으로 인하여 상호 역량 이해를 전개하면서 언제나 우발적인 상황에 대비하여야 한다. 만약 남북 갈등이 일어나는 조기에 평화여건을 구축하기 위한 안보 의식 확보가 필요하다.

셋째, 안보통일교육은 현실적 남북한 상황과 한반도 주변 국가인 미국, 중국, 일본, 러시아의 관계를 잘 파악하는 것이 중요하다. 그와 함께 북한 인식 교육을 내용으로 제대로 구성하여야 한다. 한국의 평화통일 의지는 안보 역량에서 주변 국가의 설득을 얻어낼 수 있다. 구한말이나 역대 정권을 보더라도 자국의 안보 역량, 즉 국방력이 우수해야 주변 다른 나라나 어느 정부가 거부할 수 없는 동조 입장을 보일 것이다. 예를 들자면 문재인 정부가 주장한 '한반도 운전자론' 논리는 국내외적으로 대북 화해와 협력을 실질적으로 이끌어 내지 못하면서 실질적인 한반도 평화 의지를 담보하지 못하였다. 따라서 내부적으로 대북 강경적 입장을 내세우든 군비 증강을 통해 남북한 전쟁 억지력을 강조하든 국민적인 통합 역량을 갖추려는 노력을 정부가 수행하여야 한다. 그렇기 때문에 안보통일교육은 남북한의 긴장 조성의 경우에 있어서나 정부의 안보 역량이나 대북 관계 설정에 있어서 제대로 현실을 파악해 '지속 가능한 안보 보장 과정'을 학습하는 과정이 요청된다.

우리 사회는 우선적으로 북핵에 대한 위협을 대비할 안보적 보장 방안을 정부에게 요구하며, 동시에 북한과의 교류 협력을 통해 남북한 긴장 완화를 요청한다(홍석훈, 2022: 233-234). 우리 사회는 남북 관계의 장기적 관리를 위한 포석에 대해 이성적 검토와 대안을 요구한다. 그러한 사정 속에서 안보통일교육 환경은 기본적으로 북한 인식 교육이 되며 평화와 안보 논리의 활성화를 이루어낼 수 있는 것이다.

이상과 같이 안보통일교육 논리는 스스로 현실적인 상황 인식에 기초하여 지속가능한 안전 보장을 강화하여야 한다. 일단 안보통일교육을 통해 정부는 국민적 통일 논리 통합을 위해 상시적으로 진보와 보수의 논리를 제대로 파악하고 양자의 우려를 소상히 밝혀야 한다. 이러한 과정을 통해 남북한의 미래는 '평화공존'의 진척으로 통일교육을 조성할 필요가 있다. 즉 북한이 반통일, 반민족적 입장을 취하는 근간에는 북한 내부에서도 한국에 의한 흡수통일이 될 위험성과 자체 붕괴를 염려하는 경향을 읽을 수 있다. 또한 우리 역시 MZ 세대가 통일에 대한 사고가 유연화되고 한국가 통일보다는 '연합제'로 느슨한 국가체제를 원한다는 것을 상기할 필요가 있다(홍석훈, 2022: 228).[3)]

지금 우리 사회에 존재하는 통일 논리들은 현실을 아직도 제대로 파악하지 못한 채, 통일을 지향한다고 밝히고 있다. 통일의 대상자인 북한은 자체 논리를 내세우면서 남북 관계를 국가 관계로 인식하고, 두 개의 교전 국가 간의 관계로 설

---

3) 민주평통의 2023년 2분기 통일 여론 동향(민주평화통일자문회의, 2023a: 65)에 의하면 한반도 미래상에 자유왕래가 가능한 국가 52.0%, 단일국가 28.5%, 1국가 2체제 9.8%, 현재와 같은 2국가 7.9%로 나타났다. 결국 국민들은 자유왕래 가능한 2국가를 가장 가능한 한반도 미래상으로 보고 있다.

정하였다(조선중앙통신, 2024). 이러한 상황에서 통일교육은 지속되어야 통일 과정에서 중, 장기적으로 통일방식이나 통일형태에서 통일을 진실 되게 지향하는 안보통일교육이 조성되어야 한다. 북한이 스스로 '두 개의 교전 국가'로 보고 있는 것에 주시하면서 남북 화해 협력적 내용도 동시에 찾는 안보와 통일을 함께 추진하는 방안을 모색하여야 한다.

북한 당국이 더욱 부각하고 있는 반통일, 반민족적 논리는 남북 갈등과 북미 갈등이 조장되면서 기승을 부리는 상황이다. 따라서 앞으로 우리는 안보통일교육을 통해 서서히 치밀하게 통일국가 정체성을 전개하여야 할 것이다. 국내의 남남 갈등은 수습하고 미래 세대에게 갈등의 여지를 줄여 나가는 통일교육 방안을 모색하여야 한다. 학교 및 사회 현장에서는 안보통일교육에 있어서 이성적 논의 숙의를 요청한다. 그렇기에 정부의 통일교육 정책은 현장에서의 통일교육이 적극적으로 안보 역량을 강화하여 다양한 통일 과정의 사고와 입장을 생각하는 교육환경을 만들어야 한다.

우리 사회는 공론을 수렴하면서 진보와 보수가 제대로 파악할 안보통일교육을 조성하여야 한다. 우리 사회가 어떤 상황에서 불가역적인 안보 확보를 지향하고 통일을 위한 경로를 만들어 가야 한다. 그러려면 우리는 다양한 통일교육 논리를 전개하여야 한다. 그러한 의미에서 본 저자가 주창하는 안보통일교육은 분단과 동북아 현실에 근거한 안보적 접근, 평화적 접근, 다문화적 접근을 통해 북한 인식 등에서 다양한 방향의 교육적 모델을 조성하여야 한다. 즉 안보통일교육은 2024년 북한이 현재 교전 국가로 우리 한국을 인식하고 있음을 명심하면서, 동시에 남북관계를 면밀하게 파악하는 안보 유지, 평화 강화의 통일교육의 내용을 만들어가야 하는 것이다. 그래서 안보통일교육은 갈등적 사안에 대해 다각적인 준비를 지속하면서 남북 및 남남의 인식 차이를 파악하고 각각의 우려점을 해소하는 노력을 경주하자는 것이다. 6.25 전쟁의 역사적인 현실과 문제에 있어서 해결할 해법은 유비무환과 동족상잔의 비극은 막아야 할 과제인 것이다.

그러한 차원에서 오늘날 북한의 현실과 우리의 대응은 늘 고립된 독백적 수행처럼 되어 있다. 또한 우리 내부에서도 거친 상황 인식과 상호 비난의 시기에 이르고 있다. 그렇기에 이제는 민주적 논쟁을 일상화하여 논쟁 속에서 각각의 논의를 수용하는 길을 찾아야 한다. 이러한 과정은 스스로 비판적 자세를 견지하여 소통적 행위를 가속화하여 대화와 토론이 생산적이게 하도록 진척하는 것이다(하버마스, 1997: 108-109). 협력적 노력의 과정은 남북의 화해와 협력을 바로 얻기는 어렵지만 우리 내부의 참여자들의 논의를 활성화할 수 있을 것이다. 그 논의 속에서 안보통일교육은 행위갈등의 합의적 조정을 추구하며 동시에 상호 이해의 길을 작동할 수 있다. 따라서 안보통일교육은 북한 상황과 안보적 현실을 계속 교육하면서 다양한 의견으로 의사소통하는 길을 찾아 우리 내부에서 남남갈등의 의사소통이 최대한 열리는 공간을 찾고자 하는 것이다.

V. 결론

안보통일교육적 논의는 대북 인식에서 극단화를 줄이고, 우리 내부에서 보다 민주적으로 세계시민 교육적 입장을 강화하려는 과정을 갖는 것이다. 자유민주적 노력과 민주 사회적 노력은 21세기 국가 발전의 필요한 동력이다. 그러한 의미에서 안보통일교육의 내용은 안보 역량과 평화 조성의 노력을 우리 내부가 갖추는 교육에 접목되어야 한다. 통일 환경을 맞이하기 위해서는 현실적인 자유와 평등 그리고 개인과 공동체를 중시하는 변화가 필요하다. 따라서 남북한의 민족적 입장도 중요하고 개별화되는 개인주의도 지극히 중요하다.

따라서 안보통일교육은 '통일'에 주시하면서 동시에 '안보'의 보장을 통한 통일에 수반되어야 할 보다 높은 가치들에 관심을 두어야 할 것이다. 즉 인권과 민주주의 문제, 자유와 평등의 문제에 대한 차이의 이해·관용 등을 포함하여 재인식을 하는 방안을 찾아야 한다. 북한의 인권을 바라보는 시각도 동족으로의 주민해방적 차원으로만 보지 말고, 세계시민 교육적 측면에서 국제 구호나 북한 사회 자체 논의로 보면서 지원할 필요가 있다. 또한 우리 내부의 불평등한 사회적 문제를 개선해 나가는 노력도 병행되어야 한다.

> 통일 후 얼마 지나지 않아 발견된 것은 '언어'의 차이였다. 서로 대화는 할 수 있었지만 적지 않은 단어가 동독과 서독에서 다른 뜻과 뉘앙스로 사용됐다. 상이한 체제가 만든 다른 언어는 문화적 장벽으로 작용했고, 소통에서 어려움이 발생했다(강구섭, 2021: 105).

이런 현실 속에서 보면 우리 사회도 자유주의, 민주주의, 평등, 사회주의, 평화, 안보 등의 용어에 대해 불편부당한 입장을 갖도록 스스로 노력하여야 할 것이다. 자기 이념에 사로잡혀 있으면서 통일을 말한다는 것은 앞으로 갈등을 더욱더 증폭하려는 만행을 저지를 수 있다. 따라서 그러한 차원에서 즐겨 쓰는 용어의 개방적 인식이 요청된다. 자유, 평등, 평화, 안보, 통일 그리고 번영은 모두 통일교육에서 중요한 내용 요소이다. 그러한 입장에서 새로운 시각은 원래 있던 의미를 변형 없이 지속하려는 마음가짐이 필요한 것이다. 긍정적인 언어의 확산을 위해서 노력할 때, 문화적 장벽은 낮아진다고 하겠다.

이러한 의미에서 안보통일교육은 중, 장기 차원에서 북한의 현실과 미래에 대해 인식하며 우리 내부의 좌우 발전적 방안을 모색하는 내용을 담은 통일교육이다. 북한의 강경 노선에 대한 안보적 차원의 대비를 갖고 통일교육을 말하고, 그 속에서 안보통일교육은 통일 과정을 만들어가는 우리 내부의 다양한 정치적 입장, 교육적 입장, 운동적 입장이 승화하여 융합하는 성격을 지속하려는 노력이어야 한다. 이러한 인식 속에서 북한 논의의 교육적 입장이 안보통일교육의 내용과 학습 지도에 반영되어야 한다.

현장에서의 안보통일교육은 북한이 통일, 동족, 화해와 협력을 거부한다고 계속 외치고 있다 하더라도 실질적인 한반도 평화와 안보를 위해 학습자 중심의 통일교육을 이루고자 하는 노력이어야 한다. 계속 가중되는 이념 및 세대, 남남 갈등을 줄이게 하려면 평화와 안보의 문제를 이중적으로 파악하고 인식하는 노력이 필요하다.

왜 안보통일교육인가는 바로 남북한의 다름을 인정하고 현실적으로 위축되는 통일의지를 보면 알 수 있다. 그렇기에 통일에 대한 요구는 현실에 기반을 둔 안전성을 찾고 한국 사회가 지향하는 통일 미래를 만들어 가자는 것이다. 한국 사회가 국민들이 참여하여 일상적인 억압을 막는 안보통일교육을 지향하여야 한다. 그래야 사회가 평화적 분위기에서 현실적인 상황을 인지하는 안보적 논의가 이루어질 것이다. 물론 안보적 통일교육은 올바른 토의와 토론이 갖추어져야 한다. 토의와 토론은 민주주의적 발판에서 안보통일교육의 합리적 토의와 교육기법 등이 이루어져야 객관적 북한 인식과 지식전달이 이루어질 것이다. 만약 안보통일교육을 지향하면 현재에 존재하는 보수의 논리만을 조장하면서 북한과의 극단적인 갈등 사태를 불러들이는 위험을 자초할 것이다. 따라서 2016~2017년 촛불혁명이 민주주의의 후퇴를 막았듯이(조명호, 2020: 208), 안보통일교육은 보수와 진보의 갈등을 완화하며 남북 현실을 직시하는 교육을 전개하여야 한다. 남북한 전쟁의 위험을 감지하여 예방하고 인내하도록 하는 국민적 안보, 평화 통일 환경적 조성을 이루도록 하는 안보통일교육이 우리 사회에서 온건한 방향성을 가져야 할 것이다.

참고문헌

강구섭(2021), 『독일 통일의 또 다른 이름들』, 광주: 전남대학교출판문화원.

김미경 · 김경희 · 김현미 · 이수정 · 육민정(2022), 『미래교육 전망: UNESCO 교육의 미래와 OECD 교육 2030을 중심으로』, 한국교육과정평가원 연구보고 RRO 2022-1.

김열수(2010), 『국가안보 위협과 취약성의 딜레마』, 파주: 법문사.

민주평화통일자문회의(2017), 『통일 여론 · 동향』, 2017년 3분기 통권 제11호.

민주평화통일자문회의(2020), 『통일 여론 · 동향』, 2020년 1분기 통권 제21호.

민주평화통일자문회의(2023a), 『통일 여론 · 동향』, 2023년 3분기 통권 제34호.

민주평화통일자문회의(2023b), 『통일 여론 · 동향』, 2023년 4분기 통권 제36호.

박구용(2022), "민주시민교육으로서 세계시민교육", 『사회와 철학』, 제44집, pp. 65-91.

박보영(2006), "평화교육의 이론과 과제 연구", 연세대학교 박사학위논문.

박찬석(2023), "2020년대 중반 이후 통일교육의 지향", 한국윤리학회, 『윤리연구』, 제140호, pp. 259-281.

박형빈(2020), "도덕철학 및 도덕심리학 기반 대화형 통일교육의 필요성과 방향", 통일부 · 서울교육대학교 편, 『새로운 세대를 위한 통일교육의 과제와 전망』, pp. 1-36.

요한 갈퉁, 강종일 외 옮김(1996), 『평화적 수단에 의한 평화』, 서울: 들녘.

윤종혁(2024), "2024 미래교육의 방향과 지속가능성 쟁점: 새로운 타협과 상생의 문제", 2024 코리아통합연구원 2월 월례세미나 발표 자료.

정은숙(2024), "2024 뮌헨안보회의: 두 개의 전쟁과 글로벌 안보지평", 세종연구소 편, 『세종논평』, 2024-04.

정지웅(2020), 『동북아 바둑판 한국의 새로운 접근 전략』, 서울: 태민.

정성장(2023), "북한의 핵능력 고도화와 국가안보 옵션", 『외교』, 제148호, pp. 33-48.

제성훈(2023), "러시아-우크라이나 전쟁의 의미와 한반도: 세계질서, 안보딜레마, 정체성", 『슬라브학보』, 제38권 4호, pp. 679-712.

조명호(2020), "누가 민주주의를 옹호하며 그 이유는 무엇인가?: 2016-2017 한국의 촛불시위 참여에 대한 설명", 2.28 민주주운동기념사업회 엮음, 『오래된 미래를 상상하다.-2.28민주운동 60주면 기념 국제학술회의』, pp. 176-217.

조선중앙통신(2024), "경애하는 김정은동지께서 조선민주주의인민공화국 최고인민회의 제14기 제10차회의에서 강령적인 시정연설을 하시였다".

조정아(2018), "2030 세대의 통일의식과 통일교육의 새로운 패러다임 모색", 『통일교육연구』, 제15권 제2호, pp. 21-45.

차승주(2023), "지속가능발전목표(SDGs)의 '번영(prosperity)' 원칙과 통일교육", 『도덕윤리과교육』, 제81호, pp. 241-267.

통일부(2023), 『2023 통일백서』, 서울: 통일부.

하버마스(1997), 황태연 역, 『도덕의식과 소통적 행위』, 서울: 나남출판.

한만길(2019), "평화통일교육의 방향과 내용 고찰", 『통일정책연구』, 제28권 1호, pp. 135-157.

함택영(1998), 『국가안보의 정치경제학』, 서울: 법문사.

홍석훈(2022), "지속가능한 대북정책을 위한 남남갈등 쟁점 분석", *Journal of North Korean Studies, Vol. 8*, No. 1, pp. 217-237.

Don Oberdoreer(2001), *THE TWO KOREAS: a comtemporary history*, Indianapolis: Basic Books.

제2장

정 지 웅(아신대학교)

안보와 동북아 정세 - 미국의 대중국 견제를 중심으로 -

Ⅰ. 들어가며-동북아 안보환경

해방 75년이 지나면서 대한민국은 전쟁의 폐허 속에서 온 국민이 합심 단결해 세계 10대 무역강국이 됐고 정치 분야는 독재정치를 청산하고 귀중한 민주주의를 이루어 냈다. 북한은 3대째 세습되는 공산국가이며, 경제적으로는 피폐하지만 핵무기를 개발하고 대륙간탄도탄을 보유할 정도로 위협적인 국가가 돼 있다. 중국은 미국과 어깨를 겨누는 G2가 됐다. 막강한 경제력을 바탕으로 군사력 증강에 국력을 쏟아 부어 일본과 한국을 압도하는 군사력을 갖게 됐고, 심지어는 미국도 경계해야 하는 나라로 변화했다.[1] 일본은 중국의 부상에 전쟁할 수 있는 보통국가화를 추진하고 있는데 미국은 이를 적극 지원하고 있다. 러시아도 푸틴 집권 이후 풍부한 석유와 천연가스를 수출하면서 경제력을 크게 회복했으며, 미국과 대항할 국력을 키웠다. 그러나 나토의 동진을 막기 위해 러시아는 우크라이나를 침공하였으며 수년째 지속되는 전쟁에 북한도 파병하여 전세계적인 우려를 자아내고 있다. 미국은 미국 우선주의로 가겠다는 트럼프 대통령이 북한과 정상회담을 했지만 결과는 없었고 바이든 집권 이후 미국의 대북한 관계는 여전히 풀리지 않고 있다. 2024년 10월 현재 트럼프와 해리스가 미국 대선을 앞두고 있는바 누가 대통령에 당선되는가에 따라 한반도 상황도 많은 영향을 받을 것으로 예상되고 있다.

미국은 지금까지 자국 주도의 국제질서를 지향해 왔지만, 이제 중국은 명실상

1) 김경민, “해방 75주년을 맞이하며”, 서울신문, 2020.08.12.

부 세계 2위국으로 우뚝 솟아올랐다. 패권이 미국에서 중국으로 전이될 것이라는 예상에 미국은 결사적으로 중국을 견제하기 위해 힘을 쏟고 있다. 일본을 재무장시키고 있고, 국가미사일방어체제(MD)를 완성하려고 하면서 한국도 이에 가담하기를 요구하고 있다. 미국은 이제 동북아 패권을 다투는 중국, 그리고 크림반도 문제, 미사일 개발 문제, 우크라이나 전쟁 등으로 러시아와도 대립하고 있다. 일본의 북한에 대한 대외정책은, 같은 유교권 국가이기는 하지만 일본이 과거 한반도를 잔혹하게 지배했다는 이유로 소원한 관계가 유지되었다. 1차 북핵 위기 이후 1994년 제네바 합의[2]로 새로운 관계를 모색하였지만, 북한의 핵, 미사일 개발과 아베 정권의 극우 행보는 두 나라 관계를 다시 싸늘하게 바꾸어 놓았다. 아베의 암살 이후 기시다 총리는 아베의 노선을 거의 유지하였는데 2024년 10월 1일 이시바 시게루가 새로운 총리로 당선되었다. 그는 야스쿠니 신사에서 논란이 되어 온 A급 전범의 분사를 주장하는 등 기존의 총리와 다른 역사관을 가지고 있어서 주목을 받고 있다. 이시바의 지론은 '아시아판 나토(NATO · 북대서양조약기구)'의 창설이다. 아시아에도 나토와 같이 한 회원국이 공격당하면 전체 국가가 자동 대응하도록 설계된 집단방위 체제를 만들자고 그는 주장한다. 이시바는 "집단 안전 보장의 핵심은 각 나라가 의무를 지는 것"이라며 "일 · 미 조약, 미 · 한 조약, 미 · 필리핀 조약 등이 이미 있기에 '쿼드'의 연장선으로 추진할 수 있다"고 말했다. 쿼드는 미국 · 일본 · 호주 · 인도 4국의 안보 협의체다. 그는 "지역의 평화를 어떻게 만들지, 일본이 주체적인 역할을 해야 한다"고 했다. 경제 정책은 '새로운 자본주의'라는 기시다의 노선을 계승할 전망이다. 그는 "20년간 경제성장률이 정체된 가운데 기시다 총리가 디플레이션(물가 하락)으로부터 탈출하는 데 전력을 다했다. (새 정권도) 물가 인상을 넘는 임금 상승을 실현해 '새로운 자본

2) 제네바 합의(合意)는 조선민주주의인민공화국과 미국이 1994년 10월 21일 맺은 외교적 국제 합의이다. 이 합의는 2003년 전격적으로 파기되었다. '북한과 미국 간에 핵무기 개발에 관한 특별계약', 영어 정식 명칭은 'Agreed Framework between the United States of America and the Democratic People's Republic of Korea'이며 짧게 'Agreed Framework'라고 부른다. 북한의 핵 개발 포기의 대가로 북미수교, 북미 간 평화협정, 북한에 대한 경수로 발전소 건설과 대체 에너지인 중유 공급을 주 내용으로 한다. https://ko.wikipedia.org/wiki/%EC%A0%9C%EB%84%A4%EB%B0%94_%ED%95%A9%EC%9D%98, 검색일 2019년 2월 3일.

주의'를 더욱 가속하겠다"고 말했다. 이시바는 윤 대통령 취임 후 발전시켜 온 한·미·일 3국 협력에 대해서도 큰 관심을 가져 3각 협력 틀 가운데 양국 관계 발전을 도모할 전망이다.[3)]

남북차원에서는 북한의 핵이 여전히 걸림돌이 되고 있다. 남북관계도 2024년 현재 최악의 상황이라 할 수 있다. 그래도 우리는 동북아 격랑 속에서 살아남고 통일까지 이루어내어야 한다. 모두 자국의 이익에 몰두하는 한반도 대내외 정세 변화 속에서 우리가 어떻게 동북아 외교에서 묘수를 두어, 아니 신의 한 수를 두어 한반도가 동북아 평화와 번영의 중심이 되고 마침내 통일을 이루어 낼 수 있을지 함께 고민해 보아야 한다.

한편으로 동북아 지역 간의 경제협력은 지속되겠지만 여전히 이 지역은 첨예한 갈등이 예상되는 지역이기도 하다. 예를 들면 2019년 7월부터 시작된 일본의 경제보복과 동년 7월 23일 중국과 러시아 군용기의 카디즈(KADIZ·한국 방공식별구역)와 독도 영해 침범이 있었다. 우리 전투기뿐만 아니라 일본 역시 "독도는 우리 땅"이라며 군용기를 띄웠다. 4개국 전투기가 독도 영공에 등장하였던 것이다.[4)] 중국견제를 위해 한미일 협력은 강도가 깊어지고 있으며 여기에 대응하여 북중러 연대도 깊어지고 있어서 동북아 지역은 늘 긴장이 감도는 곳이 되었다. 뿐만 아니라 러시아가 우크라이나를 침공하였으며 북한은 러시아에 포탄을 제공하고 있으며 한국도 미국을 통해 우크라이나에 포탄을 지원하였다. 나아가 북한은 러시아를 지원하기 위해 병력까지 파병하였고, 이로 인해 세계와 남북관계는 더욱 심각한 상황을 맞이하게 되었다.

이렇게 엄중한 세계와 동북아의 현 상황에서 이 지역 상황의 가장 큰 변수인 미국의 대중국 안보전략과 여기에 따른 바이든 대통령의 정책을 짚어보고 우리의 대응방안을 고민해 보고자 한다.

3) 조선일보, 2024.09.28.
4) 정지웅, 『동북아 바둑판-한국의 새로운 접근 전략』 (서울: 태민, 2020), pp. 3-5.

Ⅱ. 미국의 대중국 안보전략

1. 미국의 대중국전략 변화

과거 미국은 중국 대륙에서 마오쩌둥의 공산세력이 세력을 넓혀가자 장제스 군대를 지원하여 이러한 상황을 저지하고자 하였으나 장제스 군대는 부패 등으로 민심을 잃고 대만으로 패퇴하였다. 미국은 장제스를 통해 개입하였지만 중국의 공산화로 결국 실패한 이후 한국전쟁이 발발하자 공산세력의 확산을 막고 한국을 방어하기 위해 미군을 비롯한 유엔군을 급히 파견하였다. 마침내 한반도에서 중공군과 치열한 교전을 벌였고 이를 기점으로 중국에 대한 적대시 정책을 추진하였다.

중소분쟁을 기점으로 미국은 소련을 견제하는 공산권의 대항마로 중국을 삼고자 중국의 위상을 높이고 포용하기로 결정하였다. 닉슨과 키신저의 핑퐁외교로 중국과 국교정상화를 이룩하고 장제스의 중화민국 대신에 대륙의 중화인민공화국을 유엔의 상임이사국으로 인정하였다. 이후 미국은 중국에 대하여 자유무역을 통한 체제전환 정책을 구사하였다. 중국은 개혁개방 이후 급격한 경제성장을 이루었는데 경제는 시장경제 체제를 받아들였으나 미국의 의도대로 정치부문까지 바꾸지는 않았다. 일당제를 유지하고 서구적 기준으로 볼 때 인권 문제도 여전히 심각하였다. 미국은 끊임없이 중국의 인권문제와 티베트 문제 등을 제기하였으나 중국은 이에 아랑곳하지 않고 오히려 일대일로를 통해 아시아, 구소련 지역, 남미와 아프리카 등에 영향력을 확대하고자 하였다. 따라서 미국의 대중국 정책이 보다 강경해지기 시작하였다. 미국은 과거에 중국을 협력자로 보았으나 지금은 경쟁자로 보고 있으며, 몇십 년 안에 미국의 안보를 위협할 수 있는 미래의 가상 적국으로 보고 있다.

2. 미국의 전영역 작전

미국은 중국을 견제하기 위하여 지상뿐만 아니라 우주, 공중, 해상, 사이버·전자기 등 6개 영역에서 교차 영역 간 시너지를 만들어 내는 신개념의 다영역작전(Multi Domain Operations)을 육군을 중심으로 발전시켰다. 첫째, 4차 산업혁명 시대에 맞춰 발달한 통신 체계를 활용, 육·해·공군 전력을 통합적으로 운용함으로써 중국에 군사적으로 한발 더 빠르게 작전을 수행하고자 한다. 미국은 5G 통신망 투자를 확대하는 한편, 중국의 5G 통신망 기술 성장 속도를 늦추는 방안을 함께 실천하고 있다. 둘째, 중국 본토 인근에서 전쟁을 수행할 경우를 대비하여 해·공군의 작전개념에 더해 육군의 역할을 한층 강화하고자 한다. 미군은 공해전투(Air-Sea Battle)만으로 부족한 작전 공백을 공지전투(Air-Land battle)에 익숙한 육군력으로 보완하고자 하는 것이다. 셋째, 첨단과학기술에 기반한 원격의 원거리 정밀타격 체제를 갖추고자 한다. 인공지능, 무인체계, 사이버 등 영역을 넘나들면서 원격으로 원거리 작전을 수행할 수 있는 무기체계를 구축하여 적보다 빠른 태세를 갖추는 것을 목표로 한다. 이러한 미 해군의 전영역작전은 미국의 안보전략과 그 맥락을 같이 하고 있다.[5)]

Ⅲ. 바이든의 정책

1. 대중국, 대러시아 견제

바이든은 취임하기 전부터 중국이 룰을 정하게 해서는 안 된다며 중국에 제동을 걸기 시작하였다. 그는 취임하자마자 중국의 약점인 대만 독립, 홍콩의 민주화, 위구르 등 소수 민족의 인권탄압 문제를 제기하였고 이를 국제적인 현안으로 만드는 데 성공하였다. 또한 바이든 대통령은 러시아의 미국 선거 개입, 러시아와 중국 및 북한의 사이버 테러와 여론조작 등을 부각시켰다. 러시아를 견제하기

5) 국방일보, 2021.07.05.

위한 '시브리즈'는 1997년부터 유럽 작전을 담당하는 미 해군 6함대와 우크라이나 해군이 공동 주최해 온 해상 군사훈련이다. '시브리즈 2021'(2021년 6월 28일 시작해 7월 10일 끝남)에는 6대륙 32개국 함정 32척과 항공기 40여 대, 18개 특수작전팀과 총병력 5천여 명이 투입되었다.[6] 이 훈련에는 북대서양조약기구(NATO, 나토) 회원국뿐 아니라 한국, 오스트레일리아, 브라질, 이집트, 이스라엘, 세네갈 등도 참가하였다. 마치 '미국 동맹' 세력을 과시하는 훈련인 셈이다. 바이든 정부는 러시아 견제를 위한 미군과 우크라이나 해군의 훈련에 이 지역과 상관이 없는 한국군 등이 참여하기를 독려하였던 것이다. 이른바 미국의 귀환이 시작되었던 것이다.

바이든 미국 정부는 도널드 트럼프 행정부가 망가뜨린 미국의 '지도적 위치'를 '도덕적 리더십'으로 다시 일으켜 세우겠다고 공언해 왔다. 하지만 아시아에서는 동맹국들에게 중국에 맞서 줄서기를 강요하고, 유럽에서는 러시아를 포위하기 위해 똑같은 전략을 취하였다. 독일의 국제정치 분석가 콘스탄틴 에게르트는 〈도이체벨레〉 기고에서 "미국이 냉전적 사고를 탈피해야 한다"며 러시아가 중시하는 국제적 위상을 인정해 주고 모욕감을 주지 않아야 한다고 지적했다. 바이든 정부 출범을 국제질서 '정상화'로 여겼던 사람들은 이제 의문이 생길 것 같다. 트럼프식 막말 난장판과 바이든식 근육 자랑 가운데 어떤 것이 더 세계에 위험할까.[7] 아니나 다를까 나토의 동진에 러시아-우크라이나 전쟁이 발발하고 말았다.

6) 러시아가 가만있을 리 없었다. 시브리즈 훈련 시작 닷새 전인 6월 23일, 오데사를 출발한 영국 구축함 디펜더호 위를 러시아 전투기들이 날아다니는 장면이 방송 카메라에 잡혔다. 러시아 국방부는 디펜더호가 러시아 영해에 3km 진입해 세바스토폴 근처까지 접근하자 경비함정이 경고사격을 했고 수호이 Su-24 폭격기가 디펜더 앞에 폭탄 4개를 투하해 해역을 떠나게 했다고 발표했다. 미국이 주도한 흑해 훈련과 러시아의 반발은 그 대립이 실제 군사 충돌로도 이어질 수 있음을 보여주는 위험신호다. 싱크탱크 카네기모스크바센터의 드미트리 트레닌 소장은 웹사이트에 실은 논평에서 "러시아가 물러설 수 없는 억지력의 '레드 라인'을 미국이 육해공 어디에서든 무력화하려고 시도한다면 모스크바 쪽은 자존심을 지키기 위해서라도 강력한 방어로 나설 것"이라고 지적했다. "그렇게 되면 필연적으로 충돌이 발생하고 사상자가 나올 것이며, 그것이 다시 긴장을 고조시키면서 러시아와 나토의 대립이 문자 그대로 '벼랑 끝'으로 치닫게 될 것"이라는 암울한 시나리오를 거론했다. 한겨레21, 2021. 07.11.

7) 한겨레21, 2021.07.11.

2. 바이든의 근육자랑, 한국의 참가

바이든의 힘자랑은 다양한 형태로 나타났다. 특히 여기에 한국의 참가를 강하게 요구해 왔다. 먼저 퍼시픽뱅가드(2021: 7월 5일~10일) 훈련이 호주 동부 연안에서 이루어졌다. 이 훈련에 미국, 호주, 일본, 한국이 참가하였다. 미군 인도·태평양사령부 등에 따르면 호주 해군 주관으로 실시된 '퍼시픽뱅가드' 훈련에서 각국 병력들은 △대잠수함전과 △미사일 실사격 △전자전 및 통신훈련 △고급 전술기동 등 작전 시나리오별 훈련을 수행했다. 지난 2019년 시작된 퍼시픽뱅가드는 그동안엔 미 해군 주관으로 태평양 괌 일대 해상에서 실시돼 왔다. 우리 군은 미국 측 요청으로 2021년까지 3년 연속 이 훈련에 해군 병력을 파견하고 있다. 특히 올해 훈련엔 충무공이순신급 구축함 '왕건함'과 함께 해상작전헬기 1대, 그리고 병력 200여 명이 참가했다. 해군 제7기동전단 소속의 이정호 왕건함장은 "우리 해군은 연합 해상작전능력을 강화하고 우호국 해군과의 친선 협력을 증진하기 위해 이 훈련에 참가했다"고 설명했다. 호주군에선 호바타급 해군 구축함 '브리즈번'과 콜린스급 잠수함, 그리고 공군기 등이 이번 훈련에 투입됐다. 또 미 해군은 알레이버크급 이지스구축함 '라파엘 페랄타'를, 일본 해상자위대는 다카나미급 호위함 '마키나미'를 각각 보냈다. 이런 가운데 일각에선 미국·일본·호주가 인도와 함께 '쿼드' 협의체 참가국으로서 중국의 역내 영향력 확대를 '견제'하는 데 앞장서고 있다는 점을 들어 이번 훈련 또한 그 일환으로 진행된 것이란 관측이 나오고 있다. 일본 해상자위대도 앞서 배포한 자료에서 "'자유롭고 개방된 인도·태평양(FOIP)' 실현을 위해 미국·호주·한국 해군과 공동훈련을 실시했다"고 밝혔다. FOIP는 미 정부가 현재 쿼드를 실행 기반으로 삼아 전개하고 있는 대아시아·대중국 전략을 말한다. 그러나 우리 해군은 "퍼시픽뱅가드는 특정 국가를 겨냥해 실시하는 훈련이 아니다"는 입장을 내놨다. 존 커비 미 국방부 대변인도 6일 브리핑에서 "우리가 이런 훈련을 하는 건 이례적인 게 아니다"고 했다. 우리 군은 2021년 7월 중순엔 호주 근해에서 실시되는 미·호주군 주관의 격년제 다국적 연합훈련 '탈리스만 세이버'에도 해군 구축함 1척을 파견하였다. 우리 군의 '탈리스만 세이버' 참가는 2005년 이 훈련 시작 이후 처음이다. 2021년 탈리스만 세이버엔 미국・호주・캐나다・뉴질랜드군과 일본 자위대 등 외에도 영국 해병대가 처음 참가하였다. 미국과 영국 등 유럽 지역 동맹국들은 지난달 열린 북대서양조약기구(NATO・나토) 정상회의에서 기존 러시아뿐만 아니라 중국의 대외정책이 국제질서와 회원국 안보에 대한 "총체적 도전(systemic challenge)"을 불러일으키고 있다며 우려를 표명, "중국에 대한 나토 차원의 군사적 견제도 본격화될 것"이란 관측을 낳았다. 우리 해군은 '퍼시픽뱅가드'와 '탈리스만 세이버'에 이어 태국에서 실시되는 미・태국군 주관의 다국적 연합훈련 '코브라골드 21'에도 참가하였다. 다만 2021년 코브라골드 훈련도 신종 코로나바이러스 감염증(코로나19) 유행의 영향으로 축소 실시되어 우리 해군은 14명의 간부급 병력만 보냈다. 이들은 코브라골드 훈련 기간 컴퓨터 시뮬레이션(CPX) 방식의 연합 참모단 연습과 사이버방어 훈련을 수행하였다.[8)]

3. 쿼드안보대화(QSD: Quadrilateral Security Dialogue)

4자 안보 대화(四者 安保 對話, 영어: Quadrilateral Security Dialogue) 또는 쿼드(영어: Quad)는 2007년부터 미국・일본・인도・오스트레일리아 4개국이 정기적으로 정상 회담, 정보 교환 및 회원국 간 군사 훈련에 의해 유지된 전략 대화가 국제기구로 발전한 것을 말한다. 미국에 의하면, 이는 인도・태평양 국제기구 혹은 쿼드라고 불리는 기구가 될 것이라고 했다. 2007년부터 아시아 태평양 주요국 4개국의 지도자인 일본의 아베 신조 총리, 미국의 딕 체니 부통령, 오스트레일리아의 존 하워드 총리, 인도의 만모한 싱 총리의 통일된 의사로 대화가 시작됐다. 이때부터 출발한 다자 대화는 쿼드의 모태가 됐다. 아베 신조 일본 총리는 민주평화론에 기반한 미국, 일본, 인도, 오스트레일리아 4개국의 방위 계획에 착수했는데 이들 4개국을 "아시아의 민주주의의 호(弧)"라고 명명했다. 아베 총리가 집권 2기를 앞둔 2012년 12월 발표한 '아시아의 민주주의 안보 다이아몬드'라는 글에서 본격화됐다. 당시 아베 총리는 "남중국해가 급속히 베이징의 호수로 변하

8) 뉴스1, 2021.07.11.

고 있다"며 "구소련의 오호츠크해와 다를 바 없다"고 주장하며 따라서 민주주의 가치를 공유하는 4개국이 집단 안보를 통해 부상하는 중국을 억제해야 한다고 주장했다. 미국 · 일본 · 오스트레일리아 · 인도를 선으로 연결한 다이아몬드 형태의 블록에서 이름을 따왔다.[9] 그리하여 2020년 8월 31일, 미국은 미국 · 일본 · 인도 · 오스트레일리아 4개국을 통합한 국제기구인 쿼드를 출범할 뜻을 밝혔다.[10] 쿼드는 대중국 포위망을 구축하기 위한 아시아 태평양 주요국들의 반(反)중국 군사동맹 성격이 매우 높다. 실제로 군사 동맹기구 나토와 성격이 같다.[11]

4. 쿼드 플러스

미국은 베트남 · 뉴질랜드 · 대한민국 3개국을 포함한 쿼드 플러스도 언급했다.[12] 미국의 이러한 입장에 대한민국 정부는 온도차를 밝혔다. 대한민국은 7자 차관 회담은 오로지 방역을 위한 성격에 불과하다며 미국의 쿼드 플러스론에 선을 그었다. 이러한 대한민국 정부의 조심성은 반(反)중국 성향과 군사적인 측면 때문이다.[13] 실제로 스티븐 비건 국무부 부장관 역시 중국에서 시작한 코로나19 범유행 관련 허위사실 유포에 대한 대응을 논의한다고 밝혀, 정치색이 짙음을 보여주었다.[14] 미국은 쿼드 개념에 대한 법적인 정당성을 확보하고, 쿼드 계획을 구체화하기 위해 상원에서 2021년 전략적 경쟁법(Strategic Competition Act of 2021)을 발표하였다.

5. 파이브 아이즈(Five Eyes; FVEY) 또는 5개의 눈

파이브 아이즈(영어: Five Eyes; FVEY) 또는 5개의 눈은 상호 첩보 동맹을 맺

9) 한국일보, 2020.09.01.
10) 조선일보, 2023.12.15.
11) 한겨레, 2020.09.01.
12) 조선일보, 2023.12.15.
13) 한국일보, 2020.09.03.
14) 서울신문, 2020.09.02.

고 있는 영국, 미국, 캐나다, 오스트레일리아, 뉴질랜드 5개국을 이르는 말이다. 이들 국가는 모두 영국, 미국 법률인 영미법을 따르기 때문에 법률상 공조가 용이하며, 신호 정보에 관한 상호 협조 조약인 UKUSA 협정 조인국이다. 파이브 아이즈의 기원은 제2차 세계 대전 종전 직후부터 서방 연합국이 전후 세계의 밑그림을 그리기 위해 대서양 헌장을 발표한 것까지 거슬러 올라갈 수 있다. 냉전을 거치면서 소련과 동구권의 통신을 도감청하기 위한 목적으로 파이브 아이즈 5개국이 에셜론을 개발했고, 이때 개발된 장비와 기술들은 오늘날까지 계속 사용되며 전세계의 사적 통신망 수십억 개를 감시하고 있다. 1990년대 말, 에셜론의 존재가 대중에 알려지게 되었고, 이는 유럽 의회에서 주요한 쟁점으로 부각되었다. 한편 미국 의회에서는 유럽보다 관심의 정도가 덜했다. 2001년 이래로 테러와의 전쟁이 계속됨에 따라 파이브 아이즈는 대중감시 능력을 더욱 강화시켰으며, 특히 월드와이드웹의 감시에 집중하고 있다. NSA 요원 출신의 내부고발자 에드워드 스노든은 파이브 아이즈를 "각 국가의 양지의 법률에 일절 응답하지 않는 초국가적 첩보조직"이라고 묘사했다. 2013년 스노든이 유출시킨 문서들에 따르면 파이브 아이즈는 서로 상대방 국가의 국민을 감시하고 그렇게 수집한 정보를 공유하는 식으로 움직였는데, 국민에 대한 감시에 부정적인 현지 헌법들을 회피하기 위한 목적이었다. 스노든의 폭로에도 불구하고 전문가들은 국제 사회가 이 건에 관하여 무슨 관심을 갖거나 또는 어떠한 분노를 표출한들 유의미한 영향은 끼치지 못할 것이며, 파이브 아이즈 당사국 5국의 상호 관계는 굳건할 것이라고 전망한다. 공교롭게도 대중 감시에 관한 소설 ≪1984년≫의 배경이 되는 국가 "오세아니아"의 작중 영역과 얼추 일치한다. 2021년 9월 1일(현지시간) 미국 하원 군사위원회가 파이브 아이즈에 한국, 인도, 독일, 일본을 추가하는 국방수권법을 통과시켰다. 파이브 아이즈의 감시 능력은 기술이 진보함에 따라 함께 증가하였기 때문에, 오늘날 모든 사람들의 대화를 엿들을 수 있는 세계적 감시망은 어느 날 갑자기 등장한 것이 아니라 조금씩 점진적으로 개발되어 온 것이다. 이하 목록은 사찰 자료가 유출되거나 기밀이 해제되거나 내부 고발이 이루어지는 등의 이유로 파이브 아이즈의 사찰 대상임이 확실시된 존재들을 다루고 있다. 상호 첩보 동맹을 맺고 있는 영국, 미국, 캐나다, 오스트레일리아, 뉴질랜드 등은 각각

오대양에 해당하는 넓은 해역과 국경이 인접했기 때문에 전 세계에 미군을 파병한 미국의 해상 경계 체인의 중요한 거점이자 미군의 눈이 되는 국가들이다. 이들 나라는 모두 앵글로색슨족이 중심이며 법률적으로 모두 영미법계를 따른다. 영미법계는 기본적으로 판사를 주민들이 직접 선출하고, 엄벌주의, 병과주의, 배심제, 법조일원화 등의 원칙을 공유한다.[15)]

이들 나라는 일본을 가입시켜 '식스 아이즈' 만들기를 희망하고 있고 일본도 여기에 가입하기를 희망하고 있다. 이 그룹 목적의 일부는 중국견제에 있다고 하여도 틀린 것은 아니다.

6. D-10(ten leading democracies) 전략포럼

D-10(ten leading democracies)은 선도적인 10개의 민주주의 국가로 아래 민주주의 질서에 근거한 규칙을 유지하기 위하여 대서양위원회가 주도한 개념을 말한다. 국가들은 한국, 미국, 프랑스, 캐나다, 영국, 호주, 이탈리아, 독일, 일본 및 EU이다. "D-10"회의는 전 세계 민주주의 국가에 거주하는 사람들의 60% 이상을 대표하며 미국 국무부 "아시아 담당관"인 커트 캠벨이 처음으로 주장하였다. 그는 G7을 D-10으로 확장할 것을 말하였다. 호주, 인도 및 대한민국을 무역, 기술, 공급망 및 표준과 관련한 시급한 주제들에 대해서 논의하기 위하여 초대할 것으로 알려졌다. 그러나 여기에 중국과 러시아는 빠져 있는데, 이는 당연히 중국과 러시아를 견제하고자 하는 미국의 전략의 한 일환이기 때문이다.

7. 오커스 결성

조 바이든 미국 대통령과 보리스 존슨 영국 총리, 스콧 모리슨 호주 총리는 2021년 9월 15일 공동 화상 기자회견을 열고 새로운 3자 안보 동맹 '오커스(AUKUS)'

15) https://ko.wikipedia.org/wiki/%ED%8C%8C%EC%9D%B4%EB%B8%8C_%EC%95%84%EC%9D%B4%EC%A6%88, 검색일 2024년 10월 1일.

를 발족한다고 발표했다. 이들 세 나라는 오커스를 통해 사이버, 인공지능, 수중 시스템. 장거리 공격 등 핵심 기술 분야의 협력을 강화하고 안보, 정보 및 기술 공유를 추진하기로 했다. 이를 위한 오커스의 첫 구상은 호주에 핵추진 잠수함 보유를 지원하는 것이다. 미국은 호주에 고농축 우라늄을 핵잠수함 핵연료로 공급할 것이다. 호주는 핵무기는 탑재하지 않은 핵추진 잠수함 8척을 호주 애들레이드의 호주잠수함공사(ASC) 조선소(en:ASC Pty Ltd)에서 건조할 계획이다. 이에 따라 호주는 2016년 프랑스와 맺었던 900억 호주달러(약 77조 원) 규모의 잠수함 기술 이전 계약을 일방적으로 파기했다. 프랑스는 호주에 12척의 재래식 공격용 잠수함을 제공하는 계약을 맺었는데, 이 50년짜리 계약은 태평양 지역에서 중국의 성장에 대응하는 유럽 전략의 토대가 될 예정이었다.[16)]

미국은 호주에 고농축 우라늄을 핵잠수함 핵연료로 공급할 것이다. 호주는 핵무기는 탑재하지 않은 핵추진 잠수함 8척을 호주 애들레이드의 호주잠수함공사(ASC) 조선소(en:ASC Pty Ltd)에서 건조할 계획이다.[17)]

한편 프랑스의 등을 찌른 미국의 방식에 대한 비판도 있다. 파이낸셜타임스는 "이 사건은 미국이 동맹국들을 대하는 데 얼마나 부주의하고 무자비할 수 있는지를 상기시켜 준다"며 "미국은 결코 이기적인 이익 추구에서 멀리 벗어나지 않는다"고 지적했다.[18)]

16) 뉴스1, 2021.9.17.

17) https://blog.naver.com/lawer8737/222567216337, 검색일 2024년 10월 2일. 중국은 이에 반발하여 "미 · 영의 이번 조치는 적나라한 핵확산 행위"라며 "이런 핵확산 행위는 한반도 핵 문제와 이란 핵 문제 등 핫이슈의 해결에 심각하게 부정적인 영향을 초래할 것"이라고 말했다. 프랑스 호주가 자국과의 계약을 파기하고 AUKUS를 통한 핵추진 잠수함 지원을 받는 것에 대해 강한 비난을 표했다.

18) 미국, 왜 프랑스를 버렸나... 그것도 '굴욕적'인 방법으로 미국이 프랑스에 굴욕을 안긴 이유는 복합적이다. 일단 미국은 태평양 지역의 지정학적 우위를 유지하기 위해선 호주가 필요했고, 자연스럽게 영국과도 이해관계가 맞아 떨어졌다. 유럽연합에서 나온 영국은 글로벌 무대에서 스스로의 입지를 재정립해야 했다. 블룸버그는 아쿠스 협정에 대해 '영국과 미국이 태평양에서 더 많은 핵추진 잠수함을 개발하기 위해 호주와 군사 기밀을 공유하게 될 것이라는 의미'라며 "이는 유럽연합에서 탈퇴한 후 세계 무대에서 자신의 존재를 입증하기 위해 노력해 온 영국을 위한 쿠데타"라고 평가했다. 미국이 가장 신경 쓰는 중국을 놓고 프랑스가 미국의 신경을 건드리며 독자노선을 강조해 온 것도 이유가 될 수 있다는 분석이다. 동맹국들은 제2차 세계대전 당시 같은 편에 속해 있었지만, 이후 시간이 흐르면서 미묘하게 입장이 달라졌다. 특히 중국의 위협에 대해 미국과 같은 시각으로 보지 않으려는

8. 중국견제 위해 EU와 관세전쟁 끝냄

미국의 조 바이든(얼굴) 행정부가 대외정책의 핵심인 시진핑(習近平) 국가주석의 중국에 대한 대응을 위해 스스로 몸을 낮추고 유럽을 다독이면서 대서양 동맹 강화에 박차를 가하였다. 바이든 행정부는 2021년 10월 30일 유럽연합(EU)과 EU산 철강과 알루미늄 제품에 대한 각각 25%와 10%의 고율 관세를 취소하는 데 합의했다. 이는 '미국 우선주의'를 내세웠던 도널드 트럼프 전임 행정부의 무리한 조치를 철회하고 동맹 갈등을 해소하면서 대중 전열을 가다듬으려는 의도라고 할 수 있다. EU도 이에 상응해 버번위스키와 청바지・오토바이 등 미국 상징 제품에 대한 보복 관세를 없애기로 했다.[19]

바이든 대통령은 에마뉘엘 마크롱 프랑스 대통령을 만나 미국・영국・호주의 안보동맹 오커스(AUKUS) 창설 과정에서 빚어진 갈등을 사실상 사과하며 몸을 낮췄다. 오커스 창설 과정에서 미국이 호주에 핵잠수함 기술을 전수하기로 하는 바람에 호주에 대한 560억 유로(약 77조 원) 규모의 재래식 잠수함 12척 공급 계약이 무산됐던 프랑스에 사실상 사과한 것이다. 또한 조 바이든 행정부는 유럽연합(EU)과의 철강・알루미늄 무역 갈등을 해소하면서 대외정책의 핵심이 동맹 강화를 통한 대중 압박에 있음을 재확인했다. 미국은 특히 엄격한 탄소 배출 기준을 충족하는 제품만 대미 수출이 가능하도록 조치해 환경 기준에 미달하는 저

움직임이 나타났고, 특히 프랑스가 그 선봉에 있었다. 마크롱 대통령은 미국과 중국 사이에서 유럽이 취해야 할 입장은 '전략적 균형'이라고 밝힌 바 있다. 이밖에 프랑스는 2003년 미국의 이라크 침공에 반대했고, 지난해 12월엔 유럽연합과 중국의 투자협정 합의를 주도하기도 했다. 프랑스는 태평양 지역에 5000~7000명의 병력과 20~40대의 군용기, 그리고 해군 함정 7척을 보유한 유일한 유럽 국가다. 프랑스는 유엔 안전보장이사회의 멤버 국가이기도 하다. 이같이 프랑스에 대해 미국은 불편한 심기를 감추지 않는다. 과거엔 강대국이었을지 몰라도 이제는 아니라는 주장이다. 뉴욕타임스는 "유럽은 퇴색하는 옛 제국주의 강대국들로 얼룩져 있고, 특히 프랑스는 대부분의 나라들보다도 강대국 지위에 집착해 왔다"고 지적했다. 이어 "프랑스가 여전히 강대국인지에 대한 의문은 프랑스가 과거의 영광에 기대고 있다는 걸 보여준다"고 덧붙였다. 뉴스1, 2021.09.17.

19) 이는 바이든 대통령이 주요 20개국(G20) 정상회의 참석차 이탈리아 로마를 방문 중인 가운데 발표됐다. 제이크 설리번 미 백악관 국가안보보좌관은 "오늘의 합의는 '같은 생각을 가진' 핵심 파트너들이 우리에게 합류할 수 있음을 보여줬다"고 자평했다. '같은 생각'은 민주주의・시장경제 등의 가치를 뜻한다. 중앙일보, 2021.11.01.

가의 중국산 철강이 EU를 경유해 미국에 유입되는 것도 막았다. 미국과 EU는 지난 6월 17년간 이어졌던 보잉과 에어버스 등 항공기 보조금 분쟁을 끝내기 위한 '휴전'에 합의했으며, 이번에 3년 넘게 이어진 철강 관세 분쟁도 해소했다. 이로써 미국은 동맹과 함께 대중 압박에 나설 외교적 시너지를 얻게 됐다. 2018년 3월 도널드 트럼프 행정부가 국가 안보에 대한 위협을 이유로 무역확장법 232조를 적용해 EU와 한국·일본·중국산 철강에 25%, 알루미늄에 10%를 각각 부과했던 관세는 이 조치로 EU산만 일정 부분 풀렸다. 마이런 브릴리언트 미 상공회의소 수석부사장은 뉴욕타임스(NYT)에 "영국·일본·한국 등 다른 동맹에 대해서도 철강 수입이 국가 안보에 위협이라는 근거 없는 비난은 철회돼야 하며, 관세 및 쿼터도 철회해야 한다"고 말했다.[20] 이처럼 미국은 중국을 견제하기 위해 EU와의 관계 개선을 이루어갔다.

Ⅳ. 한국의 안보 강화

미국의 중국에 대한 견제는 한반도를 감싸는 큰 흐름이 되었다. 이러한 상황에서 우리는 평화를 위해 노력해야겠지만 어쩔 수 없이 결국 안보를 강화할 수밖에 없다. 국제정치는 약육강식이 난무하는 동물의 세계와 같다고도 할 수 있다. 중앙정부가 없는 국제정치에서는 자국의 이익을 위해서 상대의 입장을 고려하는 척하면서 고려하지 않는 경우가 비일비재하다. 한편 국제정치에서 자유주의자들은 이성을 가진 인간이 서로 협력할 수 있고 또 협력이 가능하기에 끊임없이 협력을 모색하고 제도를 만들어 평화를 창출해야 한다고 주장한다. 틀린 말은 아니다. 또 국제연합 같은 국제기구를 보면 인간은 그러한 노력을 해 왔다는 것을 알 수 있고 어느 정도 성과도 거두었다는 것을 알 수 있다.

그러나 또 국제연합이 강대국들의 담합장이며 핵을 보유한 안보리 상임이사국이 거부권을 행사하는, 참으로 불평등한 구조라는 것도 우리는 잘 알고 있다. 라인홀드 니버는 권력에 대한 욕망추구를 인간이 가진 타고난 '죄성'이라고까지 표

20) 중앙일보, 2021.11.01.

현하였다. 그가 말한 것처럼 인간의 타고난 권력에 대한 무한한 욕망 때문에 그러한 인간들의 집단인 국가도 여전히 권력을 추구한다. 이러한 국가들이 자국의 이익을 먼저 추구하다보니 자연스럽게 갈등이 일어날 수밖에 없다. 그래서 국제정치는 힘의 중요성을 강조하는 현실주의자들이 말하듯이 여전히 동물의 세계와 같은 곳이기도 하다.

이러한 동물의 세계와 같은 동북아에서 지금까지 한반도의 국제적 환경은 한반도 문제에 항상 결정적 역할을 해왔다. 여기서 세계사적 차원에서의 한반도의 위상은 매우 중요하며 한반도는 강대국들의 위상에 의해 그 역할이 결정될 가능성이 많기 때문에 우리는 외국의 힘을 이용해야만 한다는 것을 알 수 있다. 정치적인 자주성은 경제적, 군사적인 힘이 바탕이 되어야 가능하다. 따라서 한반도 주변 4강들의 힘겨루기 속에서 우리는 자주역량을 강화해야 한다. 그리하여 그들 세력을 중화시키고 조정하여, 우리의 '생존', '국방', '경제협력'을 다져 나가고 평화통일의 기반을 다져 나가야 할 것이다. 여기에는 고도의 전략이 필요하다고 하겠다.

주변국들은 상호 경쟁적으로 군사변혁(Military Transformation)을 추구하고 있다. 탈냉전과 함께 세계 유일의 초강대국으로 부상한 미국은 21세기에도 계속 '절대패권'의 지위를 지키기 위해 '절대 우위의 힘'을 바탕으로 세계 최선두에서 정보·기술·지식기반의 군사혁신을 추진하고 있다. 중국도 이에 뒤질세라 막강한 경제력을 바탕으로 21세기형의 '과기강군(科技强軍)'을 지향한 군사력 현대화에 박차를 가하고 있다. 일본은 세계 2~3위 수준의 방위비를 투자하여 전력증강을 도모하는 한편, 평화헌법의 굴레에서 벗어나 '보통국가의 보통군대'로 탈바꿈하려는 노력을 지속하고 있다. 러시아도 최근 연속 6~7%의 고도 경제성장에 힘입어 '위대한 러시아 건설'을 지향한 군사전략의 조정과 군 구조 개편 및 장비 현대화를 적극 추진하고 있다. 와중에 아시아 지역은 탈냉전 이후 세계 군비경쟁의 핵으로 등장하여 불안정성을 되풀이하고 있다. 설상가상으로, 북한은 '선군정치' 노선을 견지하면서 핵·미사일을 비롯한 대량살상무기를 개발하고 있어 한반도 안보는 물론 동북아 지역 평화에도 심각한 위협이 되고 있다. 한편 한반도는 주변열강의 이해관계가 교차되는 지정학적·전략적 중심에 위치해 있기 때문에 그들 간 갈등 대립은 곧 한반도로 파급될 개연성이 크다. 한반도는 지리전략적 특성상 서울을 중심으로 반경 1000마일 이내에 베이징・상하이・블라디보스토크・도쿄・타이베이가 있고 10억의 인구, 동아시아 군사력의 70% 및 경제・금융・산업의 80%가 집중되어 있는 전략적 요충지다. 따라서 주변국 간의 이해관계가 상충할 경우 19세기 말 20세기 초에 경험한 바와 같이 한반도는 그들 간 분쟁의 소용돌이에 말려들거나 또는 세력다툼의 장으로 변할 수도 있다. 우리가 이 같은 안보상황 속에서 살아남을 수 있는 길은 역시 우리 스스로를 지켜낼 수 있는 '힘'을 기르는 수밖에 없다. 다시 말해, 아무리 강한 국가 또는 세력이라도 우리를 침략할 경우, 이득보다는 손실이 훨씬 더 클 것이라고 인식할 만큼의 '방위충분성 전력'을 갖추고 있어야만 전쟁을 피할 수 있게 될 것이다.[21] 결국 이렇게 주변 강국들이 인식할 수 있도록 유형의 힘을 기르고 강화시켜야만 할 것이고, 한편으로는 무형의 힘을 기르기 위해서도 노력해야 한다. 즉 국민의 통합과 단결력, 강한 자주국방의 의지력, 애국심 등도 함께 고취시킬 수 있는 다양한 방안을 모색해야 할 것이다.

V. 나가며

2024년 접어들어 북핵문제 해결은 고사하고 남북관계는 더욱 첨예하게 대립되어 한치 앞을 내다 볼 수 없는 상황이다. 특히 북한은 2024년 신년사를 대체한 당 중앙위원회 제8기 제9차 전원회의 결정서에 "우리를 '주적'으로 선포하고 외세와 야합하여 '정권 붕괴'와 '흡수 통일'의 기회만을 노리는 족속들을 화해와 통일의 상대로 여기는 것은 더 이상 우리가 범하지 말아야 할 착오"라며 "북남관계는 더 이상 동족 관계, 동질 관계가 아닌 적대적인 두 국가 관계, 전쟁 중에 있는 두 교전국 관계로 완전히 고착되었다."라고 하여 남북관계의 본질적 변화를 추구하고 있어 큰 우려를 자아내고 있다. 그런데 남과 북은 국경을 맞대고 있을 뿐 아니라, 앞으로 함께 살아가야 할 '운명공동체'이다. 그러므로 주변강국의 국가이

21) 전제국, "국방-역설의 논리", 대한민국 정책브리핑, 2007.03.01.

익과 한국의 국가이익이 엄연하게 다른 현실에서, 아직도 주변국의 주장과 압박에 무조건 따라야 하는지 이제는 정말 깊이 생각해 볼 시점이 되었다. 따라서 한국은 우리의 국가이익과 민족이익을 함께 고려하는 뱀처럼 지혜로운 대응을 해야 한다. 그러므로 안보는 튼튼히 하면서도 북미관계만 풀리기를 목매달 것이 아니라 다른 트랙으로라도 어떻게 해서든 남북관계를 풀어서 평화로운 분위기를 한반도에서 형성하고 이를 바탕으로 이곳에서 생명공동체, 경제공동체, 사회문화공동체, 평화공동체를 만들어 가야 한다. 왜냐하면 이는 비핵화와 한반도 통일을 위해서도 꼭 필요한 전제가 될 것이기 때문이다.[22] 생각해 보자. 북한 입장에서 볼 때 북미관계가 아무리 좋아도, 잘 살아서 언제 흡수될지 몰라 경계해야 할 한국과 사이가 나쁘다면 북한이 핵을 포기하겠는가?

또한 러–우 전쟁이 한반도 정세와 고도로 연결되고 있는 점도 빼놓을 수 없는 부분이다. 미국과 러시아의 대리전 양상이 짙은 전쟁에서 남한의 '친미'와 북한의 '반미'가 격렬하게 충돌하고 있기 때문이다. 이는 수사적인 차원에 머무는 것이 아니다. 남북한이 러–우 전쟁의 주요 무기 공급처가 되고 있기에 더욱 그러하다. 1940년대 한반도 분단과 남북한 단독 정부 수립부터 1989년 미국과 소련의 냉전 종식 선언에 이르는 40여 년 동안 남한은 미국으로부터, 북한은 소련으로부터 군사지원을 받았었다. 또 최근 들어 남북한은 서로를 주적으로 삼아 전쟁 대비에 몰두하고 있다. 그런데도 유라시아 동쪽 끝에 있는 남북한이 반대편에서 벌어지고 있는 전쟁에 주요 무기 공급국이 되고 있는 것이다. 가까이는 윤석열 정부가 표방해 온 '가치 연대'와 김정은 정권의 '반미 연대'가 우크라이나에서 충돌하고 있는 것으로 해석할 수 있다. 하여 남북한의 엇갈린 선택은 남한의 '친미 맹신'과 북한의 '친미 좌절'이 낳은 결과이다.[23]

---

22) 정지웅, 『동북아 바둑판-한국의 새로운 접근 전략』 (서울: 태민, 2020), p. 360.

23) 이러한 맥락에서 볼 때, 북한의 핵무장은 '게임 체인저'로서의 속성을 갖고 있다고 해도 과언이 아니다. 재래식 군사력에 있어서 남한보다 현격한 열세에 있는 북한이 러시아에 다량의 무기를 제공할 수 있었던 데에는 핵무장에 따른 자신감이 깔려 있다. 이는 러시아의 달라진 셈법과도 연결된다. 과거의 러시아는 유엔 안보리 상임이사국이자 핵확산금지조약(NPT) 창시국의 일원으로 핵비확산을 중시했었다. 그래서 유엔 안보리의 대북 규탄과 제재에도 동참했었다. 하지만 최근 지정학적 환경이 바뀌었다고 판단한 러시아는 북한의 핵무장을 용인해 주고 북한제 무기를 제공받고 있다. 러시아의 북핵 용인과 북한의 대리 무

또한 우크라이나 전쟁은 한반도의 과거, 현재, 미래를 돌아보게 한다. 우선 현재 한반도가 불안정한 휴전 상태라는 사실을 직시해야 한다. 남과 북의 경계는 주변 초강대국들이 만든 것이라 그들에 의해 바뀔 수 있다. 미국과 유럽 세력이 러시아 세력과 경합하고 있던 우크라이나에서 전쟁이 벌어진 상황에서, 유라시아의 동쪽에서도 미국과 일본을 중심으로 한 태평양 세력과 중국과 러시아가 중심이 된 대륙 세력의 긴장이 고조되고 있다. 중국의 대만 침공 가능성이 거론되고, 한반도가 세력 충돌의 최전선이 될 것이라는 우려도 커지고 있다. 분단은 초강대국들의 패권경쟁 도구로 이용될 수 있는 치명적인 약점이다. 그러므로 이 땅이 다시 전쟁터가 되는 일만은 막아야 한다. 가공할 파괴력을 가진 현대전쟁에 휘말리면 남과 북은 공멸한다는 위기감을 바탕으로 한반도라는 같은 배에 탄 사람들로서 공동운명체라는 자각이 필요하다. 어떤 어려움이 있어도 남과 북이 대화하고 협력할 수 있는 길을 찾아야 할 것이다. 민족 간 대화는 최우선 과제다. 뿐만 아니라 초강대국들 사이에 낀 국가는 생존을 위한 '예방외교'를 해야 한다. 어느 한쪽 편에 서서 갈등을 고조시키는 어리석은 일은 삼가고, 국가 간 권력관계와 국익에 대한 자각을 토대로 판단해야 한다. 정직한 자기평가와 조심스러운 대응이 격동기를 극복하기 위한 기본자세다. 그런데 최고의 외교는 국민적 합의를 바탕으로 한다. 내부 분열은 외세가 오판하고 개입할 수 있는 빌미를 준다. 오늘날 한국 사회의 여론 분열은 최악이다. 불평등한 현실에 좌절하고 미래에 대한 희망을 잃은 사람들은 일상에 압도되어 역사를 돌아볼 겨를이 없다. 실질적인 삶의 조건을 개혁하지 못하는 권력은 무능력과 무책임을 감추기 위해 외부에 적을 만들어 국민을 분노하게 한다. 증오의 정치는 위기를 증폭시킨다. 그러므로 화합의 정치가 안보의 기본이다.[24]

한편 대한민국을 좋은 사회로 만드는 것이 곧 진정한 통일준비라는 것을 깨달아야 한다. 먼저 분단대결체제에서 민주평화공존시스템으로 패러다임을 바꾸어

기 제공의 교환이 이루어지고 있는 셈이다. 또 북한의 핵 능력이 커지면서 한국의 대미 의존은 더욱 심해지고 있다. 정욱식, "러우 전쟁과 한반도 그 기묘한 관계에 관하여", 한겨레, 2024.02.26.

24) 정병호, "우크라이나와 한반도", 한겨레, 2022.04.27.

야 한다. 또한 대한민국을 성숙한 민주주의 사회로 만들어야 한다. 경제민주화도 달성하여 노동자와 자본가가 파트너가 되어 함께 경제를 개혁하고 빈부 격차를 해소하여 진정한 복지국가를 만들어 가야 한다. 사회문화 부문에서는 공동체 문화를 형성하고, 사회적 약자를 더욱 잘 보살펴서 함께 더불어 살아가야 한다. 무엇보다도 우리는 힘을 강화하면서도 평화를 끊임없이 추구해야 한다. 그것은 인류의 이상과도 부합하고 강대국들의 자국 이익 추구에 처절하게 유린당한 한반도의 겹겹이 쌓인 문제를 풀어가는 지름길 아닌 지름길이기도 하다. 그러나 그 평화는 힘없고 뜨금없는 허무한 외침이 되어서는 안 된다. 힘을 축적하고 내실을 다져서, 합리적이면서도 용기가 뒷받침되는, 그래서 세계인을 감동시킬 수 있는, 그런 힘 있는 평화 추진이어야 할 것이다.[25)]

동북아와 한반도의 평화를 위해 미국과의 동맹관계를 잘 유지하되 미국이 우리에게 요구하는 중국견제에 무조건적인 참여보다는 적절하게 반응하면서, 쉽지는 않겠지만 우리는 주변 강국들과 모두 평화롭게 잘 지낼 수 있는 방법을 찾도록 노력해야 한다. 이것은 해양세력과 대륙세력 사이에 있는 우리의 상황과도 맞고 무역국가인 우리의 여건에도 맞다. 그러므로 우리는 이제는 현실을 제대로 파악하고 우리 힘의 강화를 통해 한반도 안보와 평화를 만들어가야 한다. 안보를 통한 소극적 평화뿐만 아니라 전쟁이 발생할 여지의 뿌리조차 뽑아 버리는 적극적 평화를 위해 노력하고 행동하는 평화의 사도가 되어야 한다.

25) 정지웅, 『동북아 바둑판-한국의 새로운 접근 전략』 (서울: 태민, 2020), p. 362.

참고문헌

김경민(2020), “해방 75주년을 맞이하며”, 『서울신문』.
전제국(2007), “국방-역설의 논리”, 『대한민국 정책브리핑』.
정병호(2022), “우크라이나와 한반도”, 『한겨레』.
정욱식(2024), “러우 전쟁과 한반도 그 기묘한 관계에 관하여”, 『한겨레』.
정지웅(2020), 『동북아 바둑판-한국의 새로운 접근 전략』, 서울: 태민.

국방일보, 2021.07.05.
뉴스1, 2021.07.11.
뉴스1, 2021.09.17.
서울신문, 2020.09.02.
조선일보, 2023.12.15.
조선일보, 2024.09.28.
중앙일보, 2021.11.01.
한겨레, 2020.09.01.
한겨레21, 2021.07.11.
한국일보, 2020.09.01.
한국일보, 2020.09.03.

https://blog.naver.com/lawer8737/222567216337, 검색일 2024년 10월 2일.
https://ko.wikipedia.org/wiki/%EC%A0%9C%EB%84%A4%EB%B0%94_%ED%95%A9%EC%9D%98, 검색일 2019년 2월 3일.

제3장

한 만 길(한국교육개발원)

평화통일교육과 통일안보교육의 이해와 성찰

Ⅰ. 서론

통일교육은 각 정부의 통일정책이 변화하면서, 그리고 남북관계 상황에 따라서 끊임없이 변화하고 있다. 지난 문재인정부에 이어서 윤석열정부도 통일정책의 변화와 함께 통일교육의 방향이 새로이 제시되고 있다. 정부가 교체되면서 통일교육은 어떠한 변화 양상을 보이고 있으며, 어떠한 방향으로 변화를 모색하고 있는가? 지난 정부의 통일교육은 어떠한 특성을 갖고 있으며 지금에 와서 어떻게 진단하고 평가할 것인가? 새로이 제시되고 있는 통일교육의 방향은 어떠한 특성을 갖고 있는가? 이런 문제를 진단하고 분석해야 할 것이다.

최근 들어 남북한은 모두 통일에 대한 새로운 접근을 시도하고 있다. 북한은 적대적 2국가론과 통일・민족 개념의 폐기를 선언하여 파장을 일으키고 있다. 남한의 윤석열정부는 지난해 광복절을 계기로 새로운 통일구상을 공개할 계획이라고 밝히고 있다. 윤석열 대통령은 올해 3・1절 기념사에서 통일을 여덟 번 언급했으며, 대통령실은 기존의 민족공동체 통일방안에 자유주의적 철학 비전이 누락되었다며 새로운 통일관 마련에 나설 것이라고 밝힌 바 있다. 그리고 지난 3월 8일 통일부 대통령 업무보고에서 윤 대통령은 "우리가 추구하는 통일은 인류 보편적 가치인 자유에 근거하고 있으며 북한 주민 한 명, 한 명의 자유를 확대하는 통일이 되어야 한다"고 언급했다.

지난 문재인정부는 남북한의 관계개선을 모색하고 평화공존과 공동번영을 추구하는 통일정책을 추진하였다. 그래서 두 차례에 걸친 남북정상회담을 실현하였으며, 평창동계올림픽에 북한 대표단 참석, 9·19 남북군사합의 등을 이끌어냈다. 반면에 윤석열정부는 북한의 핵개발로 인하여 남북관계가 경색되는 상황에서 북한에 대한 공세적인 통일정책을 추진하고 있다. 남북대화는 단절되는 상황에서 북한의 무력도발에 확고한 대응을 약속하면서 안보의식을 강조하고 자유민주주의 이념의 확장을 천명하였다.

지난 문재인정부와 비교해서 남북관계의 급속한 변화 상황을 맞이하고 있다. 이러한 통일 환경의 급속한 변화 상황에서 과연 통일교육은 어떠한 길을 찾아야 할 것인가? 종전의 평화통일교육을 어떻게 진단하고 성찰할 것인가? 그리고 새로운 통일안보교육은 어떻게 이해하고 적용할 것인가의 문제가 제기되고 있다.

이 연구는 지난 2000년 이후 통일교육의 변화를 평화통일교육과 통일안보교육의 두 모형으로 대비하고 각 정부에 따라서 변화하는 통일교육의 양상을 분석하였다.[1] 정부의 통일정책 변화에 따라서 통일교육지침서가 개편되었기 때문에 통일교육지침서를 중심으로 분석하였다. 김대중정부 이후 주요 연도에 발행한 통일교육지침서를 분석하였다. 김대중정부(2002년), 노무현정부(2007년), 박근혜정부(2016년), 문재인정부(2018년), 윤석열정부(2023년)의 통일교육지침서를 각각 분석하였다. 이를 통하여 통일교육의 목표와 방향의 변화를 분석하고, 이에 기초하여 평화통일교육모형, 통일안보교육모형으로 설정하고 각각 분석하고 진단해 보기로 한다.

Ⅱ. 평화통일교육과 통일안보교육 고찰

1. 화해협력정책과 평화통일교육

지난 2000년 6·15 남북정상회담을 계기로 남북관계는 새로운 전환점을 맞이하였다. 김대중정부의 화해협력정책은 일명 북한에 대한 '포용정책'[2]으로서 불신

1) 한만길, 다음 논문을 수·정보완하였음. "평화통일교육의 방향과 내용 고찰", 『통일정책연구』, 제28권 1호, 2019, 서울: 통일연구원.

과 대결의 남북관계를 해소하고 화해와 협력 관계로 전환하여, 평화통일의 기반을 마련하는 것을 목표로 하였다. 이런 목표는 당장 통일에 주력하기보다는 평화적 공존・번영의 관계를 형성하는 것이 급선무라는 기본 인식이었다. 즉 "지금은 평화정착을 추구하는 것이 필요한 때이며, -- 공존의 틀을 마련하는 것이 절실한 때이다."[3]라고 했다.

이어서 2002년에는 김대중정부의 통일교육의 결정판이라고 할 수 있는 통일교육지침서[4]에서 "남북한은 화해협력 관계를 증진시켜 서로에 대한 신뢰를 회복하면서 평화공존의 단계를 달성할 필요가 있다"는 점을 강조했다. 이는 평화공존의 경험이 없는 평화적 통일이란 사실상 불가능하기 때문이다. 그리하여 남북한은 서로 간의 적대의식을 감소시키며 동포애를 증진시켜 북한을 공존과 동반자 관계로 이끌어 가는 지혜와 노력이 필요하다는 것이다.

특히 북한사회를 객관적 사실에 기초하여 상호존중의 관점에서 이해한다는 목표를 어느 때와 달리 새롭게 제시하였다. 즉 "남북한 사이의 다름을 인정하고 같음을 확대・창조하는 능력을 배양할 수 있도록 한다."라고 명시했다. 이런 관점에서 나아가 북한은 '수령 중심의 일원적 구조'이지만 '평등주의'와 같은 '사회주의 이상'을 지니고 있다는 점에서 "북한 주민들이 자부심을 표현한다."[5]고 설명했다. 말하자면 북한주민들이 스스로 인식하고 자랑하는 북한의 특성을 이해하고 존중하는 상호이해의 방식이다.

이어서 노무현정부는 김대중정부의 화해협력 정책을 계승하면서 '평화번영 정책'을 표방하였다. 이런 원칙에는 평화를 우선시하면서 통일은 다음으로 하는 원칙을 제시한 것이다. 먼저 '남북한의 평화정착'과 함께 '동북아시아의 평화번영'을 제시하였다. 말하자면 남북한의 평화정착은 동북아시아의 평화와 안정에 긴밀하게 관련되어 있다는 점을 명시하였다.[6] 그리하여 한반도의 평화와 안전이 우선이고 통일은 그 다음이라는 것이다.[7] 이와 같이 노무현정부는 김대중정부의 화

2) 동북아평화연구회, 『국민의 정부 대북포용정책』(서울: 밀레니엄북스, 1999), p. 94.
3) 통일부, 『통일교육지침서』(서울: 통일부, 2002), p. 71.
4) 위의 책, p. 83.
5) 통일부, 『통일교육지침서』, p. 23.
6) 통일부, 『참여정부의 평화번영정책』, (2003), pp. 5-12.

해협력정책을 계승하면서 평화공존을 내세우는 통일정책의 원칙을 통일교육에 그대로 적용함으로써 평화통일교육의 방향을 더욱 명확하게 정립했다고 할 수 있다.

지난 문재인 정부는 노무현정부의 통일정책을 계승하면서 '평화공존과 공동번영의 통일정책'을 추진하였다. 특히 두 차례에 걸쳐 남북정상회담을 성사시키면서 남북관계의 새로운 돌파구를 마련하였다. 당시 남북정상은 온 국민과 전 세계가 지켜보는 가운데 판문점선언을 통하여 "한반도에 더 이상 전쟁은 없을 것이다"라고 천명하기까지 하였다. 이로써 한반도는 갈등과 대립의 분단체제에서 협력과 공존의 평화체제로 이행하는 과정으로 규정하였다. 평화체제는 "정전상태를 평화상태로 전환하고 상호 적대적 관계를 초래했던 긴장 요인을 해소함으로써 항구적 평화성착을 위한 제도적 장치"라고 규정하였다.

그러나 문재인정부는 남북 간의 평화체제를 구축하고 남북관계를 개선하는 데 성공적인 결실을 얻지 못하고 말았다. 북한의 지속적인 핵미사일 실험, 남북 간의 군사적인 대립과 긴장은 계속되면서 남북관계는 단절상태에 들어서게 되었다. 북미관계 또한 미국 트럼프 대통령과 김정은 위원장과의 싱가포르, 하노이 회담이 아무런 성과없이 끝나면서 긴장관계는 지속되는 상황에 이르렀다. 이러한 통일환경이 변화하는 상황에서 김대중정부, 노무현정부에 이어서 문재인정부가 추진한 평화공존을 지향하는 평화통일교육은 제대로 실효를 거두지 못하는 상황이다.

2. 대북압박정책과 통일안보교육

지난 이명박정부는 '상생공영의 대북정책'을 제시하면서 추진전략으로서 '비핵개방 3000' 구상을 내세웠는데 실제로는 대북압박정책으로 시작하였다. 이명박정부는 "김대중정부는 북핵문제가 해결되지 않고 북한의 변화가 미미한 가운데 남북 간 교류와 협력, 대북지원 등을 추진하여 국민적인 합의와 지지를 이끌어내는 데 크게 미흡하였다"라고 평가하였다.[8] 그래서 김대중정부는 북한의 개혁·

7) 통일부, 『통일교육지침서』 (서울: 통일부, 2006), p. **.
8) 통일부, 『통일교육지침서』 (서울: 통일부, 2008), p. 45.

개방을 이끌어내는 데는 한계가 있다고 보고 북한체제의 변화를 모색하는 데 통일정책의 목표로 설정하였다.

심지어 이명박 대통령은 북한의 급변사태 가능성을 염두에 두고 "대한민국 통일은 아마 도둑같이 올 것"이라고 언급하기도 했다.[9] 북한의 세습독재, 핵개발, 인권탄압 등 부정적인 측면을 부각하면서 북한 주민들은 경제침체와 식량난으로 고통받고 있어서 언젠가 북한체제는 붕괴할 것이라는 '북한붕괴론'을 언급하기도 하였다. 이런 북한붕괴론은 북한과 통일에 대하여 국민들의 관심을 높이는 효과는 가져왔지만 북한에 대한 경멸적 인식을 심화시키고 남한 중심의 흡수통일에 대한 인식을 확산하는 결과를 초래하였다. 이렇게 남북관계가 악화하는 상황에서 통일교육은 북한에 대하여 경계심과 적대관계를 강조하는 데 중점을 두면서 평화보다 안보에 우선하는 통일안보교육으로 전환하였다.[10]

이어 박근혜정부는 '한반도 신뢰프로세스'를 표방하였는데, 이는 북한이 먼저 핵을 포기하거나 개혁개방에 대한 변화가 선행되었을 때 비로소 신뢰프로세스가 작동한다는 점에서 북한에 대한 제재와 압박을 강조했다는 점에서 이명박정부의 통일정책을 계승한다고 볼 수 있다. 더욱이 2016년 2월 북한의 4차 핵실험과 장거리 미사일 발사로 인하여 개성공단 가동이 전면적으로 중단되면서 남북경제협력이 완전히 단절되는 상황에 이르렀다.

결국 박근혜 대통령의 '통일대박론'[11]은 국민들 사이에서 반북한 의식을 심화시키고, 안보중심의 통일교육을 강화하는 토대로 작용하였다. 당시 통일대박론은 북한 붕괴론을 가정하고 있다는 점에서 이명박 대통령의 흡수통일론과 맥을 같이 하고 있다. 이로 인하여 이명박정부와 박근혜정부는 거듭해서 국민들에게 북한의 위협을 강조함으로써 '반북한 인식 프레임을 강화'[12]시키는 결과를 초래하였다.

---

9) 『경향신문』, 2011.6.21. 재인용: 정지웅, "북한 붕괴론 논쟁 탐구", 『통일과 평화』, 9집 1호(2017), p. 170; 이명박 대통령은 2010년 8 · 15 경축사에서 "통일은 밤에 도둑처럼 올 수 있다"는 언명과 함께 북한 붕괴에 대비하여 통일을 준비하자는 주장이었다.

10) 조정기, "통일교육의 성과와 과제" (민주평화통일자문회의 대통령 3,4분기 정책보고서 발제문, 2012.9.20.), p. 6.

11) 2014년 연두기자회견에서 박근혜 대통령은 "통일은 대박입니다"라고 선언하면서 통일준비위원회를 구성하고 북한 붕괴에 따른 통합대책을 수립하는 연구용역을 수행하였다.

12) 박찬석, "2016년 이후 통일교육의 현황과 과제", 『도덕윤리과교육』, 제54호(2017), p. 271.

동시에 국민들에게 북한의 붕괴 가능성을 예측하고 흡수통일에 대한 기대감을 높이는 효과를 가져왔다.

현재 윤석열정부는 자유민주적 기본질서에 입각한 평화통일을 추구하여 「비핵·평화·번영의 한반도」 구현을 표방하고 있지만 사실상 대북압박정책에 기초하는 흡수통일 전략이라고 할 수 있다. 특히 윤석열 대통령은 2024년 3·1절 경축사에서 "3.1 운동은 모두가 자유와 풍요를 누리는 통일로 비로소 완결"되며 "북한 정권의 폭정과 인권유린"에 대응해 "자유와 인권이라는 보편의 가치를 확장하는 것이 바로 통일"이라고 강조하였다. 또한 '자유로운 통일 대한민국' 실현을 비전으로 재천명하면서 "우리가 추구하는 통일은 인류보편적 가치인 자유에 근거하고 있으며 북한 주민 한 명, 한 명의 자유를 확대하는 통일이 되어야 한다"고 언급하였다.

이런 의미에서 윤석열정부가 추진하는 통일교육은 자유민주주의 통일교육이라고 할 수 있다.[13] 이러한 통일관은 남한의 자유민주주의 이념과 질서를 북한으로 확장한다는 의미를 담고 있으며 북한에 대한 흡수통일의 의미를 내포하는 것으로 해석할 수 있다. 이와 같이 이명박정부와 박근혜정부에 이어 윤석열정부로 이어지는 보수정부의 대북압박정책은 안보의식을 강화하고 남한의 자유민주주의를 확장함으로써 남한 체제중심의 흡수통일을 추구한다는 점에서 통일안보교육의 일환으로 규정할 수 있다.

3. 통일교육 모형에 대한 논의

위에서 논의한 평화통일교육과 통일안보교육의 두 접근을 정리해 볼 수 있다. 통일안보교육은 남한 중심의 국가체제와 이념을 지향하는 통일을 상정하고 있다. 반면에 평화통일교육은 남북한의 화해협력을 통하여 평화공존을 지향하면서 통일은 먼 미래의 과제로 미루고 있다. 평화통일교육은 남북한의 사회문화적인 다

13) 김상범, "만민법과 자유민주주의 통일교육", 한국통일교육학회 학술대회 자료집, 『남북관계 단절시대, 통일교육의 이론과 실제 탐구』, 공주교육대학교 입지관, 2024.8.8.

양성을 인정하고 이해와 협력을 통하여 공존공영을 추구하는 것이다. 평화통일교육은 남북한의 우호적인 관계를 조성하면서 평화로운 한반도를 조성하기 위한 노력을 강조한다. 이에 비해서 통일안보교육은 남한체제의 우월성을 중시하고 상대적으로 북한체제의 열등성을 제기하면서 북한의 위협적인 요인에 대비하여 안보의식의 중요성을 강조한다.

지난 2000년에 두 모형을 체제우위모형과 함께 평화공존모형으로 제안[14)]하였는데, 여기서는 평화통일교육과 통일안보교육 모형으로 정리하였다. 먼저 평화통일교육은 평화의 가치를 중심으로 북한을 이해하고 포용하면서 평화의식을 바탕으로 통일을 실현하려는 자세를 갖도록 하는 교육을 말한다. 따라서 평화통일교육의 목표는 북한에 대한 객관적 이해를 바탕으로, 북한과 공존공영할 수 있는 태도를 학습하는 것이다. 평화통일교육의 내용체계를 제시하면, 북한의 장단점을 이해하고 우호적인 인식을 갖도록 하며, 남북한의 평화와 통일의 과정으로서 교류협력의 소중한 경험과 성과를 이해하는 내용으로 구성한다. 반면에 통일안보교육의 목표는 북한에 대하여 경계심, 안보의식을 확고히 하고, 남한의 자유민주주의 체제에 대한 신념을 갖도록 하는 것이다. 통일안보교육의 교육내용으로는 북한체제의 문제점을 지적하고, 남한체제 중심의 통일을 준비하고, 나아가 통일 이후의 미래상에 관련한 내용을 담고 있다.

이런 통일안보교육은 지난 1987년 대통령직선제 개헌 이후 민주화 과정에서 종전의 반공교육을 통일안보교육으로 전환하면서 시작되었다. 당시 제5차 교육과정 개정(1988년)에서 반공교육은 통일・안보교육(처음 사용하는 용어로 중간에 ・을 넣었음)으로 전환하면서 북한은 '적이면서 동시에 동포'라는 이중성을 염두에 두었다. 이어서 6차 교육과정 개정(1993년)과 함께 통일교육이라는 명칭을 사용하기 시작하였는데, 여기서는 보다 적극적으로 통일 이후의 민족공동체의 삶에 대비해야 한다는 시각에 토대를 두었다.[15)] 따라서 1993년 당시 통일이후를

14) 한만길 외, 『남북한 화해협력 촉진을 위한 통일교육의 과제』(서울: 통일연구원, 2000), p. 222; 통일교육의 새로운 접근모형은 『통일교육 실태조사와 활성화 방안 연구』(연구책임자 한만길, 한국교육개발원, 1999년, 통일부 용역연구)에서 신모형 · 구모형(p. 208)으로 처음 제시하였다.

15) 당시 통일교육의 방향 전환과 관련한 자료: 문교부, 『통일 · 안보교육 지도자료』(서울: 문

대비한다는 점에서 지난 이명박정부의 통일안보교육과 상통한다.

한편 평화통일교육은 1998년 김대중정부는 화해협력정책을 추진하면서 통일교육의 첫걸음은 “남북한 상호불신과 적대감을 해소하고 이해와 화해의식을 형성하는 것”[16]이라고 규정했다. 당시 이론적으로 평화교육의 관점을 통일교육에 적용하면서 ‘평화교육과 통일교육의 만남’, ‘평화지향의 통일교육’으로서 통일교육의 방향[17]을 설정하는 데 기여했다. 또한 남북한 ‘문화의 다양성’ 원칙을 강조하고, ‘다른 문화와 생활방식을 이해하고 존중하며 평화롭게 공존’[18]하는 통일교육의 신패러다임을 제시했다. 그래서 남북한 평화공존을 전제로 북한을 편견 없이 바라볼 수 있는 태도, 그리고 북한을 ‘있는 그대로’ 존중하는 자세를 길러주는 데 초점을 두었다.

이러한 평화통일교육은 지난 보수정부(이명박정부, 박근혜정부)를 거치면서 논의가 소강상태를 보이다가 문재인정부가 들어서면서 다시 전개되기 시작하였다. 이제 통일교육은 새롭게 “북한 주민들과 함께 살아나가기 위한 능력을 기르는 교육”[19]이라 한다. 나아가 평화체제 이행기의 통일교육은 “북한이라는 동반자와 함께 평화로운 세상을 만들어갈 준비를 하는 교육”[20]이라고 규정하였다. 남북관계에서 동반자 관계는 남북이 가치와 이해를 공유하면서 동등한 권리와 지위를 갖는 것을 의미한다.

그런데 실상은 우리 사회에서 북한에 대한 이미지는 여전히 독재, 억압, 적, 공

교부, 1988); 문용린 외, 『통일교육의 새로운 전개 방향』 (충북: 한국교육개발원, 1988); 문교부, 『통일교육 지도자료』 (서울: 문교부, 1993); 통일부, 『통일교육 기본 방향』 (서울: 통일부, 1995).

16) 한만길 외, “통일교육 실태조사와 활성화 방안 연구” (한국교육개발원 통일부 용역보고서, 1999).

17) 정현백 · 김엘리 · 김정수, 『통일교육과 평화교육의 만남』 (서울: 통일부 통일교육원, 2002); 황인표, 『평화지향적 학교 통일교육』 (서울: 통일부 통일교육원, 2007).

18) 이우영, “새로운 통일담론의 필요성”, 『비교사회』, 제4호 (2002); 박광기 외, 『신패러다임 통일교육 구현 방안』 (서울: 통일연구원, 2005).

19) 조정아, “2030 세대의 통일의식과 통일교육의 새로운 패러다임 모색”, 『2030 세대의 통일의식과 통일교육의 새로운 패러다임 모색』 (2018년 통일교육원 · 한국통일교육학회 공동학술회의, 2018.5.25., 서울중앙우체국), p. 18.

20) 한만길, “평화체제 이행기 통일교육의 개혁과제”, 『변화하는 한반도와 통일교육 길찾기』 (통일교육협의회 주최 통일교육활성화 학술대회 자료집, 2018.11.6.).

격, 위협 등의 단어들을 연상케 하고 있다. 이런 상황에서 과연 북한은 어떻게 우리의 동반자로서 인정하고 존중할 수 있는지 문제이다. '평화통일교육'의 관점에서 북한을 어떻게 인식할 것인지가 탐구과제라고 할 수 있다.

이와 관련하여 비판적 평화연구는 남북한의 분단체제로 인한 대립과 갈등의 구조가 비평화적 요인임을 지적하고 있다. 비판적 평화의 관점은 이런 분단체제의 구조화된 비평화 요인을 살피고 이를 성찰하는 안목을 제시하고 있다. 이를 평화학자 갈퉁(Johan Galtung)은 '구조적 폭력'이라 불렀고 독일의 젱하스(Dieter Senghaas)는 '조직화된 평화부재'라는 개념을 사용하여 평화를 저해하는 구조적 요인을 지적했다.[21] 갈퉁은 '구조적 폭력'과 더불어 그것을 정당화하는 문화의 상징적 측면을 지시하는 개념으로 '문화적 폭력'을 언급하고 있는데, 여기에는 의식과 심성, 그리고 문화의 영역에서 발생하는 평화부재의 문화 메커니즘을 지적하고 있다. 이제까지 '전통적인 평화교육'이 청소년의 내적 심성의 변화에 관심을 두었다면 '비판적 평화교육'은 '구조적 폭력'과 '조직화된 평화부재의 세계'를 인지하고 맞서 싸우도록 하는 실천 교육[22]을 주창한다.

이런 관점에서 분단체제에서 사회적 규범과 교육을 통해 내면화하고 있는 적대감, 갈등요인을 지각하지 못하고 있다는 구조적 비평화의 문제를 제기하고 있다. 즉 평화를 위협하는 전쟁, 군비경쟁, 핵무기 등 평화를 저해하는 직접적 요인[23]에 대하여 비판적 성찰이 필요하다. 나아가 북한에 대한 적대감, 북한을 악마로 인지하도록 하는 구조적 요인, 즉 '법과 제도, 정치문화와 언어, 그리고 사회관행과 일상문화 전체에 비판적인 물음을 던지고 있다'.[24]

그동안 통일교육은 반공교육, 통일안보교육으로 이어지면서 주로 체제이념교육의 성격을 띠고 있기 때문에 '조직화된 평화부재의 세계'에 몰입하고 있다고 볼 수 있다. 남한의 자유민주주의 이념과 시장경제 체제를 옹호하고, 반대로 북한의 공산주의, 집단주의 체제를 비판하고 배격하는 데 치중하였기 때문에 일방적인

21) 이동기 · 송영훈, 『평화 · 통일교육 추진 전략 연구』 (유네스코한국위원회, 2016), p. 20.
22) 위의 책, p. 31.
23) 정지웅, "시민사회의 평화교육", 한만길 외, 『통일을 이루는 교육』 (교육과학사, 2016), p. 102.
24) 이동기 · 송영훈, 『평화 · 통일교육 추진 전략 연구』 (유네스코한국위원회, 2016), p. 89.

이념교육의 성격을 벗어나기 어려웠다.

이러한 통일안보교육의 한계를 극복하지 못하고 있기 때문에, 통일교육은 보편적 가치로서 평화와 인권, 반전과 군축, 갈등해결 등 범세계적인 시각이 반영된 평화교육, 또는 세계시민교육의 관점에서 '해체와 재구성'[25]이라는 새로운 도전에 직면하는 것이다. 따라서 분단체제에서 파생된 북한에 대한 적대감, 그리고 남한 사회 내부의 반북의식, 소위 '종북 프레임'에 대한 비판과 성찰이 필요하다. 이러한 비판적 평화교육의 관점을 평화통일교육은 어떻게 수용할 것인가, 그리고 통일교육의 방향을 설정하고 내용체계를 구성하는 데 어떻게 활용할 것인가? 이런 질문은 평화통일교육이 감당할 과제다.

Ⅲ. 통일교육지침서를 통한 통일교육 변화 분석

1. '통일교육의 목표와 방향' 분석

먼저 2002년 통일교육지침서를 보면 통일교육의 목표로서 자유민주주의 신념, 민족공동체 의식, 건전한 안보관, 남북한 평화공존 실현을 제시하였는데, 이 가운데 2007년 지침서에는 '평화공존' 항목이 '평화통일' 항목으로 변경되었다. 2016년 지침서에는 '평화공존', 또한 '평화통일' 항목이 제외되어 '평화'에 관한 항목은 삭제되었으며 '통일준비' 항목이 새롭게 등장하였다. 이 항목은 통일과정, 그리고 통일 후에 발생 가능한 혼란을 예상하고 대비한다는 취지에서 이명박정부가 강조한 '통일준비' 역량에 초점을 두고 있다. 2016년 지침서와 비교하여 2018년에 새로 추가한 항목을 보면 '평화통일', '평화의식', '민주시민의식'에 관한 항목이며, '통일준비', '민족공동체' 항목은 삭제되었다. 지난 2007년 지침서에 제시된 '평화' 항목이 2016년에는 제외되었다가 2018년 지침서에 다시 등장하였다.

지난 2002년 이후 각 정부가 발행한 통일교육지침서에서 제시하고 있는 통일

25) 강순원, "분단시대 통일교육에서 평화시대 시민교육으로", 통일연구원 주최 2018 KINU 학술회의(평화에 대한 세 가지 질문 자료집, 2018.12.12.), p. 115.

교육의 목표를 항목별로 정리하면 다음과 같다.

- 2002년(김대중정부): 자유민주주의, 민족공동체, 안보관, 평화공존(p. 2)
- 2007년(노무현정부): 자유민주주의, 민족공동체, 평화통일, 통일환경, 안보관(p. 10)
- 2016년(박근혜정부): 안보관, 북한관, 통일준비, 자유민주주의, 민주시민의식, 민족공동체(p. 6)
- 2018년(문재인정부): 평화통일, 안보의식, 북한관, 평화의식, 민주시민의식(p. 8)
- 2023년(윤석열정부): 평화통일, 자유민주주의, 민주시민의식, 민족공동체, 안보관, 북한관(p. 8)

종전의 지침서는 통일교육의 방향과 함께 내용 체계를 상세하게 설명하고 있는 데 비해서 2018년 지침서는 「평화·통일교육 방향과 관점」으로 제목을 변경하고 간략하게 제시하였다. 2018년 지침서(pp. 10-18)는 평화통일교육의 중점 방향으로 15개 항목을 제시하고 있는데, 이 항목을 분류하면 '통일의 당위성', '평화와 안보', '북한이해', '남북관계', '통일미래', '통일과정'에 해당하는 항목들이다.

2018년 지침서는 평화통일교육의 중점 방향으로서 '평화'를 강조하고 있다는 점에서 종전의 지침서와 비교하면 의미 있는 변화이다. 기본적으로 평화의 관점에서 통일과 안보, 남북관계, 통일미래, 통일과정을 설명한다는 취지로 보인다. 우선 여기서 제시된 중점 방향을 보면, '평화는 한반도 통일의 우선 가치'로 삼고 있다. 또한 통일교육은 이러한 '평화통일을 이루어 가는 데 필요한 긍정적 인식과 바람직한 태도를 기르는 것'을 목표로 하고 있다. 무엇보다 '평화'의 가치를 강조하는 가운데, 평화의식을 바탕으로 북한을 이해하고 협력적인 남북관계를 지향하면서 평화로운 통일을 실현하는 데 필요한 능력을 함양하는 데에 통일교육의 중점 방향으로 제시하였다.

그래서 평화통일교육은 평화적 통일을 이루는 데 필요한 인식과 태도를 형성하는 것이라고 정의하였다.[26] 이처럼 통일교육에서 '평화'에 새로운 의미를 부여하였는데, '평화'를 통하여 '통일교육'으로 접근한다는 뜻이다. 이와 같이 평화의 가치를 명목상으로 부각시키고 있지만 여전히 다른 중점 방향과 동등한 수준에서 병렬식으로 나열되고 있으며, 평화의 가치를 각 항목과 내용 요소에 체계적으로 반영하면서 체계화되지 못하고 있다.

한편 2023년에는 통일교육의 중점 방향으로서 새롭게 추가된 항목은 ① 자유민주적 기본질서에 입각한 평화적 통일 추구, ② 통일은 개인 삶의 기회 확대와 국가, 민족공동체의 발전, ⑤ 통일인식 제고와 체계적인 통일준비 등의 항목이 추가 되었다. 이를 보면 윤석열정부가 강조하는 자유민주주의에 기초하는 대북정책, 통일정책을 그대로 반영하고 있다.

반면에 통일교육의 중점 방향으로서 제외된 항목을 보면, ④ 평화는 우선할 가치, ⑧ 남북한의 역사·전통과 문화·언어를 공유 항목이 있다. 또 제외된 항목으로 남북관계 영역에서 ⑨ 남북관계는 통일을 지향하는 ─ 특수관계, ⑩ 남북합의를 바탕으로 추진, ⑪ 화해협력과 평화공존을 위한 노력 항목은 제외되었다. 이를 보면 윤석열정부는 안보의식을 강조하면서 평화의식의 중요성을 약화시키고 있음을 알 수 있다.

지난 김대중정부로부터 문재인정부에 이르기까지 진보정부가 추진한 남북관계의 개선의 중요성을 제외시키고 있으며, 나아가 화해협력과 평화공존을 지향하는 통일정책 방향을 안보의식과 자유민주주의를 내세워 북한을 압박하는 방향으로 선회하고 있다. 말하자면 과거의 통일안보교육 형태로 회귀하고 있음을 알 수 있다.

2. '북한 이해' 분석

1) 북한에 대한 기본 인식

통일교육지침서에서 '북한 인식' 항목 2002년에는 경계와 협력할 대상으로서 이중성을 명시하면서도 적대성을 감소하고, 동포애로서 동반자로 인식할 것을 강조했다. 2007년에도 북한은 통일의 동반자로 규정하고 북한 주민에 대한 차별의

26) 통일부, 『통일교육지침서』 (서울: 통일부, 2018), p. 5.

식과 편견을 극복할 것을 제시하였다. 북한인식에서 2007년에는 비교적 긍정적인 기술이 발견되는 데 비해서 2016년에는 긍정적 기술이 제외되고 부정적인 기술이 주를 이루고 있는데, 정작 2018년 지침서는 구체적인 변화가 없어 보인다.

2016에는 북한은 협력과 경계의 이중성을 기술하면서 동반자, 차별의식과 편견 극복의 내용은 삭제하였다. 2016년에 북한의 이중성으로 기술하고 있다는 점에서 2007년과 동일한데, 2016년에 안보위협을 더욱 강조하고 있다. 2018년에는 "남북관계를 협력과 평화공존의 관계로 발전시켜야 한다", "북한은 우리와 공통의 역사, 전통과 문화언어를 공유하고 있다"는 점을 강조하였다. 반면에 2023년에는 북한의 군사력 증강과 핵개발을 강조하면서 이에 대비한 평화와 안보 위협을 중시하고 있으며, 남북협력과 평화공존의 관계, 공통의 역사문화에 관한 소개는 삭제되었다.

2) 북한사회의 이해

북한정치는 유일 수령체제라는 서술이 2002년에 이어 2007년, 2016년, 2018년에 동일하게 등장하고 있는데, 다만 2016년에는 일당독재체제임을 분명히 밝히고 있다. 2016년에는 '일당독재체제'로 규정하는데, 2018년에는 '유일지배체제'로 규정하고 있다. 2023년에는 수령 중심의 1인독재체제, 일당독재체제임을 강조하였다.

북한경제에 대하여 2007년에는 사회주의 계획경제의 문제점을 지적하면서 "경제난을 극복하기 위해 경제개선조치, 개혁개방을 확대하고 있다"는 다소 긍정적인 기술이 등장하였다. 그런데 2016년에는 "사회주의 계획경제를 고수하는 가운데 경제·핵무력 건설을 병진하면서 제한적인 대외개방만 시도하고 있다"고 부정적인 기술로 변화하였다. 2018년에는 2016년과 비교해서 간략히 서술하고 있으며, 2023년에도 큰 변화 없이 지속되고 있다.

북한사회에 대하여 2007년에 등장했던 북한의 평등주의, 집단주의 가치관에 대한 기술은 2016년에서 삭제되었다. 또한 2007년에 북한사회에서 북한주민들의 "대남인식은 점차 긍정적으로 바뀌고 있다"라거나, "남한사회에 대한 거부감도 줄어들고 있다." 그리고 "여성의 지위가 높아지고 있다"라는 방식으로 다소 긍정적인 표현이 기술되었으나 2016년에는 이런 내용이 삭제되었으며 2018년도, 역시 2023년도 이런 기술은 없다.

지난 김대중정부의 평화통일교육의 전형을 보여주고 있는데, 그 사례로서 북한은 '수령 중심의 일당독재'이지만 전체주의로만 볼 것이 아니라, '집단주의', '평등주의'를 지향하는 사회로서, "무료교육, 무료진료, 무상교육과 같은 사회주의 이상을 지니고 있다"[27]고 설명했다. 우리는 북한이 경제난으로 무상의무교육이 무색해졌다고 보고 있지만, 그래도 북한 스스로 '교육의 나라'라고 주장하는 그들의 자긍심을 전적으로 무시할 수는 없을 것이다.

3. '남북협력과 통일의 과정' 분석

통일교육지침서에서 2002년과 2007년에는 화해협력의 확대를 통하여 평화공존을 지향하는 내용이 주를 이루고 있다. 반면에 2016년에는 안보역량을 강조하다가 다시 2018년에는 상호신뢰를 바탕으로 화해협력과 평화공존을 강조하는 방향으로 선회하였다.

2007년 지침서는 2000년 6·15 남북공동선언을 통하여 남북의 통일방안에서 공통점을 찾을 수 있다는 점을 소개하였다. 그리고 2007년에는 참여정부의 평화번영정책을 반쪽으로 간단히 소개하였는 데 비해서 2016년에는 박근혜정부의 '한반도 평화프로세스'를 2쪽 넘게 상세히 서술하였다. 박근혜정부는 대통령 취임 시 한반도 평화프로세스를 국정과제로서 발표하였으나 남북관계가 경색되면서 시행하지 못하였다.

또한 2007년에는 남북교류협력의 현황을 상세히 소개하던 내용들이 2016년에는 대부분 삭제되었다. 2007년 지침서에서 "남북교류협력은 ― 남북한 간의 상호불신을 해소하고 민족의 동질성을 회복해 나가는 데 중요한 견인차 역할을 수행하여 왔다"라고 평가하면서 개성공단 등을 비롯한 다양한 교류협력 사업을 상세

27) 통일부 통일교육원, 『통일교육지침서』, p. 23.

히 설명하였다.

이런 남북의 교류협력 내용이 2016년에는 전면적으로 삭제되었다. 이어 2018년에는 통일의 과정으로서 "통일은 남북 간 상호 이해, 대화와 협상 등 평화적 방식을 통해 점진적으로 이룩되어야 한다"라고 서술하였다. 다시 통일은 남북이 화해협력의 지평을 넓히면서 평화공존의 길로 가고 있음을 확인할 수 있다. 그러나 2023년에는 화해협력과 평화정착을 위한 노력이 필요하다는 원론을 제시하면서, 최근 남북관계는 북한의 핵미사일 개발로 인하여 갈등과 긴장 관계가 지속되고 있다고 설명하고 있다. 남북협력의 현황이나, 그리고 남북관계의 개선을 위한 노력에 관한 내용은 전반적으로 제외되고 있다.

2018년 지침서는 남북관계 발전을 위해 "화해협력과 평화공존을 위한 노력이 필요하다"는 원칙을 확인할 수 있지만, 이러한 방향에도 불구하고 2008년 이후 2016년까지의 지침서에서 삭제되었던 '남북한 교류협력의 사례'는 2018년에도 여전히 중시되지 않고 있다. 지난 보수정부는 남북관계가 단절되는 상황에서 지침서에서도 교류협력에 관한 다양한 사례를 소개하는 내용이 거의 삭제되었다.

비록 분단의 역사가 지속되고 있지만 그 역사 속에서 대화와 협력을 통해서 평화적으로 통일을 준비해 왔던 노력에 대해서 주목해야 한다. 수많은 교류협력의 사례와 경험을 깊이 있게 성찰하면서 평화적 통일 과정에 대하여 긍정적 전망을 심어주는 교육이 중요하다. 남북관계와 교류협력의 과정에 관하여 풍부한 사례를 교육내용으로 담아서 학생들에게 가르칠 필요가 있다.

Ⅳ. 평화통일교육의 이해와 성찰

1. 평화통일교육의 이해

지난 2018년 통일부는 기존의 통일교육지침서를 대신하여 "평화·통일교육의 방향과 관점"을 출간하면서 공식적으로 평화통일교육의 명칭을 사용하고, 평화의 가치를 앞세웠다. 여기서는 통일교육의 목표로서 동등한 수준에서 평화통일, 안보의식, 북한관, 평화의식, 그리고 민주시민의식을 제시함으로써, 5개 통일교육의 목표 가운데 평화통일, 평화의식 2개 항목에서 평화의 가치를 담고 있다.

그런데 평화통일교육이라는 명칭을 새롭게 부여하고 목표를 제시하고 있지만 평화통일교육의 개념과 의미를 명확히 규정하고 이를 관철시키는 데는 여전히 한계를 보였다. 평화통일교육의 개념이 무엇인지, 그것을 통하여 기르고자 하는 핵심역량이 무엇인지 명확히 제시하지 못했다. 나아가 평화의 가치 또는 '평화의식'이라는 목표를 구현하기 위하여 각 항목별로, 즉 안보의식, 북한관, 민주시민의식과 어떻게 연계시키고, 구체화할 것인지를 세부적으로 규명하지 못하고 있다. 평화통일교육의 내용 영역별로 평화의식을 함양하기 위하여 어떻게 재해석하고 재구성할 것인지에 대하여 깊이 있는 분석이 필요할 것이다. 말하자면 평화의 가치를 구현하기 위하여 남북의 분단과 갈등을 어떻게 설명할 것인지, 평화의 관점에서 북한을 어떻게 이해하고 접근할 것인지, 남북관계와 통일의 과정을 어떻게 평화의 관점을 적용하여 다룰 것인지에 대하여 재해석하는 시도를 보여야 할 것이다. 그래야만 평화통일교육의 명칭과 목표에 부합하는 교육내용을 체계적으로 제시할 수 있다.

평화의 관점에서 통일문제를 바라보는 안목을 키우는 데 통일교육의 목적이 있다면 보다 탐색적이며 개방적인 방식으로 서술할 수 있다. 평화통일교육은 분단과 전쟁의 문제, 북한이해, 남북관계 등 통일의제에 대하여 서로 간의 의견 차이를 평화적으로 토론하고, 이로 인해 발생하는 갈등을 합리적으로 해결하는 능력을 기르는 데 중점을 두어야 한다. 또한 평화통일교육의 방향을 설정하는 데 있어서 국민적인 토론과 사회적 합의 과정을 거친다면 지침서의 내용을 보다 체계화하고, 정당성을 확보하는 데 도움이 될 것이다.

지난 문재인정부는 국민적 합의에 기초하여 통일정책을 추진하기 위하여 국정과제로서 '통일국민협약'[28]을 통하여 통일의 기본 원칙을 수립하고자 시도하였다. 사회적 대화를 통하여 협약안을 만드는 사업이었다. 이런 협약안은 우리 사회에서 통일문제와 관련한 논쟁 사항을 정리한다는 점에서 의미가 있다.

---

28) 통일협약시민추진위원회, 『통일과 평화를 위한 사회적 대화 숙의토론회 주요결과 보고』, 2018.10.

예컨대 구서독의 11개 주의 교육부장관들이 1978년 11월 합의한 바 있는 '독일 문제에 대한 교육지침'[29]을 우리 통일교육지침을 개발하고 실행하는 데 참고자료로 활용할 수 있다. 당시 서독 교육부는 청소년들이 독일 분단과 동독 체제를 제대로 이해하지 못하고 통일문제에 대하여 관심이 없다는 문제의식을 갖고 동서독의 통일문제를 교육하는 데 있어서 참고할 15개 지침을 선정하여 이를 학교교육에 권고하였다. 이 교육지침은 동서독은 "공통의 언어, 역사, 문화로서 결속되어 있다"는 점에서 '한 민족임을 확인'하고, "독일의 통일은 확고한 목표"라는 점, 무엇보다도 "동독의 입장을 존중'하면서 '통일은 평화적인 방법으로 해결해야 한다"는 점을 강조하였다.

구서독의 1978년 통일교육지침으로부터 다음과 같은 시사점을 얻을 수 있다.[30] 첫째, 당시 동서독 통일은 현실적으로 불가능하다고 판단하여 이를 장기적인 목표로 설정하고, 평화공존을 통일교육의 현실적인 목표로 제시하였다. 둘째, 동독에 대하여 적대감을 갖지 않고 연대감을 지속적으로 가질 것을 명시하였다. 셋째, 동독의 인권보장 요구는 당연한 권리이며 인도주의적인 의무라는 것이다. 동독의 인권개선을 위해서는 긴장완화가 효과적이며, 다양한 접촉을 통하여 구체적인 성과를 내도록 해야 한다는 것이다. 넷째, "동독인들은 자신들의 재건 성과를 바탕으로 자부심을 가지고 있다"는 취지대로 북한 주민들이 어려운 상황에서 자신들이 이룬 업적에 대한 자부심을 갖고 있다는 점을 이해해야 한다.

이와 같이 우리도 상대방 북한을 이해하고 존중하는 자세를 가지도록 가르칠 필요가 있다. 우리가 북한을 평화적 공존의 대상으로서, 그리고 동반자 관계로서

29) 박재윤 외, 『독일의 교육통합』(충북: 한국교육개발원, 1992), p. 9: 교육지침의 주요 항목은 다음과 같다. ① 독일문제는 유럽문제이다. ② 독일문제는 평화적인 정책으로 해결한다. ③ 독일 분단은 여러 원인이 있다. ④ 통일을 위한 우리의 노력은 정당하다. ⑤ 독일의 역사유산은 독일인 모두에게 관계된다. ⑥ 독일인은 공통의 언어, 역사, 문화를 통해 결속되어 있다. ⑦ 독일인은 공동의 국적을 가지고 있다. ⑧ 동서독의 비교는 기본법의 가치척도에서 비롯된다. ⑨ 동독인들의 인권보장 주장은 인도주의적 의무이다. ⑩ 인권에 대한 요구는 내정간섭이 아니다. ⑪ 동독은 폐쇄정책으로 대응하고 있다. ⑫ 동독인들도 독일 통일에 대한 강한 의지를 갖고 있다. ⑬ 동독인들도 동독 발전에 긍지를 갖고 있다. ⑭ 독일 통일은 우리의 확고한 목표이다. ⑮ 서독이 독일 전체를 대변하지 않는다.

30) 김상무, "동독의 2국가론과 2민족론으로 통일정책의 변화에 대한 서독 통일정책과 통일교육의 대응 연구", 한국통일교육학회 주최, 『남북관계 단절시대, 통일교육의 이론과 실제 탐구』 자료집, 2024.8.8., 공주교육대학교 입지관, p. 92.

제대로 인식하려면 그들의 생각과 감정을 이해하고 존중하는 자세가 선행되어야 할 것이다. 서독의 교육지침서가 담고 있는 취지를 살린다면, 우리도 "북한 주민들도 북한 발전에 긍지를 갖고 있다"라는 점을 인정하고, 나아가 "남한이 한국(조선) 전체를 대변하지 않는다"라는 교육지침을 통일교육에서 적용하는 방안을 강구해야 할 것이다.

무엇보다 지난 시절 남북관계의 역사는 분단과 전쟁으로 인한 대립의 역사이기도 하지만, 분단과 대립을 청산하고 대화와 협력을 위하여 끊임없이 노력해 온 화해의 역사이기도 하다. 그동안 교류협력의 사례와 교훈을 깊이 있게 성찰하면서 평화적 통일 과정에 대하여 긍정적 전망을 심어주는 교육이 중요하다. 우리는 남북관계에서 성공과 실패, 좌절의 경험을 되풀이하고 있다. 그런 가운데 때로는 상대방을 비난하고 배격하고, 때로는 수용하고 인정하면서 남북 대화와 접촉을 실현해 왔으며, 교류협력 사업을 추진하였다. 이런 남북관계와 교류협력의 과정에서 풍부한 경험과 사례를 살려서 학생들에게 가르치도록 해야 한다. 이에 대하여 끊임없이 토론하고 논쟁하는 것이 평화통일교육의 과제라고 할 수 있다.

2. 평화통일교육의 한계와 성찰

기존의 통일교육 또는 통일안보교육에서 평화통일교육의 새로운 패러다임으로 전환한 것은 통일교육의 중요한 전환점이라고 할 수 있다. 종래의 통일교육이 이념대결을 위한 교육, 체제유지용 교육, 안보중심의 교육으로부터 평화와 통일을 위한 교육으로 패러다임의 전환을 시도했다[31)]는 점에서 새로운 전기를 마련하였다. 특히 김대중정부의 평화통일정책을 계승하면서 노무현정부, 문재인정부는 지속적으로 남북의 화해와 협력, 평화공존을 지향하는 통일정책을 추진하는 과정에서 평화통일교육은 더욱 힘을 얻게 되었다.

심지어 일부 학자들은 통일교육은 평화교육의 패러다임으로 전면적인 전환할

31) 안승대, "통일교육 패러다임 전환론에 대한 성찰", 『정전 70년, 통일교육의 학문적 체계 재정립』, 한국통일교육학회 동계학술대회 자료집, 2023.11.25.

것을 주장하기도 하였다. 통일교육의 핵심은 분단체제를 극복하고 평화를 지향하는 데 주력해야 한다는 취지에서 평화교육으로 전환하자는 제안이다. 나아가 평화통일교육은 여전히 체제이념교육의 한계를 극복하지 못하고 있다는 문제를 제시하면서, 그렇기 때문에 통일교육은 새롭게 '해체하고 재구성'[32]해야 한다는 비판을 제기하고 있다. 통일교육을 해체하고 평화교육으로 대체하여 재구성하자는 제안이다. 나아가 보편적 가치로서 평화와 인권, 반전과 군축, 갈등해결 등의 교육의제들을 평화교육의 관점에서 새롭게 재구성하자는 주장이다.

그러나 통일교육의 출발점이자 핵심 목표는 평화적인 방법으로 통일을 지향하는 데 궁극적인 목표를 두고 있기 때문에 평화교육으로 환원될 수 없다. 또한 평화론의 일반적인 원리를 그대로 우리의 통일교육에 적용할 수 있는 것은 아니다. 왜냐하면 서구 특히 독일과 북유럽에서 논의되는 평화론의 관점을 그대로 우리 상황에 수용할 수 없기 때문이다. 우리는 독일이나 북유럽과 달리 분단과 전쟁이라는 뼈아픈 상처를 안고 있으며, 이로 인하여 누적된 적대감, 반공의식은 우리사회의 의식구조를 지배하고 있다.

그래서 우리 나름의 평화의 논리를 개발하고 평화통일교육론을 정립해야 할 것이다. 아직 평화의 관점에서 우리의 북한문제, 통일문제를 적합하게 이해하고 적용하고 있다고 말하기 어렵다. 아직 성숙하지 못한 수준이다. 평화공존의 관점에서, 특히 상호 이해와 존중, 배려의 자세로서 북한을 어떻게 이해하고 설명할 것인가의 문제가 숙제라고 할 수 있다.

평화의 관점에서 사회주의 북한주민들의 생각과 정서를 얼마나 이해하고 있는지 성찰해 보아야 한다. 이를 테면 북한을 이해하는 데 있어서 '협력 대상'으로, 또는 '경계 대상'으로 이중성을 말하고 있는데 정작 어디까지 협력하고 어디까지 경계할 것인지, 그 경계와 한계가 논란거리가 되고 있다. 마찬가지로 북한의 긍정적, 부정적 측면을 어떻게 구분하고 판별할 것인지 불분명하다.

남북 간의 분단과 전쟁으로 인해 심화되어 온 선입관, 편견, 왜곡 등의 허상은 여전히 우리 안에 존재하고 있다. 북한이 갖고 있는 특성과 장점을 말할 수 있고,

32) 강순원, "분단시대 통일교육에서 평화시대 시민교육으로", 통일연구원 주최 2018 KINU 학술회의, 『평화에 대한 세 가지 질문 자료집』, p. 111.

이에 대한 자유로운 토론과 논쟁이 이루어져야 진정한 의미에서 평화통일교육에 부합한다고 할 수 있다. 그래서 북한의 진상은 무엇이고 허상은 무엇인지, 이런 문제의식은 평화통일교육에서 여전히 탐구 대상이면서 토론 주제가 될 수 있다.

한편 북한을 이해하는 데 평화의식을 중시하면서 상대적으로 안보의식을 경시하고 있다는 문제 제기를 간과해서는 안 될 것이다. 여전히 북한은 전쟁도발의 가능성을 안고 있기 때문에 이를 사전에 예방하고 차단하기 위한 안보의식은 무엇보다 중요하다. 또 북한사회의 문제로 지적하고 있는 1인세습독재체제, 인권침해, 경제침체, 낙후사회 등의 문제를 묵과하고 있다는 비판을 간과해서도 안 될 것이다. 말하자면 북한사회에 대한 편견, 왜곡을 불식하자고 주장하면서 반대로 북한사회에 대하여 편향적인 태도를 갖게 한다는 오해를 받아서는 안 될 것이다. 여전히 북한을 존중하고 배려하면서도 비판하고 배척할 수 있는 균형 잡힌 북한 이해의 수준을 교육내용으로 담을 수 있는 합리적인 방안을 강구해야 한다.

V. 안보통일교육의 이해와 성찰

1. 안보통일교육의 이해와 성찰

통일교육의 목표로서 '건전한 안보관'은 지속적으로 강조되어 왔다. 다만 정치상황, 남북관계의 변화에 따라서 그 비중이 약간씩 다르게 제시되었을 뿐이다. 이번 윤석열정부는 어느 때보다 통일교육의 목표로서 안보의식을 강조하고 있으며 그 일환으로 종래의 통일안보교육을 안보통일교육으로 명칭을 변경하면서 안보의 중요성을 새롭게 부각시키고 있다. 안보통일교육은 기존의 평화통일교육의 취지를 인정하면서도 동시에 국가 자체의 안보 역량을 갖추는 통일교육으로 조성하자는 것이다.[33]

말하자면 한반도에서 국제적 안보환경의 변화, 남북한의 군사적 대치, 북한 핵

33) 박찬석, "안보통일교육의 현장 적용방안 연구", 한국통일교육학회 주최, 『남북관계 단절시대, 통일교육의 이론과 실제 탐구』 자료집, 2024.8.8., 공주교육대학교 입지관, p. 129.

문제 및 미사일 도발 등 국가 안보를 위협하는 여러 요소로 인한 불확실성이 엄존하고 있다. 한편 남과 북이 자체적인 안보 역량을 상호 인정하면서 갈등의 조성을 막고, 북한 문제에 따른 남남갈등의 여지도 줄이는 교육적 준비를 하자는 취지에서 안보통일교육의 정당성을 두고 있다. 또한 북한을 자극하지 않고 우리 스스로 흡수통일론이나 북한 붕괴론에 빠지지 않게 하기 위한 미래 대비책으로서 통일교육의 새로운 논의가 필요하다는 것이다. 이러한 안보통일교육은 기존의 통일안보교육의 연장이면서 안보의 의미를 확장하여 해석하는 데 차이가 있다.

그래서 안보통일교육은 한반도의 안보를 포함한 개인안보, 사회안보, 국가안보, 지역안보 및 세계안보를 걱정하고 우려하는 통일교육적 접근이라고 한다. 또한 안보는 갈등과 충돌의 안정적 관리 및 해결, 폭력 및 테러 배제, 생산적인 협상 방법 탐색, 대화 훈련, 적개심 해소 등을 포괄하는 개념으로 확장하고 있다. 이와 같이 안보통일교육의 정당성을 해석하고 있다면 평화통일교육이 지향하는 통일교육의 목표와 상충되지 않고 부합하는 방향이라고 할 수 있다. 통일교육의 목표를 '우리 사회 구성원의 안정과 평화를 위협하는 다양한 위험 요소'로 지적하면서 이러한 위협으로부터 우리 사회 공동의 삶의 터전을 지키고 대한민국의 자유와 번영을 수호하는 것이라고 말하면 보편적 교육목표에 부합한다고 할 수 있다.

그러나 우리 사회에서 보수세력의 안보관은 북한에 대한 적대감을 기본으로 남한 중심의 흡수통일을 상정하고 있다. 그래서 "북한에게 이익을 주는 것이 한국에는 위협이라고 느끼고 있으며", "언제나 북한붕괴, 흡수통일이 최상으로 생각"[34) 하는 현실이다. 이러한 안보관에 기초하는 안보통일교육은 결국 북한에 대한 혐오감과 적대감을 심화시키는 결과를 우려하지 않을 수 없다. 특히 최근 들어 청소년들의 통일에 대한 무관심 경향이 갈수록 심화되고 있다. 그래서 북한을 부정적으로 보고 통일을 기피하는 현상이 심화되는 결과를 초래할 수 있다. 북한의 도발 위협을 경계하면서 북한은 협력 대상임을 가르치는 것이 통일교육의 원칙이며, 북한의 이중성, 다양한 측면에 대한 상호이해를 도모하는 것이 민주시민교육의 원리이다.

34) 박찬석, "안보통일교육의 현장 적용방안 연구", 위의 자료, p. 129.

2. 자유민주주의 통일교육의 진단

자유민주주의 통일교육은 윤석열정부가 추진하는 통일교육의 공식 명칭이라 할 수 있다.[35] 통일부가 주관하는 학술회의, 연구보고서에서 공식적으로 자유민주주의 통일교육이라는 용어를 사용하고 있다. 무엇보다도 윤석열 대통령의 담화에서 거듭 '자유통일'을 천명하였다. 지난 2024년 3·1절 경축사에서 윤 대통령은 "북한 정권의 폭정과 인권유린"에 대응해 "자유와 인권이라는 보편의 가치를 확장하는 것이 바로 통일"이라고 강조하였다. 또 8·15 광복절 기념사에서도 '자유통일'을 강조하면서 "한반도 전체에 자유민주 통일국가가 만들어지는 날, 비로소 완전한 광복이 실현된다."고 주장하며 '자유가 북한으로 확장하는 통일'을 천명하였다. 이러한 통일관은 남한의 자유민주주의 이념과 질서를 북한으로 확장한다는 공세적인 의미를 담고 있으며 북한에 대한 흡수통일의 의미를 표명한 것으로 해석할 수 있다.

이미 '통일교육지원법' 제2조는 통일교육을 "자유민주주의에 대한 신념과 민족공동체 의식 및 건전한 안보관을 바탕으로 통일을 이룩하는 데 필요한 가치관과 태도를 기르도록 하기 위한 교육"으로 정의하고 있다. 그래서 통일교육지침서에서도 통일교육의 목표로서 "자유민주주의에 대한 신념 및 민주시민의식 고취"를 지속적으로 제시하고 있다. 여기서 "통일 국가의 미래는 ― 개개인의 자유와 복지, 존엄성이 보장되는 자유민주주의 국가이다. 이를 실현하기 위하여 통일교육은 자유와 인권, 법치, 복지, 민주주의 등 보편적 가치들을 폭넓게 다루어야 한다."고 명시하였다. 지난 김대중·노무현정부, 그리고 이명박·박근혜정부에서도 명시되었으며 문재인정부에서는 통일교육지원법의 정의를 소개하고 '평화·통일교육의 목표'에서는 제외되었다가 이번 윤석열정부에서 다시 명기되었다. 특히 윤 대통령이 '자유민주주의 통일'을 거듭 강조하고 있다는 점에서 정부의 공식적인 정책으로 부상하고 있는 것이다.

여기서 통일교육의 목적으로서 '자유민주주의에 대한 신념'은 먼저 우리 청소

35) 김상범, "만민법과 자유민주주의 통일교육", 한국통일교육학회 학술대회 자료집, 『남북관계 단절시대, 통일교육의 이론과 실제 탐구』, 공주교육대학교 입지관, 2024.8.8.

년들에게 자유민주주의 이념과 원리를 이해시키고 이를 실천하는 민주시민의 자질과 역량을 함양하도록 하는 데 목적이 있다. 또 우리 남한이 추구하는 자유민주주의 이념이 북한의 공산주의, 인민민주주의, 또는 1인독재 전체주의에 비해서 우월하다는 점을 강조하는 데 의미가 있다. 그리고 자유민주주의는 민주주의가 지향하는 보편적 가치인 자유와 인권, 평등과 복지를 바탕으로, 자유주의가 추구하는 개인의 자율성과 사회의 다원성을 중시하면서, 동시에 자본주의가 추구하는 자유경쟁과 사적 소유권을 강조하는 자유시장경제의 우월성을 부각시키는 데 중점을 두고 있다.

그런데 대통령과 정부가 공식적으로 북한을 상대로 자유민주주의 통일을 언급하다보니 일부 학자들이 우려한 대로 '북한체제에 대하여 흡수통일을 지향하는 것으로 오해'[36]를 받을 수 있는 정도가 아니라 아예 흡수통일을 분명히 천명한 것이다. 이로써 북한과의 긴장관계는 불가피하고 남북관계 개선은 사실상 어려운 상황이다. 이와 같이 남한의 자유민주주의 체제라는 국가 정체성을 강조하다 보면 북한의 국가체제에 대하여 불관용과 부정적 인식만 심어주는 교육[37]이라는 문제가 제기되고 있다. 그래서 자유민주주의의 중요한 가치로서 자율과 관용의 가치를 훼손하는 역설적인 결과를 초래할 수 있다.

진정한 의미에서 자유민주주의 통일교육을 실천하려면 민주시민의 자질로서 자율과 관용의 자세를 함양함으로써 다양한 관점을 허용하면서 토론하고 논쟁을 보장하는 교육풍토를 조성해야 한다. 북한체제에 대하여 다양한 측면에서 비판하고 판단할 수 있는 역량을 기르는 것이 교육적 원리에 부합하는 것이다. 교육현장에서 통일교육을 실천하기가 어렵다는 교사들의 호소는 바로 이념과 체제의 문제를 언급하기가 어렵다는 것이다. 이런 내용이 주를 이루다 보면 결국 교사나 학생들이 통일교육을 기피하는 결과를 초래하게 된다. 그래서 좀 더 유연한 접근을 시도하는 노력이 평화교육이나 다문화교육이라고 할 수 있다. 이런 시도는 이념체제를 중심으로 하는 사회구조적 접근이 아니라 사회문화적 접근으로서 북한

36) 정현백 · 김엘리 · 김정수, 『통일교육과 평화교육의 만남』 (서울: 통일부 통일교육원, 2002), p. 213.

37) 김상범, "만민법과 자유민주주의 통일교육", 앞의 자료집.

문화이해, 평화감수성 함양, 다문화 이해를 통한 상호이해 교육의 방식이다.

나아가 통일교육의 목표로서 자유민주주의에 대한 신념을 고취하면서, 이와 동시에 우리 사회가 안고 있는 문제를 어떻게 극복할 것인가의 문제이다. 자유민주주의를 가능하게 하는 요건은 자유시장경제인데, 반대로 자유시장경제는 자유민주주의를 위협하는 요인으로 작용할 수 있다.[38] 왜냐하면 우리 사회가 직면하고 있는 대중주의(포퓰리즘), 개인주의와 이기주의로 인한 방종과 퇴폐, 사회적 차별과 양극화의 문제는 자유민주주의가 기반하는 자유시장경제로부터 파생하는 결과이며 부작용이기 때문이다. 우리 사회의 병폐를 개선하는 것이 북한체제보다 우수한 우리 체제의 우월성을 견지하기 위하여, 통일국가의 미래상을 구현하기 위하여 필수 과제라고 할 수 있다. 그래서 자유민주주에 대한 신념을 함양하는 통일교육과 더불어 우리 사회의 병폐와 부작용 현상을 진단하고 교정할 수 있는 안목을 키워주는 민주시민교육이 중요한 과제다.

Ⅵ. 결론

지난 문재인정부와 비교해서 윤석열정부의 통일교육은 큰 변화를 보이고 있다. 문재인정부는 평화공존을 통한 평화번영을 추구하면서 평화의식에 기초하는 '평화·통일교육'을 모색하였다. 반면에 윤석열정부는 북한의 핵미사일 위협에 대응하여 안보의식을 강조하고 자유민주주의를 북한에 전파하는 공세적인 관점에서 '안보통일교육'의 방향을 추구하고 있다. 사실상 윤석열정부는 청소년들에게 '자유민주주의에 대한 신념을 함양'하는 수준에서는 그동안 통일교육의 목적과 동일하지만, 자유민주주의 확산을 통한 북한에 대한 흡수통일을 지향하고 있다는 점에서 차이를 보이고 있다. 정작 통일교육의 목표로서 각각 '평화통일'을 앞세워 명시하고 있지만 그 의미는 차이를 보이고 있다.

정부가 교체되면서 통일정책이 변화하고 대북관계가 변화하는 상황을 경험하

38) 이지순, "인간해방, 자유시장경제, 자유민주주의", 이한구 외, 『민주주의란 무엇인가』, 학지사, 2022, p. 159.

면서 국민들은 과연 통일은 실현될 수 있는 희망인지, 기대할 수 있는지에 대하여 여전히 의문을 갖게 한다. 문재인정부 당시 남북정상회담을 비롯하여 남북관계가 진전되면서 어느 때보다도 남북의 평화적 공존, 나아가 평화통일에 대한 기대는 어느 때보다도 높았다. 국민들의 열망은 당시 높은 지지율로도 표현되었다. 그러나 북한의 핵개발과 남북한의 군사적 긴장이 고조되면서 사실상 문재인정부의 대북정책은 성과를 얻지 못하고 좌절되고 말았다. 그 여파로서 윤석열정부에서 남북관계는 단절되고 군사적 대치 국면이 고조되는 상황이다.

지난 남북관계의 역사는 갈등과 대립의 역사라고 할 수 있지만, 또 다른 한편으로는 대화와 협력의 역사이기도 하다. 남북 간의 전쟁으로 인한 갈등이 지속되었지만 한편으로는 대화와 협력을 위한 노력은 끊임없이 지속되었다. 비록 남북관계가 단절되고 대치 국면이 지속되는 상황에서도 대화와 협력을 통하여 평화의 길을 모색하기 위하여 분투노력해 온 지난 역사를 상기해야 한다. 남북관계에 관한 풍부한 경험과 사례들이 통일의 기반이며 통일교육의 자원이다. 이를 다시 복원하여 논의하고 토론하고 논쟁하는 것이 교육의 원리이다. 이는 평화통일교육이든지, 안보통일교육이든지 공통의 기본 과제임을 명심해야 할 것이다.

참고문헌

강순원(2018), “분단시대 통일교육에서 평화시대 시민교육으로”, 통일연구원 주최 2018 KINU 학술회의, 『평화에 대한 세 가지 질문 자료집』.

김상무(2024), “동독의 2국가론과 2민족론으로 통일정책의 변화에 대한 서독 통일정책과 통일교육의 대응 연구”, 한국통일교육학회, 『남북관계 단절시대, 통일교육의 이론과 실제 탐구』, 공주교육대학교 입지관.

김상범(2024), “만민법과 자유민주주의 통일교육”, 한국통일교육학회 학술대회, 『남북관계 단절 시대, 통일교육의 이론과 실제 탐구』, 공주교육대학교.

동북아평화연구회(1999), 『국민의 정부 대북포용정책』. 서울: 밀레니엄북스.

문교부(1988), 『통일 · 안보교육 지도자료』.

문교부(1993), 『통일교육 지도자료』.

문용린 · 김성봉 · 유균상(1988), 『통일교육의 새로운 전개 방향』. 충북: 한국교육개발원. 1988.

박광기 · 원준호 · 김경미 · 오세혁 · 설규주 · 차조일 · 고성호 · 김용재(2005), 『신패러다임 통일교육 구현 방안』, 서울: 통일연구원.

박재윤(1992), 『독일의 교육통합』, 충북: 한국교육개발원.

박종철(2016), “비핵화와 평화체제 전환의 재조명”, 『통일연구원 Online Series CO』, pp. 16-18.

박종철(2006), “한반도 비핵화와 평화체제 전환”, 『한국과 국제정치』, 제22권 1호.

박찬석(2024), “안보통일교육의 현장 적용방안 연구”, 한국통일교육학회 주최, 『남북관계 단절시대, 통일교육의 이론과 실제 탐구』 자료집, 공주교육대학교 입지관.

박찬석(2017), “2016년 이후 통일교육의 현황과 과제”, 『도덕윤리과교육』, 제54호.

안승대(2023), “통일교육 패러다임 전환론에 대한 성찰”, 『정전 70년, 통일교육의 학문적 체계 재정립』, 한국통일교육학회 동계학술대회 자료집.

이동기 · 송영훈(2016), 『평화 · 통일교육 추진 전략 연구』, 유네스코한국위원회.

이우영(2002), “새로운 통일담론의 필요성”, 『비교사회』, 제4호.

이지순(2022), “인간해방, 자유시장경제, 자유민주주의”, 이한구 외, 『민주주의란 무엇인가』, 서울: 학지사.

이한구 외(2022), 『민주주의란 무엇인가』, 서울: 학지사.

정성윤 · 이수형 · 이무철(2017), 『한반도 평화체제 구상과 대북정책』, 통일연구원.

정지웅(2017), “북한 붕괴론 논쟁 탐구”, 『통일과 평화』, 9집 1호, 서울대 통일평화연구원.

정현백 · 김엘리 · 김정수(2002), 『통일교육과 평화교육의 만남』, 통일부 통일교육원.

조정기(2012), “통일교육의 성과와 과제”, 『민주평화통일자문회의 대통령 3,4분기 정책보고서 발제』.

조정아(2018), “2030 세대의 통일의식과 통일교육의 새로운 패러다임 모색”, 『2030 세대의 통일의식과 통일교육의 새로운 패러다임』, 통일교육원 · 한국통일교육학회 공동학술회의.

통일부 통일교육원(2002, 2007, 2008, 2016), 『통일교육지침서』.

통일부 통일교육원(2018), 『평화 · 통일교육, 방향과 관점』.

통일부(2003), 『참여정부의 평화번영정책』.

통일부(1995), 『통일교육 기본 방향』.

통일협약시민추진위원회(2018), 『평화와 통일을 위한 사회적 대화』, 숙의토론 자료집.

한만길(2019), “평화통일교육의 방향과 내용 고찰”, 『통일정책연구』, 제28권 1호, 서울: 통일연구원.

한만길(2018), “평화체제 이행기 통일교육의 개혁과제”, 통일교육협의회 주최 통일교육활성화 학술대회 자료집, 『변화하는 한반도와 통일교육 길찾기』.

한만길 · 강구섭 · 강순원 · 권성아 · 김상무 · 김윤영 · 김창환 · 김해순 · 박찬석 · 안승대 · 오기성 · 이향규 · 정지웅 · 조정아 · 최영표 외(2015), 『통일을 이루는 교육』, 파주: 교육과학사.

한만길 · 강구섭 · 강순원 · 권성아 · 김상무 · 김윤영 · 김창환 · 김해순 · 박찬석 · 안승대 · 오기성 · 이향규 · 정지웅 · 조정아 · 최영표(2016), 『통일을 이루는 교육』, 파주: 교육과학사.

한만길 · 양현모 · 윤종혁 · 김창환 · 오기성 · 차우규 · 고유환(2000), 『남북한 화해협력 촉진을 위한 통일교육의 과제』, 서울: 통일연구원.

한만길 · 황병덕 · 이우영 · 윤여각 · 성기선 · 박찬석(1999), “통일교육 실태조사와 활성화 방안 연구”. 『한국교육개발원 통일부 용역보고서』.

황인표(2007), 『평화지향적 학교 통일교육』, 서울: 통일부 통일교육원.

제4장

김 상 무(동국대학교 WISE캠퍼스)

독일의 통일 경험으로부터 배우는 안보통일교육

Ⅰ. 머리말

통일과 북한 문제를 다루는 통일교육은 정권의 통일 및 대북정책의 변화에 따라 변해왔다. 크게 보아 1980년대까지의 반공교육, 김영삼 정부의 통일안보교육, 김대중, 노무현 정부의 통일교육, 이명박, 박근혜 정부의 안보를 강조하는 통일교육, 문재인 정부에서는 평화・통일교육, 윤석열 정부에서는 다시 안보를 강조하는 통일교육으로 변화를 거듭해 왔다. 명칭의 변화에서 알 수 있듯이 정권의 변화에 따라 통일교육의 강조점이 변해왔다. 이는 한국의 통일교육이 정치 상황에 강하게 종속되어 있음을 말해준다(황인표, 2017: 284). 이것은 동시에 여전히 정치・사회적 합의가 미흡한 상태에서 통일교육이 진행되어 왔음을 방증한다.

한국 사회에서 통일문제나 통일교육 문제를 논의할 때 가장 많이 참조하는 대상이 독일이다. 한국(1948년)과 비슷한 시기에 동독과 서독으로 분단(1949년)되었지만 1990년 통일을 완수해 낸 독일은, 분단 이후 76년이 지난 오늘날까지도 남북한으로 분단된 상태인 한반도 시각에서 보면 부러움의 대상이 되고 있다.

한국에서 독일의 통일교육을 참조하고자 할 때 가장 많이 언급되는 것이 1978년 발표된 서독의 '통일교육지침(Die deutsche Frage im Unterricht)'이다. 많은 저서나 연구보고서들이 서독의 신동방정책 이후 대 동독 정책이 변하면서 동독과의 화해와 교류・협력을 추진하는 가운데 '통일교육지침'에 따라 체계적으로 통일교육을 실시했고, 이것이 독일 통일에 기여했다는 식으로 설명하는 경향이 있다. 그런데 서독의 '통일교육지침'은 통일을 목표로 했을까?

독일 통일 이후 거의 한 세대가 지난 2019년 연방정부 조사에 따르면, 구 동독 지역의 신연방주 주민 57%는 자신들을 여전히 2등 국민으로 평가하고 있고, 독일 통일이 성공적으로 완수되었다고 평가하는 신연방주의 주민은 38%에 지나지 않았다. 40대 이하에서는 불과 20%만이 독일 통일을 성공적이라고 평가하고 있다(BMWi, 2019: 13). 흔히 '내적통일문제'라 불리는 동·서독 주민들 사이의 심리·사회적 통합은 아직 충분히 달성되지 못했음을 보여주고 있다. 이러한 내적통일문제의 중요한 과제가 독일 통일 이후 동·서독 분단의 역사와 이제는 사라져 버린 동독사를 어떻게 가르칠 것인가 하는 문제다. 독일은 어떻게 대응하고 있을까?

이러한 문제의식에서 본 논문은 세 가지 질문에 답하고자 한다.

1. 통일 이전 서독의 통일교육은 어떻게 전개되었는가?
2. 서독의 '통일교육지침'은 통일을 목표로 한 것일까?
3. 한 세기가 지난 가운데에서도 내적통일문제를 고민하는 통일독일은 동·서독 분단의 역사와 동독사를 어떻게 가르치고 있을까?

그리고 이러한 질문들로부터 한국 통일교육이 얻을 수 있는 시사점이 무엇인지를 제시하고자 한다.

머리말(I)에 이어서, II장에서는 서독의 통일교육정책을 분석한다. 위에서 던진 1번과 2번 질문에 대해 답한다. 2번 질문은 1번 질문 안에 포함될 수 있는 내용이므로 II장에서 함께 다룬다. III장에서는 통일 이후 독일 분단사와 동독사에 관한 연구성과들을 정리한다. 맺음말(IV)에서는 전체 내용을 요약하고, 한국 통일교육에 주는 시사점을 1. 통일문제, 2. 한반도 분단사, 3. 북한 이해의 3가지 측면에서 제시한다.

II. 서독의 통일교육은 어떻게 전개되었는가?

서독의 통일교육의 전개 과정에 관해 답하기 위해서는 서독의 통일교육정책을 설명해야 하는데, 그에 앞서 통일정책을 간략하게 개관해 본다. 통일교육정책은 국가 차원의 통일정책의 틀을 벗어나 전개될 수는 없기 때문이다.

1. 서독의 통일정책[1)]

서독의 통일정책 변천 과정은 크게 3단계로 구분할 수가 있다.

첫 번째는 서독 건국(1949) 이후 1960년대 말까지의 단계이다. 이 시기의 아데나워(Adenauer) 정부는 모든 정책의 최고목표를 독일의 통일과 자유에 두었다. 이 시기의 통일정책은 동독을 독자적인 국가로 인정하지 않고 서독(Bundesrepublik Deutschland)이 전체 독일 민족의 유일한 대변 국가라는 외교정책으로 특징지을 수 있다. 서독과 외교관계를 가진 제3국이 동독과 외교관계를 맺으려 하는 경우 서독과는 외교적 단절을 각오해야 한다는 소위 할슈타인 독트린(Hallstein-Doktrin)이 이런 정책의 외교적 수단이었다. 다른 한편 국내정치적으로 서독은 민주주의와 자본주의의 서방 진영으로의 통합을 강력하게 추구했다.

1953년 동독에서의 노동자 봉기와 수많은 동독 시민들의 서독으로 탈출 등을 보면서, 1950년대 대부분의 서독 정치가와 여론의 다수는 동독의 붕괴로 곧 통일이 이루어질 것으로 기대했다. 그러나 1961년 8월의 베를린장벽 건설과 이후에 이어지는 사회·경제개혁을 통해 동독은 점차 안정된 체제로 정착된다. 또한 1962년의 쿠바(Cuba) 위기 이후 동-서 양 진영은 긴장 완화를 추구하게 된다. 이러한 국내외 정세의 변화로 서독에서도 동구 공산권정책과 민족문제에 관한 새로운 정책 전환이 모색되었다(Bleek, 1995: 153). 그러나 동독과는 공식적 접촉 의사를 표명하긴 했으나 국가로서의 공식적 인정은 여전히 거부했다(von Beyme, 1979: 248-249).

두 번째 단계는 1969년에서 1982년까지의 사회민주당(SPD)과 자유민주당(FDP)의 연립정부 시기이다. 소위 신동방정책이라 불리는 동독과 동유럽 공산권과 화해와 교류 및 협력을 추진하던 시기이다. 1969년 정권교체와 함께 새 총리가 된

1) 이하의 서독 통일정책에 관한 보다 구체적인 내용은 김상무(2000) 참조 바람.

빌리 브란트(Willy Brandt)는 국정연설을 통해 동독을 국가로서 인정하겠다는 입장을 표명했다. “우리 앞에 놓인 현실정치의 과제는 현재의 분단된 독일 사이의 경직된 관계를 해소함으로써 민족의 통일을 유지하는 것이다 ...... 연방 정부는 동독을 국제법상으로 인정하는 것은 고려하지 않고 있다. 독일에 비록 두 국가가 존재하지만, 양국은 그러나 서로 외국이 아니다. 양국의 상호관계는 다만 특수한 종류의 관계일 수 있다”는 표현으로 독일 정책의 전환 의지를 밝혔다. 이어 1970년 흔히 동방조약으로 일컬어지는 모스크바조약과 바르샤바조약 체결로 정지작업을 한 뒤, 1972년 동・서독 기본조약을 체결한다. 이 조약은 공식적으로 동독을 국가로 인정하며(제1조), 독일 민족의 유일 대변국가로서의 서독이라는 이전 시기의 통일정책의 기조를 포기하는(제4조) 것이었다. 이후 양국 관계 발전을 위한 30개가 넘는 협정을 체결했고, 1975년 유엔에 동시 가입했다. 그러나 1973년 국정연설에서 브란트는 동독의 통치체제와 사회체제는 거부하며, 민족문제(통일문제)보다 평화 유지가 정책의 우선임을 분명히 했다. 즉 이 시기의 통일정책은 규범적 측면－사회체제와 가치의 대립－과 실용적 측면－체제 차이를 넘어선 협력－을 분리해서 대응하고 있다.

세 번째 단계는 1982년 헬무트 콜(Helmut Kohl)을 총리로 하는 기민당/기사당(CDU/CSU)과 자유민주당(FDP)의 연립정부가 구성되면서 정권이 교체된 이후의 시기이다. 이 시기는 이전 사민당 정권의 동독과의 협상과 협력 정책을 지속하는 한편, 동독과의 규범적 차이는 더욱 부각하게 된다. 또한 이전 정권보다 독일 통일과 자유 회복이 통일정책의 목표임을 더욱 분명하게 강조했다. 그러나 이러한 정치 수사(修辭)적 강조에 비해, 실제로 통일이 가까운 시기에 이루어질 것이라 여기지는 않았다. 이는 통일독일의 초대 총리가 된 헬무트 콜이 1989년 하반기 동독에서 격변이 일어나기 몇 개월 전인 1988년 12월 ‘분단 독일의 민족 상황에 대한 연방정부 보고’에서 가까운 시일 안에 통일은 불가능함을 밝히고 있다는 점에서 분명하게 읽을 수 있다(Texte zur Deutschlandpolitik, 1989: 465). 이렇게 보면 두 번째와 세 번째 단계는 실제 정책 차원에서는 큰 차이가 없다고 할 수 있다. 결국 통일정책의 결정적 전환점은 브란트 정권의 신동방정책 추진이라 할 수 있다.

2. 서독 통일교육정책의 변천

독일은 교육과 문화에 관한 한 각 주 정부가 거의 모든 정책을 결정하는 연방제 국가다. 따라서 각 주마다 교육정책이 다를 수 있는데, 이를 협의·조정하는 기구가 주 교육문화부장관회의(Kultusministerkonferenz: 이하 약칭 KMK 사용)이다. 서독 교육체제의 기본구조와 교육정책이 비교적 통일성을 유지할 수 있었던 것은 이 기구의 결정과 권고가 가장 큰 역할을 했다(Arbeitsgruppe, 1994: 84). 그러므로 KMK의 결정을 중심으로 통일교육정책 전개 과정을 살펴본다.

앞 절에서 본 것처럼 서독 통일정책이 사민당 정부의 신동방정책과 동·서독 기본조약 체결 이전과 이후로 나눌 수 있었던 것처럼 통일교육정책도 이 두 시기로 구분하여 서술한다. (1)에서 신동방정책과 동·서독 기본조약 체결 이전, (2)에서 그 이후의 시기를 서술하고, (3)에서 두 시기를 지속성과 변화의 관점에서 비교한다.

(1) 서독 건국부터 신동방조약과 동·서독 기본조약 체결까지[2)]

① 1950년대

나치 정권 패망 이후 1950년대 초반까지 서독 학교 교육에서는 통일문제나 동독에 대해 전혀 다루지 않거나 아주 간략하게 취급했다(Jeismann, 1981: 94). 1950년의 KMK결정 '학교와 대학에서의 정치교육의 잠정적 기본원칙'에서는 이 문제에 관해 전혀 언급하지 않았고, 1953년 KMK 결정 '학교에서의 역사 수업 기초'에서도 고학년에서 다루어야 할 주제영역으로 "2차 세계대전과 그 결과", "새 질서와 새 인간상 정립을 위한 투쟁" 등을 제시할 뿐 구체적인 언급은 없다(Borcherding, 1965: 67-69).

1950년대 후반에 들어서면서부터는 교과서에서 이 문제에 관한 내용이 크게 늘어난다(Marienfeld & Overesch, 1986: 41). 이 시기의 통일정책은 앞에서 본 바와 같이 독일의 통일이 주요 관심사였는데, 1956년 1월 21일의 바덴-뷔르템

2) 이하의 내용은 김상무(2000: 190-200)의 논문을 일부 수정·보완한 것임.

베르크주 문교부령 제292호는 독일통일 및 이와 관련된 문제들은 학교의 긴급한 교육적 과제임을 강조하고 있다. 이에 의하면 교사와 학생들은 공산주의 이데올로기와 대결할 수 있도록 서독 기본법의 민주주의 기본질서와 서독의 경제・사회・문화적 발전 상황뿐만 아니라 소련 점령지역(동독) 내의 상황에 대해서도 철저하게 파악하고 있어야 하며, 특히 독일어, 역사, 지리, 사회과목에서 이런 문제에 대해 양 지역을 대비시켜 다루어야 한다는 것이다. 또 이를 위해서는 무엇보다도 교사들의 충분한 지식이 전제조건이라고 보았다(K. u. U., 1956: 52).

그런데 이때의 독일은 동・서독 지역뿐만 아니라 오데르(Oder)와 나이세(Neiβe)강 동쪽의 폴란드 지역 일부와 현재의 리투아니아(Litauen) 아래의 동프로이센지역, 프랑스와의 접경지역인 자르(Saar)지방을 포함하는 것이었다. 왜냐하면 1945년 8월의 포츠담 협정의 9조 b항에서 미국, 영국, 소련의 최고 통치권자들은 국경에 관한 최종적인 평화조약 체결 시까지 잠정적으로 오데르(Oder)와 나이세(Neiβe)강 동부와 동프로이센지역을 폴란드 또는 소련의 행정 관할구역으로 합의했다(von Münch, 1976: 42). 1952년과 1954년의 소위 독일조약에서도 미국, 영국, 프랑스 세 강대국은 전체로서의 독일과 독일통일에 대한 권리와 책임이 있으며(제2조), 국경 문제는 평화조약에서 최종 결정된다고 재확인하고 있다(제7조 1항)(von Münch, 1976: 230, 232). 독일과 2차 세계대전 승전국들 사이의 1945년 6월 5일의 4강 성명은 독일의 영토와 국경은 평화조약 체결 시까지 1939년 12월 31일 시점의 국경선으로 한다고 밝혔다(Grewe, 1996: 227). 따라서 독일의 무조건 항복에도 불구하고 평화조약 체결 시까지 독일 제국은 국제법상 존속되며, 독일은 이러한 독일 제국 전체로서 취급되어야 한다는 것이다.

이런 근거를 들어 1952년 12월 6일 바덴-뷔르템베르크주는 문교부령 제4247호로 학교 수업에서 의무적으로 이 지역의 문화에 대해 가르치고, 공식적인 교사연수에서 있어서도 이 점을 특별히 고려할 것을 지시하고 있다(K. u. U., 1953: 7). 또 1952년 연방 전체독일문제부의 지침은, 지도나 출판물에 있어서 이 지역을 "폴란드 행정 관할하의 독일 지역, 소련 행정 관할하의 독일 지역"으로 표기할 것을 요구하고 있다(Grewe, 1996: 288-292).

② '학교와 대학에서의 동방학' 권고안(1956)의 옛 영토에 대한 집착과 반공주의

이러한 흐름이 집약된 것이 1956년 KMK의 권고안인 '학교와 대학에서의 동방학'이다. 이것은 교육 분야에서 독일 통일문제와 동독에 관한 최초의 구속력 있는 결정이라 할 수 있는데(Aubel, u. a., 1983: 7), 서문 격에 해당하는 관심사, 대학과 동방연구, 학교, 교사교육의 네 부분으로 구성되어 있다. "독일의 모든 교육기관은 소비에트체제의 중부유럽 점령, 중부와 동부유럽에서의 독일인의 추방, 독일의 서독과 소련 체제의 영향 아래에 놓인 동독으로의 분단으로 인해 독일 민족에게 제기되는 과제를 정당하게 인식해야 한다"는 문제 제기로 시작하는 이 권고는 세 가지 과제를 제시하고 있다.

먼저, 독일 통일에 대한 의식과 자유와 평화 속에서의 통일에 대한 의지를 일깨우고 고취하는 것이 우선적인 과제인데, 이를 위해서 소비에트화한 동독에 대한 지식이 필수임을 강조한다. 또한 폴란드와 소련의 행정 관할권 아래의 옛 독일 제국 영토도 독일 민족 일부의 고향으로서, 독일인의 역사의식에 굳건히 자리잡아야 하며, 동구 공산권의 민족과 문화, 문제점에 대한 지식은 그들과의 명백하고 객관적인 관계를 위해, 그리고 그 지역을 지배하고 있는 체제와의 대결을 위한 기초로서 필수적이라고 명시하고 있다(Borcherding, 1965: 90). 구체적으로 학교에서 독일에 관해 가르칠 때는 서독뿐만 아니라 동독과 베를린, 그리고 외국의 행정 관할권 아래의 구 독일제국 지역도 전체 독일로서 다루어야 한다는 것이다. 역사 수업에서는 로마-게르만 민족공동체의 역사로 한정할 것이 아니라 동유럽의 민족에게까지, 특히 위에서 언급한 지역을 포함하되 전체 독일사와 전체 유럽사의 시각에서 보아야 한다고 서술하고 있다. 또 사회과목에서는 동유럽 정치·경제·사회체제의 이론적 바탕을 배우고, 이론적 모순의 영향이 현실에서 어떻게 나타나고 있는지를 파악할 수 있어야 함을 강조하고 있다(Borcherding, 1965: 90-92).

③ 1960년대: '전체주의론' 권고안(1962)의 반공주의와 '역사 수업' 권고안(1960)의 민주주의 강조

이러한 통일 의지 고취, 옛 영토 집착과 전체로서의 독일, 반공산주의의 통일교육정책은 1962년 7월의 KMK 결정 '최근세사와 현대사 수업을 위한 교과서 제작에 관한 권고'와 '수업에서 전체주의론을 다룸에 대한 기본방침'에서 반공산주의 측면이 구체화된다. 전자에서 역사 교과서는 민주주의와 전체주의의 대결과 자유 세력의 저항을 서술하고, 전체주의의 어휘나 어법을 피해야 하며, 어떤 방법으로든 전쟁과 전체주의를 미화해서는 안 된다고 규정하고 있다(Borcherding, 1965: 98-99).

후자에서는 정치교육의 중요한 과제가 전체주의와의 대결이며, 모든 학교 단계의 교사들에게 전체주의의 특성과 20세기 전체주의 체제에서 가장 중요한 나치즘과 볼셰비즘의 주요 특성을 명확히 알도록 가르칠 의무를 기술하고 있다. 이어 전체주의의 일반적 특징을 구체적으로 나열하고, 구체적인 예로서 나치즘과 볼셰비즘의 전개 과정을 들고 있다. 이를 수업에서 가르치기 위한 방법론도 제시하고 있는데, 공산주의와 나치즘의 사악한 목표설정과 그 범죄적 방법론이 명확해지도록 서술해야 하며, 두 체제가 2차 세계대전 당시 적대적으로 대결했던 사실 때문에, 두 체제의 유사성이 가려져서는 안 된다는 것이다. 나치즘을 가르칠 때는 히틀러의 무모함과 비극의 내적 필연성이 분명히 드러나도록 해야 하며, 볼셰비즘 수업에서는 세계 정복욕과 그에 따른 인류에 대한 위험을 가르쳐야 한다는 것이다. 특히 전체주의 체제에 의해 야기된 인간적 고통을 구체적 예를 들어 가르치고, 이 체제에 저항했던 사람들과 핍박받았던 사람들의 행위는 수업과 학교 축제에서 모범으로서 칭송되어야 한다고 강조했다. 그리하여 전체주의 방어에 수업의 궁극적 목적이 있음을 명백히 했다(Borcherding, 1965: 99-101).

이 결정은 학계에서 여전히 논란이 되고 있는 전체주의론을 모든 교사에게 의무적으로 가르치도록 지시하고 있다는 점에서(Rohlfes, 1979: 357), 나치즘은 히틀러라는 개인에게 책임을 돌리도록 함으로써 그 위험성을 약화하고, 이에 대비해 볼셰비즘은 인류 전체의 최대 위협이라고 부각하고 있다는 점에서 비판을 받았다(Aubel, u. a, 1983: 9). 공산주의와 볼셰비즘을 동일시하고 있는 것도 간과할 수 없는 문제다.

이 두 결정과 같은 날의 '인문계 12, 13학년의 사회과 기본방침'은 사회과목의 수업목표가 현재 세계를 그 역사적 뿌리, 사회・경제・지리적 조건, 정치 질서와 그 흐름의 측면에서 이해하고 비판적으로 평가하는 것임을 밝히고 있다. 이어 그 구체적 주제들로서 '전체주의 이데올로기와 그 지배 질서', '독일-유럽에서의 위치와 세계와의 관계' 주제영역에서 전체주의, 독일문제, 서독과 중부독일(동독)의 정치, 경제, 사회, 외국 행정관할 아래의 지역, 동유럽 주변국들을 제시하고 있다(Borcherding, 1965: 95-97).

통일에의 의지를 고취하되, 그 근간은 반공산주의와 전체로서의 독일이라는 논리의 서독 통일교육정책은 민주주의에 대한 확신을 심는 교육과 병행된다. 1960년 2월 11/12일 KMK는 '역사 수업에서의 최근 역사를 다루는 것에 관한 결정'에서 역사 수업을 통해 교사는 독일의 "정신적·경제적·정치적 존재의 기초로서의 민주적·사회적 법치국가에 대한 확신을 밝힐 수 있어야만 한다"고 규정하고 있다(Borcherding, 1965: 89). 위에서 본 전체주의론에 관한 결정에서도 학교 수업이 전체주의를 거부할 뿐만 아니라 민주적·법치국가적 질서 정립에의 의지를 일깨워야 한다고 강조하고 있다(Borcherding, 1965: 101).

지금까지의 서술을 정리해 보자. 서독 건국 이후 신동방조약과 동·서독 기본조약 체결 이전까지의 통일교육정책은 전체주의에 토대를 둔 반공산주의, 패전으로 상실한 구 독일제국 영토에 대한 집착과 공동소속감 고취, 전체로서의 독일이라는 입장에서의 민족통일 의식의 제고와 국가적 통일 의지 고취, 민주주의와 법치국가에 대한 확신 등으로 요약할 수 있다. 이러한 가치를 실현하기 위해 지식의 측면에서는 전체주의의 특성과 폐해, 옛 독일 지역과 동유럽의 민족·문화·역사에 대한 학습이 강조되고 있다. 이 시기에는 동독이라는 국명은 전혀 사용하지 않고 있으며, 동독보다는 공산주의 체제 자체에 더 강한 대결 의식을 갖도록 요구하고 있다. 이상에서 볼 때 이 시기의 서독 통일교육정책은 통일정책을 그대로 반영하고 있는 것으로 평가할 수 있다.

(2) 신동방조약(1970)과 동·서독 기본조약 체결(1972) 이후

① '학교와 대학에서의 동방학' 권고안 철회(1973)

사민당-자민당 연정의 새로운 동방정책 및 통일정책은 통일교육에도 많은 변화를 가져온다. 우선 1973년 '학교와 대학에서의 동방학 권고에 대한 설명'에서 주 교육문화부장관회의(KMK)는 1956년의 '학교와 대학에서의 동방학' 권고안을 스스로 철회한다. 비록 이 권고에 담긴 여러 내용이 유효하지만 국내외 정세변화에 부응하지 못하고 있음을 인정하고, 1972년 5월 17일 연방의회의 동방조약에 대한 만장일치의 결정을 근거로 동유럽문제 교육에 관한 판단은 각 주 교육부에 위임하게 된다(K. u. U., 1973: 1547). 이는 체제 대결을 바탕으로 한 이 권고를 폐기함으로써 KMK가 동유럽 공산권과의 우호 관계를 목표로 하는 정책 변화를 수용한 것이라 할 수 있다.

② 서독 '통일교육지침'(1978) 발표[3]

이러한 시대 변화의 흐름 속에서 1978년 서독 '통일교육지침'이 발표되었다. 이 지침의 도입 부분과 서문에서, 당시로서는 독일의 통일이 불가능하다는 인식을 바탕으로 양 독일국가의 이익을 고려하면서 조화로운 공존이라는 현실적인 목표를 추구해야 한다고 밝혔다(KMK, 1978: 1). 그렇지만 독일의 통일은 서독 헌법 격인 기본법이 명령하고 있는, 서독인들이 실현해야 할 사명이라고 명시하고 있다(KMK, 1978: 2).

서독의 통일 노력은 유럽 평화에 기여한다는 서독의 정치적 목표에 모순되는 것이 아님을 강조한다. 그리고 헌법재판소 결정을 소개하며, 서독의 어떤 헌법적 기관도 통일의 의무를 포기할 수 없고, 각 기관의 정책을 통해 통일의 달성을 위해 기여해야 함을 규정하고 있다(KMK, 1978: 3-4).

서독의 '통일교육지침'은 통일의 필요성이 아니라 독일 통일의 정당성을 강조하면서, 그것을 유럽 평화와 연결하여 정당화하고 있다. 이것은 유럽 역사에서 독일의 통일이 가져온 전쟁에 대한 유럽인들의 우려를 불식시키기 위한 것이었다. 그리하여 독일 통일이 유럽의 평화에 위협적이지 않고 오히려 기여할 수 있음을 반복해서 강조하고 있다. 남한에서는 분단되어야 할 이유가 없는 나라가 분단되었기 때문에 통일의 정당성에 대해 아무런 의문을 가지고 있지 않다 보니 정당성이 아니라 필요성을 말하고 있다. 서독은 남한과는 입장이 달랐음을 알 수

3) 이하 내용은 김상무(2023b: 51-56)의 내용을 본 논문에 맞게 수정·보완한 것임.

있다.

이러한 통일문제에 있어서 모든 단계의 학교 교육에서는 독일 통일에 기여해야 한다(KMK, 1978: 1). 이를 위해서 통일교육은 모든 학교의 수업에서 확고한 위치를 차지해야 하고, 통일문제교육에 있어서 기준은 서독 기본법이라 규정하고 있다. 학교의 수업에서 통일문제를 다루는 것은, 서독의 기본법, 독일조약, 동방조약, 기본조약, 서독통일각서, 헌법재판소의 결정, 1972년 5월 10일 연방의회 모든 정당의 공동 결의를 통해 명확하게 규정하고 있다는 의미이다(KMK, 1978: 2).

이 '통일교육지침'에서는 청소년들에게 독일 민족의 통일과 평화와 자유 속에서 자기결정 의식을 생생하게 유지하도록 하는 것이 학교 교육의 과제라고 서술하고 있다. 즉 학생들에게 독일 통일 의식을 북돋아 주고 유지하는 것이 통일교육의 목표임을 밝히고 있다. 그리고 이것은 서독 헌법의 명령이라고 명확히 밝히고 있다(KMK, 1978: 7). 그리고 학생들은 동독인들, 특히 동독 청소년들과 연대감을 계속해서 가질 수 있도록 교육해야 한다고 촉구하고 있다(KMK, 1978: 26).

정리해보면, 서독 '통일교육지침'은 현실적인 통일의 불가능성에 바탕을 둔 평화공존의 목표를 추구하면서도, 장기적으로는 통일을 달성하는 것이 모든 독일인이 성취해야 할 헌법적 사명이라고 규정하고 있다. 그리고 독일 통일은 유럽 평화에 기여할 수 있으므로 정당하며, 그 기준은 서독 기본법이어야 한다. 학생들에게 통일의식을 간직하도록 하는 것이 학교 교육이 수행해야 할 과제라는 것이다. 즉 통일교육의 목표가 학생들에게 통일의식을 확고하게 심어주는 것임을 명시하고 있다.

③ 서독 '통일교육지침'의 내용

㉠ 내용 구성

서독 '통일교육지침'은 교육내용 선정과 구성 원칙에 대한 뚜렷한 설명이 없다. 한 쪽 분량의 도입 부분 －제목에 도입이라고 붙여져 있는 것은 아님－ 에 이어서, I. 서문, II. 학교의 과제, III. 수업을 위한 지침, IV. 추가지침, V. 교과서, VI. 교사교육이라는 제목을 붙여 서술하고 있다. IV장에서는 통일문제를 다루어야 할 교과목과 다루어야 할 내용을 간략하게 언급하고 있고, V장과 VI장에서는 각각 3~4줄의 한 단락으로 교과서 제작과 교사교육에서 이 지침을 참고하도록 권하고 있다. 결국 통일교육의 방향을 제시하고 있는 것은 III장이 핵심이라 할 수 있다. 여기서 통일교육의 내용과 방향을 포괄적으로 기술하고 있다. 전체적으로 보면 체계적이지 못하다는 인상을 받게 된다.

이 지침의 핵심인 III장 '수업을 위한 지침'은 번호를 붙여서 15개 항목으로 구성하고 있다. 각 항목에 대해 짧게는 반쪽에서부터 많게는 두 쪽 정도의 내용설명이 이루어져 있다(번호가 우선순위를 뜻하는 것은 아니다). 그런데 이 15개 항목을 뚜렷한 준거를 바탕으로 체계적으로 분류하여 서술하고 있는 것은 아니기 때문에, 분석을 위해서는 전체 내용의 재구성이 필요하다. 그러므로 이를 크게 통일문제 이해, 독일분단사와 민족문제 이해, 동독 이해와 방법의 3가지 주제와 6개 하위 세부주제 영역별로 재구성하여 정리하면 다음 〈표 4-1〉과 같다.

〈표 4-1〉 서독 '통일교육지침'의 내용

<table>
<tr><th colspan="2">주제영역</th><th>지침의 내용</th></tr>
<tr><td rowspan="2">통일
문제
이해</td><td>통일
문제성격</td><td>1. 독일 통일문제는 동시에 유럽 문제이다
2. 통일문제의 진전은 오로지 평화지향적 정책의 틀 속에서만 성취될 수 있다.</td></tr>
<tr><td>통일 노력의
정당성</td><td>4. 민족통일을 향한 독일인들의 노력은 정당하다.
14. 독일 통일은 계속해서 우리의 목표다.</td></tr>
<tr><td rowspan="2">독일
분단사와
민족
문제
이해</td><td>독일
분단사</td><td>3. 독일분단이 지속되는 것은 여러 가지 이유가 있다.
5. 나치로 인해 야기된 역사적 유산에 대한 책임은 모든 독일인에게 공동으로 귀속된다.</td></tr>
<tr><td>민족문제</td><td>6. 국경선 양쪽의 독일인들은 공동의 역사, 언어와 문화로 연결되어 있다.
7. 독일 국민은 공동의 국가를 갖고 있지 않지만 공동의 국적을 갖고 있다.
15. 서독이 독일 전체를 대변하지 않는다.</td></tr>
<tr><td>동독
이해와
방법</td><td>동독사회,
통일정책,
동독인 이해</td><td>8. 동독 사회의 다양한 분야에 대한 이해가 필요하다.
11. 동독은 서방의 영향력에 대해 차단 정책으로 대응하고 있다.
12. 중요한 역사적 사실들이 동독 주민들도 독일 통일에 대한 강한 의지가 있음을 말해주고 있다.
13. 동독인들은 자신들의 재건성과를 바탕으로 점점 더 자부심을 가지고 있다.</td></tr>
</table>

주제영역		지침의 내용
	인권문제	9. 동독인들의 인권보장 요구는 당연한 권리이며 인도주의적 의무이다. 10. 인권에 대한 요구가 결코 내정간섭이 아니다.
	양독비교	8. 동독과 서독 사회시스템의 비교는 기본법의 가치척도하에서 이루어져야 한다.

* 각 번호의 배열은 분석내용 서술상의 편의를 위해 유사한 내용끼리 모아서 필자가 임의로 재배치한 것임

㉡ 독일 통일문제 이해

〈표 4-1〉을 보면, 독일통일문제 이해에 관한 4개 항목으로 독일 통일문제의 국제적 성격, 국가적 목표로서의 통일, 통일 노력의 정당성, 통일문제 해결의 방향성에 관해 서술하고 있다.

독일 통일문제가 동·서독만의 문제가 아니라 유럽문제이고(1항/ KMK, 1978: 8), 독일 통일이 국가적 목표임을 밝히고 있다(14항/ KMK, 1978: 24). 즉 독일 내부의 국가적 과제이면서 국제문제라는 것이다. 그런데 독일 통일의 실현 가능성에 대해서는, 서독 '통일교육지침'이 발표된 1978년 당시 상황으로 볼 때는 불가능하다는 판단하에 동·서독의 평화공존이 현실적인 목표임을 밝히고 있다(KMK, 1978: 1, 25).

그렇지만 민족통일을 향한 노력은 정당하다고 강조한다(4항). 이때 민족의 개별 구성원은 국가의 개별 시민으로서 자신들의 의지를 자율적으로 결정할 수 있어야 하고, 그것을 규칙에 따라 통제된 방식으로 조사된 개별의지를 통합하고 체화한 것이 민족이라는 것이다. 이러한 민족 개념은 인종주의적 우월성, 역사적 사명, 계급적 과제 같은 의미의 과잉을 전혀 내포하지 않는 개념이다. 그러므로 통일을 향한 노력은 민족 구성원들의 자유의지에 따른 것이라면, 그리고 그것이 일반적인 평화정책의 틀 속에서 작용하는 것이라면 정당하다는 것이다(KMK, 1978: 12). 학교 수업은 이러한 민족적 관심을 확고히 다루는 것이 정당하다는 점을 가르쳐야 한다(KMK, 1978: 10). 또한 서독 통일은 장기적인 관점에서 더 큰 유럽 문제를 해결하는 데 기여할 수 있다고 주장한다(KMK, 1978: 9). 즉 독일 통일 노력을 민족적 정당성과 유럽 평화에의 기여 가능성이라는 측면에서 정당화하고 있다.

그리고 독일의 통일은 평화지향적 정책 추진을 통해서만 성취할 수 있고, 평화가 모든 이해관계의 상위의 원칙임을 천명하고 있다(2항/ KMK, 1978: 9-10). 즉 먼저 평화를 유지하는 가운데 장기적으로 통일을 추진해야 한다는 것이다.

㉢ 동 · 서독 분단사와 민족문제 이해

• 동·서독 분단사 이해

먼저 동·서독 분단사와 관련하여, 서독 '통일교육지침'은 독일의 분단 문제에 대한 적절한 판단은 충분한 역사 지식을 전제조건으로 한다고 밝히고 있다(KMK, 1978: 8). 여기서 필요한 것은, 나치가 독일분단의 근본적인 원인이라는 것을 포함하여 통일문제의 역사적 전개 과정을 알아야 한다는 것이다(3항/ KMK, 1978: 11). 나치의 역사적 유산에 대한 책임은 모든 독일인이 공동으로 져야 하고, 이것은 독일분단과 그로부터 야기된 결과에도 마찬가지로 해당한다고 서술하고 있다(5항/ KMK, 1978: 13).

또한 독일분단 이후 파생된 문제들을 파악하고, 이를 국제관계 속에서 다루어야 한다. 즉 독일분단의 역사는 동-서 냉전의 더 큰 맥락 속에서 이해되어야 한다는 것이다. 그리고 나토와 바르샤바조약기구라는 동-서 양 진영의 군사 동맹체제의 안보 관심사와 연결해서 이해되어야 한다(KMK, 1978: 9, 24).

그리고 역사 수업에서는 항상 유럽 문제이기도 한 독일 통일문제를 다루어야 한다. 이때 독일 민족의 민족통일을 향한 노력이 유럽 주변 국가들의 이해관계와 어떻게 일치하는지를 중심으로 다루어야 한다고 기술하고 있다(KMK, 1978: 8). 그럴 때만이 주변국들의 방해를 받지 않고 독일 통일을 이뤄낼 수 있을 것이기 때문이었을 것이다.

서독 '통일교육지침'은 독일분단 문제 이해를 위한 충분한 역사 지식과 동-서 냉전이라는 국제적 맥락 안에서의 이해, 그리고 나치의 역사적 유산에 대한 공동 책임성을 강조하고 있음을 알 수 있다.

• 민족문제

민족문제와 관련하여, 서독 '통일교육지침'은 동·서독이 공동의 역사, 언어와 문화로 연결되어 있음을 강조한다(6항/ KMK, 1978: 13). 그렇기 때문에 하나의 국가를 형성하고 있지 못하나 독일 민족으로 호명하는 것은 정당하다. 동・서독의 언어, 역사, 문화의 공동성에 대한 인식은 전체 독일을 이어주는 중요한 연결고리이다(7항/ KMK, 1978: 14-15). 여기에다 전후 패전 처리 과정에서 폴란드와 구 소련에 할양된 옛 독일 제국의 동・서 프로이센과 슐레지엔 지역도 전체 독일의 일부라고 기술하고 있다(KMK, 1978: 14). 앞 시기의 옛 영토에 대한 집착은 이 지침에서도 계속되고 있다.

동독인들에 대한 강한 연대 의식을 가지는 것은 독일의 민족적 보호 의무가 명령하는 것이라고 주장한다. 같은 민족이라도 오래 분단되면 장기적으로 한 민족으로 유지될 수 없고 통일 의지가 살아남을 수 없음을 경고하고 있다(KMK, 1978: 6). 따라서 수업에서 민족적 이해관계를 주장하는 것은 정당하며, 동시에 이러한 기본적인 이해관계의 포기는 평화라는 이름으로 요구되어서는 안 되고 평화의 일로 다루어질 수 없음을 주장하고 있다(KMK, 1978: 10). 즉 민족주의를 토대로 통일을 정당화하고 있다.

서독의 '통일교육지침'은 바로 이러한 민족주의 강조 때문에 비판받았는데, 특히 이미 폴란드와 구 소련이 지배하고 있는 옛 영토에 대한 소유권 주장은 국제법적으로는 가능할지 몰라도 현실과 동떨어진 지나치게 국수주의적 주장이라고 집중적으로 비판받았다(Ehmke, 1979; Janßen, 1978; Rohlfes, 1979).

주목할 만한 것은, 서독이 전체 서독을 대변하지 않는다고 명확히 밝히고 있다는 점이다(15항/ KMK, 1978: 26). 이는 통일을 이뤄내기 위한 동반자로서의 동독에 대해 실체적으로 인정하고 있음을 분명하게 보여준다.

㉣ 동독 이해와 방법

서독 '통일교육지침'에서 서술하고 있는 동독 이해 관련 내용은 크게 1. 동독 사회와 통일정책, 그리고 동독인에 관한 이해, 2. 동독 인권 문제, 3. 동・서독 비교방법의 세 부분으로 나누어 정리할 수 있다.

• 동독 사회와 통일정책, 그리고 동독인 이해

동독을 이해하기 위한 핵심적인 방법으로, 동독 사회의 다양한 분야에 대한 이해(8항), 동독 통일정책 이해(11항), 동독인들의 통일 의지 인식(12항), 동독인들의 국가발전에 대한 자부심 이해(13항)에 관해 서술하고 있다.

우선 동독인들과의 유대 강화를 위해서 동독의 다양한 분야에 대한 이해가 필요하다(8항/ KMK, 1978: 15). 동독 사회를 잘 알아야 하는 이유가 동독인들이 한 민족임을 느끼게 하기 위해서라는 것이다. 이와 관련하여 지리, 농업, 에너지, 화물운송, 중앙행정경제, 무역, RGW, 도시건설, 관광 등 여러 분야가 동독을 이해하는 데 중요한 전제조건이라 서술하고 있다. 그중에서도 마르크스-레닌주의 지배시스템과 동독의 사회경제적 상황에 대한 지식이 중심 위치를 차지해야 한다. 청소년들에게 적대 의식을 심어주는 교육시스템과 지도부의 의중에 따라 제한된 활동 영역이 허용되는 문화에 대한 이해도 중요하다. 동독인들의 문제와 삶의 느낌에 대해 통찰력을 기를 수 있다는 점에서 동독의 문학작품을 수업에서 다루어야 한다고 서술하고 있다(KMK, 1978: 16). 중요한 것은 동독 사회질서의 이해는 그것 자체가 목적이 아니라, 그것이 동독인들에게 어떤 영향을 미치는지를 이해하기 위해 필요함을 서술하고 있다는 점이다(KMK, 1978: 16). 결국 동독 사회의 이해는 동독인들의 삶에 대한 이해로 귀결되고 있다.

둘째, 동독의 통일정책에 대한 이해를 강조하고 있다. 동독의 통일정책은 대서독 차단정책(Abgrenzungspolitik)으로 특징지을 수 있다(11항). 동독은 1970년부터 사회주의 민족이라는 테제로 자본주의 민족인 서독과는 다르다면서 두 민족 두 국가로 동·서독의 분단이 완결되었다고 주장하고 있다. 그리고 이것을 동독인들의 자결권이 실현된 것으로 정당화하면서, 서독으로부터의 압박에 대응하고 있다(KMK, 1978: 20). 이것은 독일의 통일을 호소하던 1960년대까지의 동독의 통일정책으로부터 이탈하는 것이었다.

셋째, 동독인들이 강한 통일 의지를 갖고 있음을 인식해야 한다(12항/ KMK, 1978: 22). 이에 대해 수업에서는 동독 통일정책의 주요 단계를 설명하고, 그 과정에서 차단정책과 조약정책의 상관관계도 파악할 수 있어야 한다고 서술하고 있다. 그런데 동독인들의 정치적 의지를 평가하기 위해서는 주요한 역사적 사건들에 대한 이해가 필요함을 기술하고 있다. 그리고 동독 지도부의 정당성 문제의 핵심은 동독 주민들의 정치적 결정 과정에서의 참여가 보장되지 않고 있다는 점에 있음을 강조하고 있다. 동시에 동독인들 상당수가 서독에 정치적·인도주의적 기대를 하고 있는 한, 이런 요구를 뿌리쳐서는 안 된다고 주장하고 있다(KMK, 1978: 22-23). 즉 동독인들의 기대에 부응하여 정치적・인도주의적 교류와 지원을 추진해야 한다는 것이다.

넷째, 동독인들을 정당하게 이해하기 위해서는 그들이 이뤄낸 성과에 대한 자부심이 강하다는 점을 이해해야 한다(13항/ KMK, 1978: 23-24). 동독은 서독보다 훨씬 어려웠던 패전 이후 재건과정을 거쳐 동유럽 공산권 최고의 생활 수준에 도달하는 성과를 이뤄냈다. 그들은 이에 대해 대단한 자부심을 지니고 있었다. 더욱이 이를 사회주의 시스템과 연결하지 않고, 사회주의에도 불구하고 성취해냈다는 자부심을 바탕으로 지도부에 대해 목소리를 높이고 있다. 그리고 동독의 실상에 대한 수업은 양국의 상황을 신중하게 고려하여 수행되어야 한다. 동독의 학문・기술・스포츠분야에서의 성과는 높이 평가받아야 한다. 따라서 부유한 서독과 가난한 동독이라는 전형적인 모형은 오류라는 통찰을 얻는 것이 중요하다. 동독인들에 대해 부유한 사촌이 거만한 자세로 대하는 것은 무례하고 부적절하다는 점을 명확히 인식하게 하는 것이 중요하다 서술하고 있다(KMK, 1978: 24).

눈에 띄는 것은 동독인들의 업적에 대한 인정, 부자 서독과 가난한 동독이라는 틀에 박힌 인식의 탈피, 동독의 실상을 이해하더라도 양국의 상황을 고려해서 수업해야 함을 강조하고 있다는 점이다. 그러니까 양국의 실상을 비교하더라도 전형화된 인식을 심화시키는 접근방식은 피해야 한다는 것이다.

• 동독의 인권 문제

서독 '통일교육지침'은 양국 비교에서 기본법을 가치척도로 삼은 이유를 설명하고 있는데, 동독인들의 인권이 어느 정도 보장되고 있는지를 파악하기 위한 것임을 밝히고 있다. 모든 독일인의 인권보장을 주장하는 것은 당연한 권리이며 인도주의적 의무이다. 또한 헌법이 요구하는 중요한 국가적 목표이다(9항/ KMK, 1978: 17). 주목할 만한 것은, 청소년들에게 인권이 누구에게나 보장된 소유물이 아니라 정치적 투쟁의 산물이고, 국가적・사회적 삶을 형성해 나가면서 보장받아야 한다는 인식을 심어주고 높은 수준의 인권 의식 육성을 강조하고 있다는 점이다. 동독은 이러한 보편적인 인권을 부정하고, 그 대신 이를 계급권으로 재정의

함으로써 주민들의 인권개선 요구를 억압하고 있다(KMK, 1978: 20). 수업에서는 양국의 대립을 즉각적으로 해소할 수는 없지만, 갈등의 지양이 아니라 통제함으로써 긴장 완화가 동독의 인권개선에 도움이 될 수 있음을 말하고 있다. 이것은 통행 협정에서 볼 수 있듯이, 동·서독 이해관계 조정의 구체적인 단계에서 인권개선이 이루어질 수 있음을 확인했다는 것이다(KMK, 1978: 18). 즉 동독의 인권상황 개선을 위해서는 교류·협력하면서 이해관계를 조정하는 가운데 인권개선을 요구하는 것이 효과적임을 밝히고 있다.

그리고 이러한 인권에 대한 요구는 결코 내정간섭이 아니다(10항/ KMK, 1978: 19). 수업에서는 동독이 서독의 인권개선 요구를 내정간섭이라고 반박하는 데 대해, 이는 법적으로 타당하지 못함을 주장할 수 있어야 한다고 강조한다. 유엔 회원국인 동독은 인권보장의 의무를 지고 있기에, 이를 내정간섭이라고 주장할 근거가 없다는 점을 분명히 인식하고 대응해야 한다는 것이다. 이를 보면 학교 교육에서 인권 문제에 대해 어떠한 입장을 가져야 하는지를 분명히 보여주고 있다.

• 동·서독 비교

동·서독을 더 잘 이해하기 위해서는 양국의 비교가 필요하다고 보았다(8항/ KMK, 1978: 16). 그 이유는 동독에 대한 통찰과 적절한 평가를 위해 동독 사회에 대해 습득한 지식을 더 큰 맥락 속에서 파악하기 위해서는 서독과 동독의 가치척도와 정치적·사회적 시스템의 비교가 필수적이라고 보았기 때문이다. 그리고 그 기준은 서독의 기본법이어야 한다는 것이다. 그런데 이것은 서독의 '통일교육지침'이 신랄하게 비판받았던 또 다른 이유 중의 하나였다. 서독의 기본법이 평가의 척도가 되면 동독에 대한 평가는 부정적일 수밖에 비판하고 있다(Eisenmann, 1992: 92). 동독이 왜 이런 체제와 사회를 갖게 되었는지 이해하려고 노력하기보다, 외부자 관점의 평가 기준을 제시하게 되면 부정적인 평가는 예정되어 있다고 할 수 있다. 비판자들은 이것이 통일교육을 위한 '통일교육지침'에 합당한 접근방법인지를 묻고 있다.

④ 서독 '통일교육지침'에 대한 평가와 통일문제에 대한 인식

㉠ '통일교육지침'에 대한 평가

서독의 '통일교육지침'이 발표된 후 많은 비판이 이어졌는데, 그 핵심은 냉전 의식을 벗어나지 못한 위험한 민족주의교육을 주장하고 있다는 것이었다(Aubel, u. a., 1983; Ehmke, 1979; Janßen, 1978; Radtke & Rilling, 1981: Rohlfes, 1978). 논란거리는 여기에 표명된 민족 개념과 함께 '정치적·법적 기초'에서 1945년 독일제국의 무조건 항복에도 불구하고 "독일제국은 법적으로는 지속되고 있다는 전체 독일국가의 원칙"을 명시하고 있다는 점이다(Borcherding, 1965: 210). 신동방조약과 동·서독 기본조약을 통해 이미 현재의 국경선을 인정하기로 한 상태에서 -비록 이전에 체결한 양자 간 또는 다자간 조약을 침해하지 않는다고 합의하고 있지만- 패전 이전의 영토를 포괄하는 독일제국의 존속을 주장하는 것은 무리이기 때문이다

그러나 이러한 입장은 변함없이 1981년의 KMK의 결정 '학교 수업을 위한 교과서와 지도에서의 독일 서술에 대한 기초'에서도 관철되고 있다. 교과서와 지도의 독일 서술은 현재의 정치적·법적 상황에서 출발해야 하며, 이는 주변 민족과의 이해를 촉진해야 한다는 것이다. 그러면서도 유럽의 정치 지도, 중부유럽과 독일에 대한 대형 자연 개관 지도, 1937년 국경선이 중요 의미를 지니는 주제별 지도에서 1937년 독일제국의 국경선이 표시되어야 한다고 강조하고 있다(Grundsätze, 1982: 12).

㉡ 통일문제에 대한 인식

서독 '통일교육지침'은 통일을 목표로 했는가? 문서상의 교육목표는 통일이었다. 그렇지만 현실적으로는 당분간 통일이 불가능하다는 생각이 '통일교육지침' 전체의 전제조건으로 깔려 있었다. 당시 국내외 정세로 볼 때 통일은 불가능한 것으로 판단하여 통일을 장기적인 목표로 내세우고 실질적으로는 평화공존을 위한 교육 방안을 제시하고 있다고 평가할 수 있다. 즉 '통일교육지침'은 평화에 중점을 두고 통일은 먼 훗날의 과제로 넘기고 있었다.

3) 신동방정책과 동・서독 기본조약 체결 이전과 이후의 통일교육정책의 비교

이상의 서술을 토대로 1950년대와 1960년대와 신동방정책과 동・서독 기본조약 체결 이후 시기의 독일 통일교육정책과 비교해 보자.

우선 지속성의 측면에서 보면, 자유와 자결에 의한 민족통일 의지를 고취시키고자 하는 점은 시기와 관계없이 가장 중요한 교육 목표가 되고 있다. 독일 통일 문제의 전체 유럽문제적 성격과 전체로서의 독일 주장도 일관되고 있다. 또 기본법이 근거하고 있는 민주주의와 법치국가적 질서는 포기할 수 없는 가치로, 동・서독의 상호 비교에서 일관된 척도로 제시되고 있다. 동・서독 기본조약 체결 이후 전체주의 국가로서의 동독이라는 인식은 약화되었지만 반공산주의라는 입장에는 변화가 없다. 옛 독일제국의 영토에 집착 또한 계속되었다.

반면에, 변화는 가치나 인식의 측면보다 주로 지식의 측면에서 두드러진다. 이전 시기에 전체주의라는 체제 자체와 옛 독일 영토 중심의 동유럽에 대한 지식이 강조되었던 것에 비해, 신동방정책과 동・서독 기본조약 체결 이후 동독으로 지식의 중점이 이동한다. 궁극적으로는 공산주의 체제가 초래한 부정적인 결과에 대한 인식을 목표로 하고 있지만 동독의 현실에 대한 지식이 강조된다. 이전 시기에는 동독이 거의 언급되지 않고 동독이라는 국명을 전혀 사용하지 않았던 데 비해, 1978년의 KMK 결정은 시종일관 동독이라는 국명을 사용해서 비교적 자세히 동독을 보는 시각을 서술하고 있다. 동독 정권의 정당성을 문제 삼고(12항), 정권과 동독 일반인들을 분리하려는 시각을 보여주며(13항), 동독인들이 이룩한 업적은 합당한 평가가 이루어져야 한다는 분화된 관점을 드러내고 있다(13항). 전체적으로 보아 독일 통일교육의 기본가치는 변화가 없으며, 지식의 측면에서 주안점이 바뀌면서 동독을 보는 관점의 분화가 이루어지고 있다.

Ⅲ. 독일 통일 이후 분단사와 동독사 이해의 관점

독일 통일 이후 대두된 내적통일문제는, 통일 이전부터 중요했던 "동·서독 분단의 역사와 동독사를 어떻게 이해하고 가르칠 것인가?"라는 과제가 더욱 중요함을 인식시켰다. 이에 따라 다양한 학문적·정치적·사회적 논의가 전개되었다. 그 성과를 정리하면 다음과 같다.

먼저, 동·서독 분단사에 관해서는, 무엇보다 동·서독 분단의 역사를 전체 독일사로서 오랜 독일사와 전체 유럽사의 맥락에서 이해해야 한다는 것이다. 그리고 1945년 이후 독일분단의 역사는 적어도 다음의 세 측면에서 −비록 각각의 내용이 동독과 서독에서 차지하는 비중은 차이가 있지만− 이해되어야 한다. 동·서독은 세계적 냉전과 동−서 갈등 속에서 미국과 소련이라는 양측의 초강대국에 종속되어 있었다. 그런 가운데에서도 양국은 외부에서 조종하는 동력에 의해서뿐만 아니라 각기 독자적으로 정치와 사회를 발전시키려 했다. 동시에 양 국가와 사회는 대립과 협력을 통해 생각하는 것보다 훨씬 밀접하게 얽혀 있었다. 아주 다양한 방식으로 관계를 맺고 있었던 것이다. 이러한 세 측면에서 동독과 서독의 역사가 파악될 때, 분단사 전체의 적절한 이해와 평가가 가능하다는 것이다. 그리고 이러한 양국의 상호관계 유형은 다양한 차원에서 이해할 수 있다. 공통의 역사적 뿌리를 가진 전통적 관계, 경제적 협력관계, 스포츠나 외교적 승인 등에서의 경쟁 관계, 상대방의 일상과 문화 등에 영향을 끼치는 상호영향 관계, 상대방을 부정적으로 폄하하는 대조적 관계 등으로 구분할 수 있다. 이런 배제와 연관의 상호관계가 종합적으로 파악될 때, 동서독 분단의 역사가 정당하게 이해될 수 있다.

다음으로, 통일 이후 동독사 연구 성과들은 동독 사회를 지배와 통제라는 단순한 관점에서 바라보아서는 안 된다는 점을 보여주고 있다. 또한 동독사를 곡해해서는 안 되며, 서독 우월적인 접근도 피해야 한다는 것이다. 동독사를 적절하게 이해하기 위해서는 구조사와 일상사, 그리고 통사의 적절한 결합이 중요하다. 통사적 접근을 통해 동독 사회주의의 역사적 전개과정에 대한 개관이 이루어져야 하며, 구조사적 접근으로 일당독재 체제를 중심으로 동독 사회 주요영역의 구조에 대한 이해도 필요하다.

동시에 일상사를 통해, 그러한 독재체제를 동독인들은 어떻게 받아들이며 삶을 영위했는지를 이해할 수 있도록 해야 한다. 사회주의 독재 아래에서 동독인들은 체제에 대해 다양한 방식으로 대응했다. 소위 "비공식적 관계 혹은 사회"를 통해 공식적인 경제 외에 암시장이, 공식적인 노동관계 외에 비공식적 노동관계, 국가가 지원하는 통일된 문화 외에 비공식적인 다원적 하위문화 등이 형성되었다. 이러한 제2의 사회는 동독 시민들에게 개인적이고 집단적인 행위 가능 공간을 제공했다. 즉 개인에게는 정치적 강요에서 벗어나 사적 관심사에 몰두할 수 있는 여지를 제공했고, 작업장에서의 비공식적 관계는 시스템에 저항할 수 있는 잠재력을 내포하고 있었다. 그러나 이러한 비공식적 공동체는 여전히 체제와 관계를 맺고 있었으며, 체제로부터 독립된 관계가 아니었음을 염두에 두어야 한다. 이와 같은 상황 속에서 동독인들은 무비판적 일체화, 확신에 따른 협력, 기회주의적 순응, 수동적 거부, 사적 영역에의 몰입, 저항, 야당활동 등 다양한 대응 양식을 보여주었다. 그러나 다수의 동독 시민들에게 삶은 순응과 거리 두기 혹은 끊임없는 줄타기 과정이었다. 평범한 시민의 경우 노동현장에서, 사무실에서, 대중 집회 등에서 당과 국가에 충성을 드러내 보이고, 동시에 사적 영역은 다른 가치와 행동 양식으로 조직했다.

통일 이후 동독사에 관한 연구성과들은 사회주의 독재가 사회 전 분야를 철두철미하게 통제할 수 없었다는 점을 보여주고 있다. 가족, 교회, 자연과학과 같은 사회적 제도, 암시장, 비공식적 노동관계, 비공식적인 하위문화 등 '비공식적 사회 혹은 관계'는 체제의 통제에서 벗어나 나름의 자율성을 확보하고 있었다. 동독 사회주의 체제는 강압과 순응만으로 체제가 유지된 것이 아니라 다양한 방식으로 주민들을 체제에 통합하려 했고, 어떤 독재체제라도 가질 수밖에 없는 한계로 인해 사회의 모든 영역을 철두철미하게 지배할 수 없었다는 것이다. 이것을 이해해야 독일 통일 이후 소위 동독에의 향수(Ostalgie)와 내적통일의 어려움이 야기되는 주요 이유를 알 수 있다.

독일 통일 이후의 교과서를 분석한 연구들을 보면 나름의 성과와 한계를 확인할 수 있다(김상무, 2010b). 먼저, 통일 독일의 역사 교과서들은 붕괴한 동독의 역사를 결과의 시각에서 서술하고 있지 않았다는 점은 성과라 할 수 있다(김상무, 2010b: 40-47). 이는 동·서독 분단사 전체를 결과의 시각에서 파악하지 않으려는 의도라고 하겠다. 또한 이제는 사라져 버린 동독이라는 국가에서 살아야 했던 동독인들의 삶을 평가절하되지 않도록 배려한 접근법이라 이해할 수 있다.

교과서들이 보여주는 한계는 한국의 분단사교육이 반면교사로 삼을 만하다. 우선 서독을 역동적으로, 동독을 몇 가지 특징의 정적인 사회로 기술하고 있다는 점이다. 서독인들이 동독을 독재와 억압의 변화 없는 사회로 평가하고 있는데 반해, 동독인들은 자신들의 조국인 동독의 일상적인 생활세계를 중심으로 사회적 안전망을 갖춘 사회였고 시기에 따라 변화한 사회로 평가하고 있다. 다음으로 연대기적 서술방식을 취하고 있다는 점이다. 이는 학생들이 분단 역사의 전개 과정을 이해하는 데는 도움을 줄 수 있으나, 시간의 변화에 상관없이 양국의 사회를 규제하는 특징을 소홀히 하게 만드는 한계를 보여주는 방식이라 하겠다.

Ⅳ. 맺음말

본 연구는 1. 서독의 통일교육정책 전개과정, 2. 서독의 통일교육지침이 통일을 지향했는지, 그리고 3. 독일 통일 이후 내적통일을 위해 분단사와 동독사를 어떻게 가르치고 있는지를 질문하고 이에 대해 답하고자 했다.

연구 결과, 첫째, 서독의 통일교육정책은 사민당 정부의 신동방정책과 동·서독 기본조약 체결 이전과 이후로 나눌 수 있는데 민족통일의지 고취, 반공주의, 옛 독일제국 영토에 대한 집착, 독일 통일문제의 유럽문제적 성격 강조에서 연속성을 찾을 수 있었다. 차이점은 앞 시기는 동독 정식 명칭을 사용하지 않았지만 뒷 시기는 동독을 인정하여 정식 국호를 사용했고, 관련 지식의 중점이 옛 독일제국 영토에서 동독으로 이동했다는 점이다.

둘째, 서독의 '통일교육지침'은 장기적인 관점에서 통일을 지향했지만, 당시의 국내외 정세하에서는 통일이 불가능하다고 보고 현실적인 측면에서 동·서독의 평화공존을 위한 통일교육을 추구했다.

셋째, 독일 통일 이후 독일 분단사와 동독사에 관한 연구성과들은 전체 독일사 관점의 동·서독 분단사의 이해, 양국의 다양한 상호관계사 이해, 통사와 구조사, 그리고 일상사의 조화를 강조하고 있다.

이상의 연구 결과를 바탕으로 통일문제와 북한이해와 안보로 나누어서 시사점을 도출해 본다.

1. 통일문제 이해와 관련하여

우선, 한반도 통일문제를 평화공존의 관점에서 이해하는 것이 필요하다. 서독은 평화공존을 추진하면서 통일문제를 장기적 과정으로 이해하고 있었다. 서독 사민당의 브란트(Brandt) 정부는 동독과의 교류와 협력을 추진하면서도 동독 체제는 거부했다. 이어지는 기민당의 콜(Kohl) 정부에서는 동독과 서독의 체제 차이를 이전보다 강조했지만 양국의 교류와 협력은 지속했다. 사민당 정권이든 기민당 정권이든 규범적으로는 동독을 거부하면서도, 실용적으로는 동독과의 교류와 협력을 계속했다는 점에서 통일정책의 일관성이 유지되고 있었다. 그 밑바탕에는 당장 통일은 불가능하며, 평화적으로 공존하는 가운데 장기적인 과제로 통일을 이해하는 것이 현실적인 방안이라는 판단이 깔려 있다. 서독의 '통일교육지침'도 동일한 관점을 바탕으로 하고 있다.

남·북한의 상황도 다르지 않다. 한반도의 통일문제도 독일처럼 판단하는 것이 현실적일 것이다. 통일교육은 한반도통일을 평화공존 과정에서 장기적으로 성취해야 할 민족적 과제임을 분명히 인식시켜야 할 것이다. 그러기 위해서는 남북한의 공생과 협력을 강조하는 방향으로 통일교육의 내용과 방법을 재구조화해야 할 것이다.

물론 안보 역량과 외교 역량을 꾸준히 길러야 한다. 독일은 안보적 실패 없이, 구소련과 미국, 영국, 프랑스 등 전승국을 설득할 외교 역량을 갖추었기에 통일을 이뤄낼 수 있었다는 점을 명심해야 한다. 따라서 평화공존은 안보와 외교 역량을 제고하는 가운데 실현될 수 있다는 점을 인식해야 한다.

둘째, 신동방정책 추진 이전이든 그 이후이든 서독의 통일교육정책은 동독과 서독의 민족 동질성 회복을 계속해서 강조하고 있었다. 여기에 대해서는 비판적인 시각이 필요하다. 오늘날과 같은 세계화되고 점점 다문화사회로 변모하고 있는 한국 사회 현실을 볼 때, 민족 동질성을 강조하는 것이 적절한 통일교육의 방향인지에 대해서는 논란이 있을 수 있다. 필자는 민족 동질성이라는 개념 자체에 의문을 가지는 입장이지만, 이 문제에 대해 학교 통일교육에서 치열하게 토론하게 해야 한다고 생각한다. 학생들이 같은 민족이기에 통일해야 하느냐, 아니면 다른 이유로 통일이 필요한 것이냐, 같은 민족이면 동질적이냐 하는 물음 등에 대해 토론을 전개하다 보면, 통일의 필요성과 목적에 대해 보다 성찰적인 입장을 가질 수 있게 되리라고 본다.

셋째, 이러한 민족 동질성 회복을 중심으로 한 통일의식 고취는 민주주의 교육과 병행하여 실행되었다는 점에 주목해야 한다. 결국 서독은 민족과 민주주의 체제에서 통일의 정당성을 찾으려 해왔다. 통일교육이라는 명칭을 사용하기 시작한 이후의 한국의 통일교육정책을 돌이켜보면, 한국도 비슷한 논거로 통일교육을 정당화해 왔다고 할 수 있다. 오늘날 한국 사회에서 통일을 논할 때, 민주주의를 기반으로 하지 않는 통일은 생각하기 어렵다. 그렇다면 한국의 민주주의가 북한 사람들에게도 자랑스럽게 소개할 만한 것이어야 한다. 그런데 오늘날 한국의 민주주의가 그럴만한 수준인가? 최장집(2010: 8)은 절차적 민주화 이후 한국 사회가 질적으로 더 나빠졌다고 평가한다. 장은주(2014: 5)는 독일의 비교정치학자 볼프강 메르켈(Wolfgang Merkel)의 개념을 가져와서 한국 사회를 민주주의와 권위주의 사이의 제한적 민주주의, 즉 '결손민주주의'로 규정하고 있다. 통일교육은 통일의 정당성 확보를 위해서라도 통일된 한반도가 어떤 민주주의를 추구할지를 논의하게 해야 한다. 한국 사회 내부에서조차 동의를 구하지 못하는 민주주의를 북한에 이식할 수는 없지 않은가? 만약 한국 사회의 민주주의가 북한을 설득할 만한 수준이 아니라고 판단된다면, 통일교육은 통일을 성취해내기 위해서라도 통일을 논하기에 앞서 한국 사회의 민주주의를 먼저 토론해야 할 것이다.

2. 북한 이해와 안보와 관련하여

첫째, 서독의 '통일교육지침'은 동독에 대한 객관적 이해를 강조하고 있다. 사회 각 분야의 실제와 부정적 실태를 포함한 사실에 입각한 동독 사회 이해, 동독의 역사적 업적 인정, 동독 정권과 인민의 구분, 동독 자체의 계획과 현실의 비교라는 내재적 관점과 서독의 기본법적 가치 적용이라는 외재적 관점의 병용(竝用) 등이 그 구체적인 방법이다.

국립통일교육원에서 발행한 윤석열정부 통일교육지침 '2023 통일교육 기본방향'에서는 북한에 대한 이해가 객관적 사실과 인류 보편적 가치 규범에 기초해야 한다고 평가 기준을 제시하고 있다. 그러면서 3대 세습의 유일독재체제, 북한 주민들의 자유롭고 행복한 삶을 저해하는 요인, 주민인권 침해 실상, 북한 실상의 객관적인 이해를 위해 탈북자들의 증언 활용 등을 제안하고 있다. 이 지침의 전체내용을 읽어 보면, 북한은 계속 유지되는 것이 이상할 정도의 나라로 비춰진다. 그런데도 무너지지 않고 계속 유지되는 이유가 무엇일까? 그런데 이런 질문은 던지지 않으면서 외부자의 기준만 들이댄다면 장기간 계속되고 있는 북한의 체제 유지를 이해할 수 없게 된다. 이렇게 접근하는 것은 객관적으로 북한을 이해하는 방법이라 할 수 없을 것이다. 북한인들이 왜 그런 선택을 할까에 대해 내부자 관점의 질문을 던질 수 있어야 한다. 그래야 객관적인 북한 이해에 가까워질 수 있을 것이다. 동시에 그 속에서 우리는 민주주의 사회의 가치를 기준으로 우리를 이해하고 우리의 안보 역량을 인식하고 평가할 수도 있어야 한다.

둘째, 북한 사회의 정당한 이해를 위해 통사, 구조사, 그리고 일상사의 적절한 조합과 북한의 안보 역량에 대한 객관적인 이해가 필요하다. 우선 북한 사회발전의 역사적 변천 과정을 알아야 한다. 그래야 북한 변화의 가능성과 한계를 파악할 수 있기 때문이다. 또한 북한 사회주의 체제는 어떤 방식으로 작동하고 있고, 어떻게 정당화되고 있으며, 북한 주민들은 이런 체제를 어떻게 수용하고 있는지, 그리고 자신들의 삶을 어떻게 의미 부여하고 있는지에 관한 질문을 중심으로 북한을 이해해야 한다. 그럴 때, 수많은 문제점에도 불구하고 북한 사회가 장기간 존속하는 이유를 파악할 수 있으며, 북한 주민들의 삶과 사고방식에 관해 보다 더 잘 이해할 수 있을 것이다. 요컨대 북한 이해 교육은 북한 사회주의의 구조 파악과 그러한 구조 속에서의 북한 주민들의 이상과 사고에 대한 이해라는 관점에서 접근해야 한다는 것이다. 그래야 한반도통일이 이루어졌을 때, 통일 이후 사회문화적 통합과정의 갈등을 줄일 수 있는 하나의 방안이 될 수 있다(김상무, 2005b: 37-38). 그리고 북한의 안보와 무력 현황에 대한 이해도 필요하다.

셋째, 남한 사회에서 북한에 강력하게 요구하고 있는 사항이 북한 주민의 인권 개선이다. 이에 관하여 서독 '통일교육지침'의 동독의 인권보장 요구가 당연한 권리이며 인도주의적인 의무라는 제9항은 참조할 필요가 있다. 여기서 주목할 것은 인권은 서독의 헌법 격인 기본법이 요구하는 기본권리로서 모든 독일인이 누려야 할 기본권리이면서 인도주의적인 의무라며 분명히 강조하고 있다는 점이다. 따라서 동독뿐만 아니라 동・서독 주민 모두에게 공동으로 보장되고 요구되어야 할 권리라는 것이다. 이에 따라 동독의 열악한 인권의 실태를 조목조목 나열하는 것이 아니라, 청소년들에게 높은 수준에서의 인권 의식을 심어주어야 한다면서, "인권은 결코 당연한 소유물이 아니라 정치적으로 투쟁하고 국가적・사회적 삶 속에서의 실현을 통해 보장받아야만 한다"고 서술하고 있다(KMK, 1978: 17).

남한의 '통일교육지침'은 북한의 열악한 인권 사항을 하나하나 자세하게 서술하고 있지만 남한의 인권 문제는 전혀 언급하고 있지 않으며, 그것이 정치적 투쟁의 결과물이라는 인식 자체에는 관심이 없다(국립통일교육원, 2023: 33-35). 인권 문제에 대한 기본 인식의 차이라고 할 수 있는데, 북한의 인권보장 요구와 함께 남한은 충분히 보장하고 있는지 검토하도록 하는 것이 통일교육지침에 합당한 접근방법일 것이다. 북한을 비판했으니 남한도 비판해야 공정하다는 의미가 아니라, 한반도 분단이 남한 사회에 가져오는 평화 부재의 현실, 그중에서도 미흡한 인권보장의 현실을 성찰할 수 있도록 해야 한다는 것이다. 동시에 서독의 지침처럼 인권이 그저 얻어지는 것이 아니라 정치적 투쟁의 산물이라는 것을 깊이 인식하게 해주어야 한다.

그리고 동독의 인권개선을 위해서는 긴장 완화가 효과적임을 서술하는 내용도 주목할 만하다. 북한의 인권개선을 정치적 구호로만 외칠 것이 아니라, 남북한이 다양한 접촉을 전개하는 가운데 구체적인 성과를 내는 과정을 활용하여 개선해 나가야 한다는 점을 서독의 '통일교육지침'은 분명히 서술하고 있다. 남한의 '통일교육지침'은 서독의 '통일교육지침'을 인용해서라도 이런 점을 밝혀야 한다(김상무, 2023a: 70).

참고문헌

국립통일교육원(2023), 『2023 통일교육 기본방향』, 서울: 국립통일교육원.

김병로(2016), "한반도 비핵화와 분단폭력", 김병로 · 서보혁(편), 『분단폭력』, 서울: 아카넷, pp. 29-63.

김상무(2000), "서독의 독일문제 교육정책의 변천 과정", 『통일교육연구』, 창간호, pp. 185-222.

김상무(2005a), "통일독일의 통일교육 권고안과 서독의 통일교육지침 비교 연구", 『교육의 이론과 실천』, 10권 1호, pp. 31-49.

김상무(2005b), "통일독일의 동독사 이해와 동독사 교육에 관한 논의가 북한 이해교육교육에 주는 시사점", 『한국교육학연구』, 11권 2호, pp. 29-43.

김상무(2008), 『학교 통일교육 인식론: 분석과 제언』, 파주: 한국학술정보.

김상무(2009), "통일독일 학교 교육의 내적통일문제 인식에 관한 연구", 『한국교육학연구』, 15권 3호, pp. 35-57.

김상무(2010a), "1978년 서독 '통일교육지침' 결정 이후 중등 역사 교과서의 동 · 서독 서술 비교연구", 『교육의 이론과 실천』, 15권 3호, pp. 27-52.

김상무(2010b), "동독과 신연방주 역사 교과서의 분단사 서술 비교 연구", 『한국교육학연구』 16권 3호, pp. 29-58.

김상무(2011), "통일독일 분단사 및 분단사교육 논의가 한국의 분단사교육에 주는 시사점", 『교육과학연구』, 42집 3호, pp. 1-23.

김상무(2013a), "독일 통일 이후 신연방주 교육체제 전환에 관한 연구 -교육행정 구조 개편, 교육법제정, 교육제도 변화를 중심으로-", 『교육사상연구』, 27권 3호, pp. 99-116.

김상무(2013b), "1989-1990년 동 · 서독 교육 통합 과정에 관한 연구 -초 · 중등학교교육을 중심으로-", 『교육의 이론과 실천』, 18권 2호, pp. 1-22.

김상무(2016), "서독의 통일교육정책 전개 과정", 한만길 외, 『통일을 이루는 교육』, 파주: 교육과학사, pp. 55-72.

김상무(2017), "통일독일의 동독사 연구 성과 관점에서 본 고교 한국사 교과서의 북한 서술에 대한 분석과 평가", 『교육문화연구』, 23권 6(A)호, pp. 365-388.

김상무(2023a), "서독과 남한의 통일교육지침 비교 연구", 『교육문화연구』, 29권 6호, pp. 47-74.

김상무(2023b), "윤석열 정부의 통일교육지침 '2023 통일교육 기본방향'의 분석과 대안 탐색", 『교육의 이론과 실천』, 28권 3호, pp. 21-44.

문아영(2018), "전쟁의 북소리에 춤추지 않는 교육", 『교육비평』, 42호, pp. 176-199.

민주평화통일자문회의(2023), 『2023년 2분기 통일 여론 동향』, 서울: 민주평화통일자문회의.

박명림(1997), “분단 질서의 구조와 변화: 적대와 의존의 대쌍관계동학 1945-1995. 『국가전략』, 3권 1호, pp. 41-79..

베네딕트 앤더슨(2004), 『상상의 공동체: 민족주의의 기원과 전파에 대한 성찰』, 윤형숙 역, 서울: 나남.

이종석(1998), “제2장 분단시대의 남북관계: 설명을 위한 틀”, 『분단시대의 통일학』, 서울: 한울, pp. 33-41.

임지현(1999), 『민족주의는 반역이다』. 서울: 소나무.

장은주(2014), “한국 민주주의의 위기와 시민을 위한 교육”, 『민주화운동기념사업회 2014 시민교육포럼(7. 16) 발표 자료집』.

장은주 · 김상무 · 강민정 · 김병연 · 김동혁(2019), 『보이텔스바흐 합의 적용을 통한 남북화해시대 평화교육 활성화방안 연구』, 광주광역시교육청 정책연구보고서.

최장집(2010), 『민주화 이후의 민주주의』, 서울: 후마니타스.

통일교육원(2018), 『평화 · 통일교육. 방향과 관점』. 서울: 통일교육원.

황인표(2017), “도덕과에서 새로운 통일의 필요성교육에 대한 일고찰”, 『도덕윤리과교육』, 제57호, pp. 283-306.

Arbeitsgruppe Bildungsbericht am Max-Planck-Institut für Bildungsforschung (1994), *Das Bildungswesen in der Bundesrepublik Deutschland, Strukturen und Entwicklungen im Überblick,* Reinbek: Rowohlt.

Aubel, S. u. a. (1983), *DDR im Schulbuch*, Köln: Paahl-Rugenstein.

Bleek, W. (1996), Deutschlandforschung, In Weidenfeld, W., & Korte, K. R. (Hg), *Handbuch zur deutschen Einheit,* Bonn: BzfpB.

BMWi (Bundesministerium für Wirtschaft und Energie) (2019), *Jahresbericht zum Stand der deutschen Einheit*, Berlin: BMWi.

Borcherding, K. (1965) (Hg.), *Wege und Ziele politischer Bildung in Deutschland, Eine Materialsammlung zur Entwicklung der politischen Bildung in den Schulen 1871-1965*. München: Olzog.

Ehmke, H. (1979), Was ist des Deutschen Vaterland?, In Habermas, J. (Hg.), *Stichwörte zu "Geistigen Situation der Zeit", Bd. 1. Nation und Republik*. Frankfurt: Suhrkamp, pp. 51-76.

Eisenmann, P. (1992), Die DDR in der politischen Bildung, In Ders., & Hirscher, G. (Hg.), *Dem Zeitgeist geopfert, Die DDR in Wissenschaft, Publisik und politisccher Bildung*, Mainz, München: v. Hase und Koehler.

Grewe, W. (1996), Deutschlandvertrag, In Weidenfeld, W., & Korte, K. R. (Hg), *Handbuch zur deutschen Einheit*, Bonn: BzfpB.

Grundsätze für die Darstellung Deutschlands in Schulbüchern und kartographischen

Werken für den Schulunterricht, Beschluß der Kultusministerkonferenz vom 12. 2. 1981, In *Geschichte in Wissenschaft und Unterricht* (GWU) (1982), Heft 1.

Janßen, K. H. (1978), Chauvinismus in der Schule, *Die Zeit* 8. 12. 1978.

Jacobmeier, W. (1986) (Hg), *Deutschlandbild und Deutsche Frage in den historischen, geographischen und sozialwissenschaftlichen Unterrichtswerken der Bundesrepublik Deutschland und der Deutschen Demokra-tischen Republik von 1949 bis in die 80er Jahre*, Braunschweig.

Jeismann, K. E. (1986), Einleitung, In *Jacobmeier*, VII-VL.

KMK(1978), *Die deutsche Frage im Unterricht, Beschluß der Kultusmonister-konferenz vom 23, November 1978,* München.

K. u. U. (Kultus und Unterricht) (1953, 1956, 1973), *Amtablatt des Kultusministeriums Baden-Württemberg.*

Marienfeld, W., & Overesch, M. (1986), Deutschlandbild und Deutsche Frage in den Geschichtsbüchern der Bundesrepublik Deutschland und Richtlinien der Länder, In *Jacobmeier*, pp. 1-118.

Radtke, W., & R. Rilling (1981), Hatte die Entspannungspolitik Auswirkungen auf die Schule?, In *Demokratische Erziehung* 7, H. 5.

Rohlfes, J. (1979), Anmerkungen zum KMK-Beschluß 'Die deutsche Frage im Unterricht'. *Geschichte in Wissenschaft und Unterricht* H. 6, pp. 357-361.

Texte zur Deutschlandpolitik (1989), Reihe III, Bd. 6.

von Beyme, K. (1979) (Hg), *Die großen Regierungserklärungen der deutschen Bundeskanzler von Adenauer bis Schmidt*, München: Carl Hanser.

von Münch, I. (1976) (Hg.), *Dokumente des geteilten Deutschland, Bd. 1,* 2 Auf, Stuttgart: Alfred Kröner.

제2부

안보통일교육의 내용 강화

제5장

안 승 대(한국교원대학교)

통일신라의 화쟁교육 - 안보와 통일 교육

Ⅰ. 들어가는 말

오늘날 한국교육은 수많은 문제에 직면해 있다. 입시경쟁교육, 개발주의 교육, 분단교육은 한국교육의 이러한 수많은 문제 중의 하나이다. 러시아 우크라이나 간 전쟁과 이스라엘과 하마스 간 전쟁 이후 갈수록 고조되는 중동지역의 전쟁 위협 속에서 우리는 국가안보의 중요성을 피부로 실감하고 있다. 한반도 역시 이와 같은 세계적인 안보불안, 안보위협에서 자유로울 수 없음을 우리는 역사적 경험을 통해 잘 알고 있다. 나라를 사랑하는 애국사상, 호국사상 교육의 필요성 역시 갈수록 커지고 있다. 한국 교육은 이러한 분단과 분열의 시대, 개발과 경쟁의 시대, 안보불안의 시대에 기존의 교육 패러다임을 뛰어넘는 새로운 교육적 대안을 모색할 필요가 있다.

위와 같은 필요성 아래 이 글은 한국사상의 정수인 화쟁사상을 통한 새로운 대안적 교육인 화쟁교육론을 제시해 보고자 한다. 원효의 화쟁사상은 한국 전통사상의 정수이자 핵심사상이며, 우리 민족의 대표사상이기에 한국교육의 대안적 사상으로 적용해 볼 필요가 있다.

이 글은 다음과 같은 내용들을 담고 있다. 우선, 이 글은 도구주의 교육의 대안으로서 화쟁교육, 통일교육의 대안으로서 화쟁사상교육, 민족교육의 대안으로서 화쟁 민족 교육을 제시하고 있으며, 다음으로는 호국교육과 화쟁교육의 연관성을 제시하고 있다. 마지막으로 이 글은 화쟁교육론의 교육이념・교육목적과 이를 실현하기 위한 화쟁교육의 실천원리를 제시하고 있다.

Ⅱ. 도구주의 교육의 대안으로서 화쟁교육론

1. 도구주의 · 개발주의 교육으로서 한국교육의 문제점

산업사회, 근대사회는 서구의 합리주의 이성중심주의를 기반으로 한다. 이러한 이성중심의 합리주의는 주체와 객체의 분리를 바탕으로 하여 효율성과 합리성을 추구하고 과학기술의 극대화를 가능하게 했지만, 자연은 피폐되어 생태학적 위기에 처하게 되고(권은주 · 신양재, 2014a: 108) 인간사회 역시 효율성 추구로 인한 도구화 수단화의 폐해를 겪고 있다.

교육 역시 이와 같은 효율성, 유용성, 생산성을 중심으로 이루어져 왔다. 학교는 생산성을 위한 부품기계를 만들 듯이 능력 있는 인재를 생산하는 공장과 같이 운영되었고, 아이들은 이러한 생산성과 유용성의 척도로 평가되었다(권은주 · 신양재, 2014b: 84). 서구 교육이론에 입각해 진행되어 온 한국 교육 역시 마찬가지로 경쟁교육, 도구주의 교육의 문제로 몸살을 앓고 있다.

입시경쟁교육, 개발주의 교육, 안보교육, 신자유주의 교육은 서구교육론의 도구주의, 이원론의 영향 속에 전개되어 온 한국교육의 또 다른 이름이자 모습들이다. 산업사회 근대사회는 자본주의 사회이기도 하다. 자본주의 교육은 학력, 즉 교육자본의 획득에 그 목적을 두고 있다(이두휴, 1999: 23). 경제적 보상이 이루어지는 지식에만 매달리는 교육은 그 누구도 인간화, 인격화할 수 없게 한다. 따라서 그들이 지식을 소유하는 것이 아니라 지식이 주인이 되고 만다(Sarup, 1987). 입시교육은 경쟁교육을 통해 중등교육을 대학입시 준비기관으로 전락시켰다. 즉 입시교육은 보다 나은 학력과 학벌을 위한 경쟁의 장이 되었다. 경쟁 속의 교육, 수량화 점수화된 교육 속에서 점수와 성적은 물신화하며 학생은 교육으로부터 소외된다(안승대, 2004: 105-116).

한국교육의 또 다른 이름은 개발주의 교육이다. 근대화교육, 국제경쟁력강화교육은 개발주의 교육의 또 다른 이름들이다. 개발주의 교육은 경제개발을 최우선의 가치로 하며, 인간을 우위에 둔 채 자연을 도구화 대상화해 왔다. 안보교육(반공교육)은 근대교육의 이원론적 세계관, 이분법적 사고의 전형을 보여준다.

한국교육은 오랫동안 상대방(공산주의, 북한)은 악이며, 우리(자유민주주의, 남한)은 선으로 가르쳐왔다.

신자유주의 교육은 21세기 한국 경쟁교육의 현 모습이다. 신자유주의는 시장경제의 자유를 추구하는 경제중심의 사상이다. 신자유주의 교육은 교육의 상품화 무한경쟁을 추구하는 교육이다. 신자유주의 교육은 경쟁을 당연하게 받아들여 교육불평등 심화, 공동체적 삶의 해체, 경쟁에서 탈락한 학생들의 소외 등의 문제를 가져오고 있다(노상우, 1999: 20).

이처럼 한국교육은 서구 근대교육의 연장선상에서 이원적 대립구조에 입각한 교육, 개발주의 교육, 경쟁교육의 문제를 낳고 있으며, 이는 한국교육이 극복해 나가야 할 가장 중요한 해결과제 중의 하나라고 할 수 있다.

2. 도구주의 교육의 대안으로서 화쟁교육론

한국교육의 위기 속에서 우리는 이러한 서구 근대사상의 패러다임을 뛰어넘는 새로운 대안적 사상, 대안적 교육사상을 본격적으로 탐구해 나갈 필요가 있다. 현 시대는 새로운 질적인 도약, 패러다임의 전환이 필요한 때이며, 기존의 틀을 넘어서는 새로운 사상을 요구하고 있다(조순영 · 임재택, 2009: 272). 이에 대한 대안으로서 자연주의, 생태주의(권은주 · 신양재, 2014a: 108)가 적극 모색되고 있다. 우리의 교육전통은 바로 이러한 일원론, 서로 존중하는 세계관, 상호 의존적 존재를 추구하기에 경쟁교육, 대립적 교육의 문제를 극복할 수 있는 대안적 사상으로서 적극 모색해 볼 필요가 있다.

그중에서도 원효의 화쟁사상은 근대성 너머의 자유와 논리를 지향하는 대안적 사상(이도흠, 2015: 14)이자 화해와 통합의 사상이기에 경쟁교육, 대립적 교육의 문제를 극복하는 데에 적합하다고 할 수 있다. 플라톤 이래 서양철학은 동일성을 기본적인 원리로 해왔으며, 이질적인 것을 배제해 왔다. 실체론과 이분법은 동일성을 단단한 형이상학으로 고정시켜 동일성을 유지 강화해 왔다(이도흠, 2015: 160). 이데아와 그림자, 주체와 객체, 주체와 대상, 인간과 자연의 이분법을 통해 전자에 특권을 부여하고 후자를 배제해 온 것이다. 이처럼 근대의 주체중심의 사고는 동일성에 타자를 배제하는 인식과 힘을 부여하였으며, 자아는 주체로 격상되었다. 근대교육, 한국교육 역시 이와 같은 동일성과 이분법, 자아중심적 사상 속에서 전개되어 왔으며, 이는 개인주의, 이기주의, 인간중심주의와 도구주의 경쟁교육의 폐해를 낳고 있다. 입시교육, 신자유주의 교육을 통한 경쟁심화와 소외문제, 분단교육을 통한 적대적 대립적 사고의 형성, 개발주의를 통한 자연의 도구화와 수단화 등이 그것이다.

아도르노, 데리다 등은 동일성의 철학의 문제점을 지적하면서 동일성의 사유체계를 부정한다. 이원대립은 그 근거가 없으며, 해체되어야 한다고 주장한다. 서양이 동일성의 특징을 보여준다면, 동양사상의 특징은 관계성의 특징을 보여준다(신영복, 2004: 23). 불교사상이기도 한 원효의 화쟁사상은 이러한 이원적 사유체계를 대신하는 새로운 사상체계의 가능성을 보여준다. 근대성의 사상이나 방법론이 실체론, 동일성, 이분법적 모순율, 인간중심주의의 한계를 지닌다면, 원효의 철학은 연기론, 퍼지, 차이, 생태적 사고의 논리체계를 제공할 가능성을 지니고 있기 때문이다(이도흠, 2015: 41).

화쟁사상은 둘을 하나로 융합하지만 그렇다고 하나로 통합하는 것을 고집하지 않는다. 同이 아니라 非同의 철학이며, 一이 아니라 不一의 철학이다. 화쟁사상은 대립되는 주장을 화해시키지만 그렇다고 하나로의 합일을 고집하지는 않는다. 융이이불일이며, 무이이불일의 사상인 것이다.

실체론은 나의 존재, 동일성으로부터 출발하지만, 화쟁은 이를 넘어서는 不一의 철학이자 사유체계이다. 화쟁사상의 존재론은 관계맺음을 통해 존재하는 무수한 존재들의 관계망으로서의 존재이며, 나를 떠나 나를 보는, 나를 낯설게 하는 새로운 자아관, 주체관이다(조순영·임재택, 2009: 273-278). 이분법은 자연과 인간, 주체와 객체를 분리하지만, 화쟁은 자연과 인간, 주체와 객체를 불일불이의 체계와 논리 속에 융화시킨다. 근대교육은 자아, 주체, 독립된 주체와 자아 위에서 경쟁과 효율을 추구하지만, 화쟁교육은 나 아닌 나로서의 자아와 주체, 독립된 주체의 개념을 넘어서는 불일불이의 사유를 지향한다.

한국의 교육은 대립적 사고 경쟁적 사고를 통해 학생을 소외시키고, 대립하게 하였다면, 화쟁의 교육은 서로를 화해하게 하고 공존하게 하는 불일불이의 교육을 지향한다.

Ⅲ. 통일교육의 대안으로서 화쟁교육론

1. 기존 통일교육의 문제점

민족공동체 형성을 위해 통일교육이 민족주의를 중시해야 한다는 주장이 널리 제기되고 있다. 그러나 기존의 민족주의를 중심으로 한 통일교육 논의는 다음과 같은 점에서 그 한계가 있었다.

첫째, 민족주의 자체가 지니는 이데올로기적 성격 때문이다. 민족주의는 2차 이데올로기로서 지배 이데올로기를 정당화·유지·강화하는 데 이용될 수 있다. 즉 민족주의는 민주적일 수도 권위적일 수도 있으며, 과거지향적일 수도 미래지향적일 수도 있으며, 사회주의적일 수도 반동적일 수도 있으며, 애국심과 결합될 수도 있지만 파시즘적 전체주의와도 결합될 수 있으며 또 그렇게 되어 왔다(Kamenka, 1973: 15).

둘째, 남북한 민족주의가 지닌 문제점 때문이다. 민족주의를 통일교육의 지향점으로 제시해야 한다고 주장하는 많은 연구자들은 남북한 교육이 민족주의를 공통적으로 강조하고 있다는 점을 그 논거로 들고 있다. 그러나 남한과 북한의 민족주의는 체제유지 이데올로기로서 동질적이기보다는 대립적, 적대적 가치관을 더 많이 담고 있다.

먼저 남한의 경우 박정희의 민족주의가 수구적, 봉건지향적 성격을 지녔다면, 최근의 세계화 이데올로기는 민족적 경쟁력 강화에 바탕을 둔 세계제패 의지의 정치적 표현이다. 이처럼 남한의 민족주의는 과거에서 현재에 이르기까지 권력유지를 위한 통합·동원 이데올로기로서의 성격을 지니고 있다. 북한의 민족주의인 조선민족제일주의는 북한식 사회주의 이념의 정당화에 봉사하는 체제유지 이데올로기로서 통일 이념으로 제시되기에는 한계가 있다(박호성, 1997: 71-152). 또한 북한의 민족주의가 계급의식에 바탕을 둔 사회주의적 이데올로기라면, 남한의 민족주의는 발육부진의 양상을 보여줌으로써 이 둘은 모두 민족발전과 민족통합의 가치관으로는 그 한계가 있다(강광식, 1997: 97).

남한의 민족주의가 반공주의나 개발주의와 결합되어 반공민족주의(일민주의), 개발민족주의(경제성장론)로서 북한과의 체제대결, 체제경쟁 이데올로기로 기능해 왔다면, 북한의 민족주의는 김일성 민족주의, 평양중심 민족주의(조선민족제일주의)로서 마찬가지로 남한과의 체제대결과 체제경쟁 이데올로기로 기능하고 있다. 이처럼 분단하의 민족주의는 통합의 가치보다는 체제유지 혹은 남북 체제경쟁 이데올로기로 활용되어 왔으며, 이런 대립적, 경쟁적 분단 민족주의는 통일교육의 지향점으로는 적합하지 못하다.

2. 통일교육으로서 화쟁교육

그렇다면 민족공동체 의식형성을 위한 민족동질성 회복전략은 어디서부터 출발해야 할 것인가? 여기에서 바로 전통사상, 민족사상의 필요성이 요청된다. 남북은 심각한 이질화에도 불구하고 전통적 가치관을 공유하고 있으며, 특히 전통사상은 민족통합의 이념이 될 수 있다(정천구, 2002: 203). 우리의 전통사상은 한국인의 정체성의 모체가 될 뿐만 아니라, 조화와 화합의 가치관을 잘 간직하고 있다. 따라서 새로운 통일교육은 우리 민족 누구나 공감할 수 있는, 그리하여 민족적 결속력과 민족공통성을 회복할 수 있는 우리의 전통사상에 호소하는 교육을 해야 할 것이다.

전통사상의 핵은 다양한 개체의 특성을 전체에 결합함으로써 개전여일의 경지로 나아가는 것이다(방영준, 1992: 183). 단군신화의 천지인 사상과 한국불교의 교선일치, 동학의 유불선 결합은 이를 잘 보여준다. 화쟁국사로 불리우는 원효의 화쟁사상은 갈등과 대립의 화해를 핵심으로 한다는 점(전호련, 1998: 156)에서 한국 전통사상의 핵심을 잘 보여주고 있다.

기존 통일교육의 문제점을 극복하는 데 있어 화쟁사상은 가장 적합한 대안이 될 수 있으며, 이를 구체적으로 제시하면 다음과 같다.

첫째, 화쟁사상은 남북한 민족주의를 대신할 수 있는 전통사상이다. 앞서 살펴본 것처럼 현재 남북한의 민족주의나 민족적 가치는 동질적이기보다는 대립적이고 배타적인 성격을 강하게 내포하고 있기 때문에 민족동질성 회복전략으로 도입·적용하기에는 그 한계가 있다. 따라서 우리는 우리 민족의식 속에 자리하고 있는 전통사상을 통해 민족동질성 회복을 시도해야 할 것이다. 이런 점에서 전통사상의 하나인 원효의 화쟁사상은 올바른 대안적 민족주의 사상이 될 수 있을 것이다.

둘째, 전통사상인 화쟁사상을 통한 민족동질성 회복전략은 민족이질화 극복의 올바른 방향을 제시해 줄 수 있다. 화쟁사상의 통일교육에 대한 적용은 전통적 민족가치 복원을 통해 남북한 민족구성원들의 이질성을 동질성으로 전환할 수 있게 한다. 이는 이질적 사회문화의 통합뿐만 아니라 이질적 체제이념의 통합전략 또한 동시에 지니고 있다는 점에서 실질적인 민족이질화 극복방안이 될 것이다.

셋째, 화쟁사상은 남북한 체제이념의 대립을 극복할 수 있는 방안이 될 수 있다. 화쟁사상(和爭思想)은 다툼(爭)을 화해(和)시키는 데에 그 특징이 있다. 극심한 불교종파 간 대립이 원효 화쟁사상의 이론적 배경이었다면, 삼국의 대립과 갈등은 원효사상의 실천적 배경이라고 할 수 있다. 따라서 오늘날의 남북한의 극심한 이념적 대립과 갈등, 불신과 증오심을 하나로 원융회통하게 하는 화쟁사상이야말로 중요한 통일교육의 사상적 대안이라고 할 수 있다. 원효의 화쟁사상은 다툼 속에 있는 인간을 무애(無碍)통일인으로 전환할 수 있는 가능성을 보여준다. 원효의 화쟁사상은 다툼과 미움을 넉넉한 마음으로 회통하게 하는 원융무애(圓融無碍)의 전환가능성을 보여준다.

Ⅳ. 새로운 민족으로서 화쟁민족

1. 화쟁 민족주의의 필요성

통일의 단초는 민족애와 민족주의에서 발현되며, 통일한국은 민족주의를 근간으로 삼아야 한다(정지웅, 2004: 221). 민족주의는 민족을 으뜸으로 생각하는 정치이념이기에 민족통일문제를 민족주의를 고려하지 않고는 상상할 수 없다는 것은 당연한 일이다(이범웅, 2012: 325). 분단을 극복하고 남북주민을 통합하기 위해서는, 분단과 통일이라는 '우리만의 문제'를 해결하기 위해서는, 진정한 통일을 이루기 위해서는 민족주의가 필요하다(윤인진, 2007: 7; 배성인, 2002: 232). 이념갈등이 첨예한 가운데 민족주의 담론은 남북의 거의 유일한 접점(정영철, 2007: 18)이라고 할 수 있기 때문이다.

그러나 민족주의는 여러 점에서 비판받는 이념이기도 하다. 이러한 주장 중 대표적인 것은 근대적/탈근대적 민족주의론이라고 할 수 있으며, 에릭 홉스봄, 겔니, 베네딕트 앤더슨, 앤소니 스미스 등이 이에 해당한다(나종석, 2009: 62-63; 이용일, 2007: 165). 한국의 학계 역시 이들의 영향을 받은 근대론적 민족주의, 탈민족주의 연구자들이 중심을 이루고 있다. 권혁범(권혁범, 2009; 권혁범, 2000: 185-189)은 배타적 민족주의, 근대의 발명품으로서의 민족을 비판하면서, 민족동질성론 담론이 지니는 위험과 함정에 대해서 논의하고 있다. 임지현(1999: 49) 역시 역사를 날조하거나 허구적 신화를 창조하면서까지 민족적 정체성의 객관적 요소를 강조하는 보수적 민족주의에 대해 비판하고 있다. 즉 이들은 동질성 담론의 한계, 독재정당화의 수단, 획일주의와 배타주의 등의 문제를 지닌 민족주의에 대해 비판적인 입장을 보이고 있다.

그러나 이들의 민족주의에 대한 비판은 민족주의에 대한 일면적 이해라는 문제 제기 역시 존재한다. 이를 구체적으로 살펴보면, 첫째, 민족주의가 독재정당화의 이데올로기로 활용되어 온 것은 사실이지만 이는 민족주의 이데올로기에 대한 일면적 이해에 불과하다. Jenkins(1990: 9)는 민족주의는 자기완결적 논리구조를 갖지 못한 2차적 이데올로기라고 하였다. 이념적 가변성을 지닌 2차적 이데올로기인 민족주의는 역사적 변화에 열려있는 이데올로기이기도 하다(이범웅, 2012: 315). 이데올로기 자체가 허위의식으로서의 부정적 기능을 지닌 것인 동시에, 신념체계, 세계관과 같은 중립적 기능, 더 나아가 사회통합, 동원과 사기진작 등의 긍정적 기능 또한 지니는 열려있는 개념인 것이다.

둘째, 이와 같은 민족주의 이해는 강대국의 시각 혹은 서구적 시각에 입각하고 있다는 점에서 그 한계가 있다. 무엇보다도 한국에서 민족주의 연구는 강대국의 시각을 그대로 받아들인 것에 그치는 연구들이 많다는 것이다(김영명, 2002: 7-8). 기존 연구들은 민족주의의 거칢과 과잉을 염려하며, 심지어 민족주의를 구시대의 산물로 치부하고 있다. 그러나 이러한 민족주의 연구는 대부분 강대국의 시각을 그대로 받아들인 것이다.

셋째, 최근의 탈 민족주의 담론의 문제점이다(나종석, 2009: 71-83). 탈 민족주의 담론은 민족주의의 자민족 중심주의의 문제, 배타적 폭력적 문제를 제기하고 있는데, 이는 일제 식민통치에 저항하면서 본격화한 한국 민족주의 이론의 역사와 정신을 분석하고 이해하는 데에는 그 한계가 있을 수밖에 없다. 또한 탈민족주의론자들이 내세우는 민족주의의 억압성, 배타성은 다른 이념이나 담론에서도 공통적으로 나타날 수 있는 문제이지만, 이들은 이런 문제에 대해서는 침묵하고 있기에, 그들 스스로 이중적인 잣대를 보여주고 있다는 비판을 면하기 어렵다.

이러한 민족주의 비판론의 한계는 새로운 한국적 민족주의 사상의 정립 필요성을 보여준다. 또 하나의 중요한 민족주의의 극복과제는 분단 민족주의이다. 즉 새로운 통일시대 민족주의는 다음과 같은 극복과제를 또한 안고 있다.

첫째, 그간의 남북 민족주의가 이데올로기적 도구로 이용되어져 왔다는 점에서, 통일 민족주의는 탈 이데올로기를 추구하는 민족주의여야 한다. 기존의 분단 국가주의가 분단 트라우마, 분단 아비투스와 같은 분단의식을 강요해 온 이데올로기였다면, 통일 민족주의는 이로부터 벗어날 수 있는 통합과 치유의 사상이어야 한다.

둘째, 남북한의 민족주의가 국민≠민족을 추구해 온, 분단 국가주의, 반공국민/반제인민을 추구해 온, 부정적 통합을 추구해 온 부정적 이데올로기였다면, 통일 민족주의는 남북한의 모든 민족을 아우르는 긍정적 통합의 민족주의, 새로운 민족적 공통성을 생산해내는 생산적 민족주의가 되어야 할 것이다. 통일 민족주의는 민족통합 통일의 기능을 복원한 진정한 의미의 통일 민족주의, 통합 민족주의여야 할 것이다.

셋째, 기존의 남북 민족주의가 체제 옹호논리에 불과했다면, 통일 민족주의는 아래로부터의 민족주의와 위로부터의 민족주의가 변증법적으로 통합되는 민주적 민족주의, 민족주의와 민주주의의 결합이 이루어지는 새로운 민족주의여야 할 것이다.

2. 화쟁 민족주의

화쟁 민족주의는 다음과 같은 점에서 대안적 민족사상, 대안적 민족교육으로 제시될 수 있다.

첫째, 화쟁 민족주의는 기존의 민족주의가 지니고 있는 배제와 폭력의 문제를 극복할 수 있는 가능성을 지니고 있다. 서구 중심적 세계관, 서구 중심적 민족주의론은 서양근대의 이분법적 세계관에 기초해 있다. 이는 동일성에 바탕을 둔 우열과 배제의 논리이다. 화쟁사상은 동일성의 철학을 극복할 수 있는 차이의 철학 연기(緣起)의 철학이다. 원효의 철학은 실체론이 아니라 연기론, 이분법적 모순율이 아니라 퍼지의 사유, 동일성이 아니라 차이의 철학(이도흠, 2015: 41)이라고 할 수 있다. 화쟁은 연기에 대한 깨달음(이도흠, 2015: 96)이자 연기적 사유방법(박태원, 2017: 43)이다. 연기에 대한 깨달음은 타자이던 모든 생명이 나와 같은 연관을 맺고 있는 또 다른 나임을 깨닫는 것이다. 연기적 사유에 의하면 나와 너의 구분이 사라지고 나와 너의 하나 됨이 이루어진다. 화쟁은 연기의 철학, 화해의 사상이기에 이러한 기존 민족주의의 배제와 폭력, 지배와 억압의 논리를 극복할 수 있는 대안적 사상, 대안적 민족주의가 될 수 있는 것이다.

둘째, 통일 민족주의는 분단 민족주의를 극복할 수 있어야 한다. 분단인으로부터 통일인으로의 전환이 어떻게 가능한지를 화쟁의 인간학은 다음과 같이 설명하고 있다(안승대, 2007: 37). 원효는 인간의 마음 세계는 두 가지 모습, 즉 진여문과 생멸문이 있으며, 진여문이 불변하는 청정본성이라면, 생멸문은 염오지심으로서 늘 생멸연기가 일어나는 곳이라고 보았다. 즉 진여문이 깨달음이 일어나는 곳이라면, 생멸문은 깨닫지 못한 상태이다. 원효는 이문일심사상(二門一心思想)을 통해 이문이 화합하고 회통할 수 있으며, 두 마음이 곧 한 마음(一心)으로 귀원할 수 있음을 제시한다. 분단인이 생멸문에 머무는 인간이라면, 진여문은 통일인으로 전환하는 모습, 즉 분단인의 통일인으로의 전환 가능성을 보여준다.

일심, 즉 민족의 하나된 마음은 이문, 즉 분단 민족의 마음으로 나타난다. 진여와 생멸문은 통섭이 가능한 것이다. 생멸의 마음속에도 청정한 본심을 깨달아 그곳으로 돌아갈 수 있는 씨앗이 있다. 분단의 마음속에도 통일의 마음을 깨달아 그곳으로 돌아갈 수 있는 씨앗이 있다. 일심은 이문을 포함하기에 이것이 가능하다. 즉 민족의 하나된 마음은 모두를 품을 만큼 넉넉하기에 이것이 가능하다.

셋째, 통일 민족주의는 분단 민족, 분단 국민이 지니고 있는 분단의 상흔, 분단의 아비투스와 분단의 트라우마, 분단의 이데올로기에서 벗어날 수 있는 이념이어야 한다. 화쟁사상은 인집(人執), 법집(法執)론을 통해 이와 같은 탈 이데올로기로서의 가능성을 보여주고 있다(정천구, 2003: 7; 안승대, 2007: 39-40; 안승대, 2019: 181). 원효는 인집과 법집이 모든 번뇌와 고통의 원인이며, 이에서 벗어나 일심귀원할 것을 주장한다.

분단 이데올로기와 분단 아비투스, 분단 트라우마는 왜곡된 분단 국가주의에 대한 집착, 왜곡된 분단 이데올로기에 대한 집착으로 인해 생겨난 것이다. 분단 국민은 그들이 지지해 온 분단권력의 권위에 복종하는 것, 북한(혹은 남한)에 대한 증오를 가지는 것이 민족에 대한 헌신인 양 착각하고 집착한다. 원효에 의하면 인집과 법집은 삿된 집착이요 망상이다. 그러나 분단국가의 권위에 집착하는 것은 분단 트라우마, 즉 분단의 상처를 전치한 왜곡된 허상에 대한 집착일 뿐이며, 결코 온전한 민족적 자긍심이 될 수 없다. 분단 이데올로기, 분단 아비투스에 집착하여 상대방을 증오하는 것은 결코 온전한 사람의 마음, 민족의 마음일 수 없으며 도리어 증오의 마음, 반민족의 마음을 키울 뿐이니 결코 온전한 나, 온전한 민족의 일원인 내가 될 수 없다. 분단국가는 온전한 민족국가가 아니기에 이에 대한 집착을 버리고 분단국가≠민족국가의 현실을 자각하고 깨달아야 한다. 분단 이데올로기, 분단 아비투스, 분단 트라우마는 온전한 진리가 아니기에 이에 대한 집착을 버리고 통일의 마음, 민족의 마음을 깨닫고 귀원일심하여야 한다.

V. 화쟁사상과 호국교육

현재의 안보 위기 속에서 애국사상, 호국사상의 역사적 근원인 삼국시대의 호국 불교 사상과 원효의 화쟁사상에 대해 탐구해 볼 필요성이 있다.

우선 이 글은 신라불교의 호국불교적인 특징에 대해 살펴보게 될 것이다. 다음으로는 통불교의 특징을 잘 보여주는 원효의 화쟁사상에 대해 알아보고자 한다. 마지막으로 이 글은 통불교와 호국불교의 애국교육, 호국교육에의 의의와 시사점에 대해 제시해 보고자 한다.

1. 한국 불교의 두 특성

불교는 수천 년 동안 우리 민족과 함께해 온 민족의 사상이자 전통문화이다. 한국불교는 한민족의 모든 사상문화와 융화되어 하나의 민족불교로 성립되었다. 이처럼 불교는 한국의 사상이자 종교(최병헌, 1995: 78)로 자리 잡아 왔다.

육당 최남선은 『조선불교통사』에서 인도불교는 시론적인 불교, 중국의 불교는 각론적인 불교라면, 한국의 불교는 결론적인 불교라고 하고 있는데, 이는 한국불교의 통불교의 특징을 말하고 있는 것이다. 그는 이러한 결론적인 불교, 통불교의 사상으로 원효의 화쟁회통사상을 대표적인 예로 들고 있다. 즉 그는 원효의 화쟁사상, 회통사상을 한국 통불교의 사상적 밑바탕으로 보고 있다.

그러나 한국불교는 호국불교의 특징을 또한 지니고 있다. 불교는 원래 초국가적인 성격을 지닌 종교였다. 불교는 본래 이성적이며 보편적 성격을 가진 것으로서 국가와 민족을 초월한 초국가적 종교이다(유흔우, 1995: 16). 그러나 한국에서 불교는 삼국시대의 국가형성을 기초가 되었으며, 고려 시대에는 국가가 연등회와 팔관회를 주관할 정도로 불교국가의 모습을 띠었다.

이처럼 한국불교는 통불교이자 호국불교의 특징을 동시에 지니고 있다. 이러한 한국불교의 통불교는 주로 교리적인 측면에서의 용어이고, 정치사회적인 면에서는 호국불교라고 한다(최병헌, 1995: 16). 즉 통불교가 불교사상, 불교교리적인 측면에서의 한국불교의 특징을 말하는 것이라면, 호국불교는 정치사회적인 측면에서의 특징을 일컫는 것이라고 할 수 있다. 이병욱(2023: 2) 역시 한국불교의 특징을 호국불교, 종합불교(회통불교)로 보고 있으며, 이봉춘(1989: 170-173)은 문화수용의 포용성, 호국불교, 통불교의 원융성을 한국불교의 특징으로 보고 있다.

1) 호국불교사상

호국불교의 전통은 우리나라에 불교가 전래된 당시의 정치사회적 배경과 연관이 있다. 한반도에 불교가 전래된 시기는 삼국이 국가를 막 형성하기 시작한 즈음이었다. 고구려에는 소수림왕 때(372년) 중국 전진의 승려 순도를 통해 불교가 전래된 것으로 알려져 있다. 고구려의 불교는 이후 국력강화와 왕권신성화에 기여하였다. 백제에는 근초고왕 때(384년) 마라난타라는 승려를 통해 불교가 전해졌으며, 특히 문화와 예술에 큰 영향을 미쳤다. 또한 백제는 일본에 불교를 전파하는 가교의 역할을 담당하기도 하였다. 신라는 법흥왕 때(527년) 이차돈의 순교를 계기로 불교를 공인하였다.

이처럼 한반도에 불교가 전래된 시기는 고구려, 백제, 신라가 고대국가의 기틀을 마련해 가던 시기였다. 고대국가는 부족전통을 인정하면서도 이들을 포섭하고 종합해 나갈 필요가 있었으며, 이러한 고대 문화정신 수립, 고대국가의 정신적 기반 마련에 불교는 기여하였다. 즉 불교는 고대국가의 발전 단계에서 인간사회의 각종 갈등과 모순을 한 차원 높은 수준에서 깨닫게 함으로써 초부족적 국가정신과 새로운 사회윤리관의 확립에 기여하여 고대국가의 정신적 기반을 마련해 준 것이다(최병헌, 1995: 78-79).

이처럼 한국 불교는 처음부터 국가적 색채를 띠고 있었다. 이러한 국가적 색채개 가장 두드러진 것은 신라 불교였다. 신라는 당시 고대 국가 성장이 가장 늦었으며, 불교를 통하여 국가체제 정비와 왕권강화를 추진(최병헌, 1995: 81)할 필요성이 있었다.

신라불교의 호국불교, 국가불교의 모습을 살펴보면 다음과 같다. 첫째, 신라는 왕권강화, 국가의 정신적 통합을 위해 불교를 적극적으로 활용하였다. 신라는 법흥왕, 진흥왕, 진지왕. 진평왕, 선덕여왕, 진덕여왕 등 왕들의 왕명을 불교왕명으로 짓고, 이후 태종무열왕, 문무왕 등이 불교를 신봉하고 불교적 제왕이 되기 위해 노력하였다(정천구, 2010: 94). 그들은 신라를 불국토, 동천축으로 바라보고, 불교국가로 만들기 위해 노력했으며, 이 속에서 불교는 강력한 국가종교로 작용하였다.

둘째, 신라불교의 호국사상은 국가를 보호하는 기능, 통치이념으로서의 기능(정천구, 2010: 96-97)을 담당하였다. 국가사회를 보호하고 통합하는, 새로운 사회질서와 가치체계와 윤리 등이 요구되는 시기에 정법치국사상에 입각한 불교의 호국사상은 그에 걸맞은 기능과 역할을 수행해 왔던 것이다.

셋째, 신라불교는 각종 불교행사와 법회 등을 통하여 국가를 통합하는 보호하는 기능을 담당하였다. 진호국가법회의 성격을 가진 백고좌법회(백고좌회)나 전사자 위령제의 성격을 가진 팔관회 같은 법회는 보국불교의 모습을 잘 보여준다(최병헌, 1995: 82; 정천구, 2010: 93).

넷째, 이와 같은 국가불교, 호국불교의 모습은 원광, 자장과 같은 신라 고승들의 적극적인 국가참여, 정치참여를 통해서도 잘 알 수 있다. 그들은 우선 백고좌법회, 팔관회와 같은 호국성격을 불교행사를 주최하는가 하면, 황룡사 창건과 같은 국가수호의 상징물 건립 등을 통하여 호국불교를 실천하는 데에 앞장섰다.

원광, 자장, 안함 등이 행한 호국불교의 모습은 다음과 같다(고영섭, 2002: 54-65). 원광법사는 국사로 중용되어 군사를 청하는 「걸사표」를 쓰면서, "자신이 살기 위해 남을 없애려는 것은 사문의 행일 수는 없으나, 빈도(貧道)는 대왕의 땅에 살고, 대왕의 수초를 먹고 있으니 어찌 감히 명을 따르지 않을 수 있겠는가"라고 하면서 그 청에 응하였다. 즉 원광은 출가승려이지만 현실 속에서 불교를 보편화시키는 호국, 호법의 길을 걸었던 것이다. 원광의 세속오계, 특히 살생유택의 계율은 이러한 국가수호와 불교의 가르침을 조화시키고자 한 그의 사상을 잘 보여준다.

안함(安含)은 신라의 위대함을 보여주는 상징물인 황룡사 구층탑 건립을 건의하는가 하면, 신라불국토설을 주장하기도 하였다. 자장은 당나라 유학에서 돌아

온 이후 부처님 나라 만들기에 전력하였다. 자장은 대야성 함락으로 비롯된 나라의 위기를 극복하고 국민들의 의식을 한 곳으로 모으기 위해 불교를 중심으로 한 정치를 제시하였다. 대국통에 취임하여 황룡사 구층탑을 세운 것 역시 이로부터 비롯된 것이었다. 자장은 신라를 중심으로 한 삼국통일의 믿음과 신념을 설파하였으며, 황룡사 건립 등으로 부처님 나라 만들기, 강력한 국가 만들기에 진력하였다.

이와 같은 호국불교, 호국불교 사상은 고려와 조선으로 이어지는 한국불교의 중요한 특징이었다. 고려는 불교국가 그 자체였으며, 전사자를 위령하는 팔관회를 국가에서 주관하는 등 호국불교의 모습을 이어나갔다. 또한 몽고 침입을 격퇴한 김윤후가 승려였다는 데에서 잘 알 수 있는 것처럼, 고려불교는 호국불교의 전통을 잘 보여주고 있다. 이는 조선시대 임란 당시 사명당과 유정같은 승병의 활약으로 이어져 조선 시대까지 호국불교는 한국불교의 중요한 사상이자 특징으로 자리해 왔음을 알 수 있다.

2) 원효의 화쟁사상

한국불교는 이처럼 고대국가 수립기에 전래되어 고대국가 수립에 정신적 토대로, 국가통합, 사회통합의 이념으로 그 역할을 담당하는 등 호국불교의 특징을 나타내었다. 그러나 한국불교의 또 다른 중요한 특징은 회통불교, 즉 통불교의 특징이다. 이는 불교가 한민족의 사상적 전통과 그 궤를 같이 하였음을 말한다.

한국 전통사상의 특징은 묘합의 원리(이을호: 16)라고 할 수 있다. 단군신화 속 신인관계에 있어서나 인간대 인간관계에 있어서 모순, 갈등, 반목, 대립 대신 합일에의 조화(이을호: 16)를 추구하는 것에 한국 전통사상은 그 특징이 있다. 한글 창제원리 속의 천지인 합일사상, 동학의 인내천, 불교의 화쟁회통이 모두 이에 속한다.

원효의 화쟁사상은 그중에서도 한국 전통사상의 정수이자 핵심사상으로 거론되고는 한다. 원효 화쟁사상의 특징으로는 다음과 같은 것들이 있다.

첫째, 원효의 화쟁사상은 화합의 사상이라는 것에 그 특징이 있다. 화쟁사상

(和諍思想)은 다툼(爭)을 화합(和)하게 하는 사상이다. 화쟁사상은 모든 논쟁을 화합하게 하는 데에 그 목적이 있다. 『십문화쟁론』을 보면 원효의 화쟁사상의 목적이 부질없는 논쟁과 다툼을 화해・회통하는 것에 있음을 알 수 있다.

> 여래가 세상에 계실 때에는 원음에 의지하였으나, … 비처럼 흩뿌리고 부질없는 공론이 구름처럼 분분하였다. 혹자는 나는 옳은데 다른 사람은 그르다고 하였으며, 어떤 사람은 자신의 설은 그럴듯하나 타인의 설은 그렇지 못하다고 하였다. … 융통하여 서술하고, 그 이름을 십문화쟁론이라고 하였다. 모든 사람들이 이를 칭찬하지 않은 사람이 없고, 모두 좋다고 하였다(원효, "十門和諍論", 『한국불교전서』, 1: 838).

화쟁은 구름처럼 분분한 여러 설들을 융통하는 사상이다. 화쟁은 또한 화해를 지향함으로써 대립과 갈등을 치유하고 극복할 수 있다. 화쟁은 불교적 세계관인 연기론적 세계관 위에 서 있다. 연기론(緣起論)은 연(緣)하여 일어난다(起)는 것이니, 세상만물은 여러 조건들이 화합하여 일어난다는 것이다. 내가 너로 인해 존재하고, 너 또한 나로 인해 존재한다. 우리 모두는 서로 의지하는 원인이자 결과이기에, 대립과 갈등은 그 자체가 공허하다. 연기에 대한 깨우침은 따라서 갈등을 극복하고 화합하게 하는 출발점이며, 이를 깨우치면서 우리는 진정한 인류공영의 이상에 보다 한걸음 더 다가갈 수 있는 것이다.

둘째, 이를 실현하는 화쟁교육의 구체적인 원리는 긍정과 부정의 자재, 개합과 입파의 자재의 논리이다. 긍정하지 않음이 없고 부정하지 않으면서 모든 것을 허락하고 모든 것을 부정한다. 개합이 자재하고 입파가 무애한 자유자재의 논리를 통해 화쟁을 전개해 나간다.

> 이 논서(기신론)의 뜻은 이미 이와 같아서, 펼치면 헬 수 없고 가없는 뜻을 근본으로 삼고, 합치면 이문일심의 법을 요체로 삼으니 두 문의 안에 만 가지 뜻을 받아들이면서도 어지러움이 업고, 가없는 뜻이 일심과 같아서 혼융되어 있다. 그러므로 개합이 자재하고(開合自在) 입파가 무애하니(立破無礙) 펼쳐도 번거롭지 않고 합쳐도 협소하지 않으며, 세워도 얻음이 없고 깨뜨려도 잃음이 없다(원효, "大乘起信論疏", 『한국불교전서』, 1: 698).

원효가 이처럼 모든 논리를 뛰어넘고자 한 것은 각각의 주장이 개별로 보면 옳은 측면이 있기 때문이다. 전체로 보아 이는 모두 포섭되고 통융될 수 있다. 즉 긍정되고 인정되어 펼쳐져야 한다. 그러나 또한 각각의 주장에만 얽매여서는 안 된다. 또한 부정되고 합쳐져야 한다. 긍정과 부정, 개합과 입파가 자유자재로 전개되어야 하는 것이다. 이 속에서 인류를 위한 교육, 모든 사람이 함께 어울리는 사회는 실현될 수 있다.

2. 호국교육에 대한 시사점

이상에서 살펴본 것처럼, 한국 불교는 나라사랑, 애국정신, 호국정신을 특징으로 하는 호국불교임과 동시에, 통불교의 사상 역시 그 특징으로 하고 있다. 이는 한국불교의 두 모습이다. 한국 불교의 정치사상적인 특징이 국가불교, 호국불교라면, 불교교리적, 불교사상으로서의 특징이 화쟁사상의 통불교적인 특징인 것이다. 한국사회의 국가적 과제, 정치사회적 과제에 대한 실천이 호국불교였다면, 한국불교, 더 나아가서는 세계 불교의 철학적, 사상적 과제에 대한 응답이 화쟁사상이라고 할 수 있다.

호국불교로서의 전통, 통불교로서의 전통은 이질적인 모습 또한 보여 준다. 호국 불교가 왕이나 지배층을 위한 불교, 귀족 불교, 엘리트 불교의 전통 위에 서 있는 것이라면, 화쟁사상과 같은 통불교의 전통은 누구든지 구제받을 수 있다는 여래장(如來藏)으로서의 인간관 위에 선, 중생구제를 위한 불교의 보편적 전통 위에 서 있다. 국가사상, 지배 사상으로서의 기능과 역할이 국가불교, 호국불교에게 있다면, 불교교리로서의 기능과 역할, 중생구제를 위한 중생을 위한 불교의 기능과 역할이 통불교, 화쟁사상에게 주어져 있는 것이다.

어찌보면 한국 불교의 이와 같은 두 모습, 두 가지 특징은 둘이지만 또한 다르지 않은 不一不二의 한국불교의 모습, 같지만 다르기도 한, 다르지만 같기도 한 비동비이(非同非異)의 한국불교의 모습이기도 하다. 이병욱(2023: 26)은 이와 같은 한국불교의 회통불교와 호국불교의 모습이 대승불교의 사상인 공(空)과 자비

(慈悲)와 연결된다고 보았다. 어떤 것에도 집착하지 않는(空) 것이 회통불교이며, 중생을 사랑하는 마음(慈悲)에 근거해서 일어난 것이 호국불교의 활동이라는 것이다. 이처럼 호국불교와 통불교(화쟁사상)는 대승불교의 같은 모습이 다르게 나타난 것이며, 같은 마음(一心) 아래 일어나는 두 개의 실천형태(二門)인 것이다.

이러한 호국불교사상, 화쟁사상으로 나타나고 있는 한국불교의 현재의 한국 호국교육, 호국사상에 대한 시사점을 제시하면 다음과 같다. 첫째, 호국불교와 화쟁사상(통불교사상)은 이 땅 위의 사람들에 대한 사랑의 실천사상이라는 점이다. 호국불교는 이 땅 위에 선 사람들에 대한 사랑의 실천이 곧 도반의 길임을 보여준다. 화쟁사상 역시 如來藏, 一心二門 사상을 통해 이 땅위에 살아가는 그들이 진정 부처이며, 이 땅의 주인임을 일깨워준다.

둘째, 호국불교와 화쟁사상은 이 땅을 지키기위한 교육의 중요성을 일깨워준다. 호국불교는 이곳이 곧 불국토이며, 이 땅을 지키는 것이 도반의 과제임을 말한다. 화쟁사상과 그 주창자인 원효 역시 이 땅에 걸맞은 한국불교의 실천을 위해 애썼으며, 진(眞)과 속(俗)이 다르지 않음을(眞俗不二), 우리가 서 있는 이 곳이야말로 진정 소중한 불국토임을 일깨워주고 있다.

Ⅵ. 화쟁교육론의 교육목적과 실천원리

이와 같은 도구주의 교육을 극복하기 위한 화쟁의 통합교육, 분단을 극복하는 화쟁의 통일교육, 기존 민족주의의 한계를 극복할 수 있는 화쟁 민족교육, 호국불교의 전통에 따른 호국교육을 실천하기 위한 화쟁교육의 교육목적과 실천원리를 제시하면 다음과 같다.

1. 교육이념과 교육목적: 인간 · 사회 · 교육

화쟁의 교육이념은 현재 한국교육의 교육이념인 홍익인간 교육이념의 문제점을 보완(안승대, 2018: 122-127)하고자 하며, 이를 위해 인간관, 사회관, 교육관으로 화쟁하는 인간인 화쟁인, 화쟁하는 사회로서 화쟁사회, 그리고 화쟁하는 교육을 제시하고자 한다. 인간관인 화쟁인은 무애인이며 이는 곧 홍익인간의 실현을 말한다. 화쟁하는 인간은 불각의 존재에서 각의 존재로 거듭나기 위해 노력하는 인간이며, 깨달음의 경지에 다다른 인간, 일체의 자유의 경지에 올라선 인간인 무애인을 말한다. 무애는 화쟁의 목표이자 결과이기도 하다. 모든 다툼들을 화해하는 것이 화쟁의 목표이며, 무애는 그러한 일체의 다툼으로부터 자유로워지는 경지에 오른 인간을 말한다. 원효는 긍정과 부정의 자재, 개합과 입파의 자유로운 전개를 화쟁의 방법으로 사용하였다. 무애인은 이처럼 그 어떤 논리에도 막힘이 없고 자유로운 깨달음의 경지에 이른 인간을 말한다.

교육은 인간을 인간답게 하는 인간형성 작용이다. 여기서 인간다운 인간이란 이상적인 인간, 깨달음의 경지에 이른 인간, 도덕적이고 지적인 삶을 추구하는 인간을 말한다. 이는 화쟁을 통해 깨달음의 경지에 이른 인간, 모든 차별과 분별로부터 자유로운 인간, 즉 무애인을 말한다. 분단 이데올로기와 이기심, 자신에 대한 집착과 자기가 속한 민족에 대한 집착마저도 여읠 수 있는 자유로운 인간이 곧 무애인이며, 이는 곧 홍익인간이 지향하는 인간인 것이다. 화쟁을 사용하며, 화쟁을 통해 소통하고, 화쟁을 통해 깨달음으로 나아가는 화쟁하는 인간, 즉 무애인이 화쟁사상이 추구하는 인간인 것이다.

화쟁사회는 화쟁의 교육이념이 추구하는 사회관이며 이는 곧 홍익사회이다. 이는 다양함이 서로 다투어 논쟁하면서 공존하는 민주주의 사회이자 개인과 사회가 조화롭게 살아가는 공동체의 사회이다. 화쟁의 사회는 연기의 사회, 연기적 세계이다. 화쟁의 사회는 자연과 사회, 우주 삼라만상에 걸쳐 모두가 공존 공영하는 생태사회, 평화의 세계이기도 하다. 화쟁의 사회는 개발주의보다는 건전하고 지속가능한 생태사회를 추구한다. 자연에 대한 인간의 지배보다는 자연과의 공존, 공영을 추구하는 생태사회를 추구한다. 화쟁사회는 통일과 통합을 추구하는 사회이다. 극심한 분열과 대립, 남북의 분단사회는 자신이 속한 집단의 논리와 이데올로기에 열광하는 집착과 편견을 심화시켰다. 화쟁사회는 서로 간의 소통과 공존을 추구하는 불일불이의 통일세상, 통합사회를 추구하는 사회이자 이는 곧 홍익사회이기도 하다.

화쟁의 교육관은 깨달음을 실현하는 교육이며 홍익사회를 실현하는 교육이다. 칸트는 교육을 인간형성작용, 인간을 인간답게 하는 것이라고 정의하였다. 이처럼 교육은 보다 높은 인간다움을 지향하게 하는 것이며, 인간답지 못함을 인간다움으로 변화시켜 나가는 변화의 과정이다. 화쟁의 교육은 한국의 입시경쟁교육을 넘어설 수 있는 공존 공생의 교육이다. 화쟁의 교육은 서로 경쟁하고 다투되, 화해와 통합으로 나아가는 것을 지향하는 교육이다. 화쟁의 교육은 경쟁을 위한 경쟁이 잘못된 것임을 깨닫고, 보다 큰 자아, 보다 큰 세계를 지향하도록 하는 깨달음의 교육이다.

화쟁의 교육은 깨달음(覺)의 과정이자 깨달음을 지향하는 변화의 과정이다. 화쟁의 교육은 우선 무애를 향한 깨달음을 추구한다. 화쟁의 교육은 무애인이 되기 위한 과정이며, 일체의 번뇌와 집착에서 벗어나려는 노력을 말한다. 화쟁의 교육은 연기에 대한 깨달음이다. 화쟁의 교육은 너와 내가 다르지 않음을 깨우치는 연기에 대한 깨달음이자, 조화롭고 평화로운 생태적 세계, 민주주의 세계로의 입문 과정이며, 홍익사회로의 입문이다. 화쟁의 교육은 화쟁을 실천하고 실현하는 과정이자 노력을 말한다. 화쟁의 교육은 화쟁이 목적이자 내용이며 방법인 교육인 것이다. 화쟁의 교육은 다툼을 화해하는 방법을 습득하고 실천하는 과정이다. 화쟁의 교육은 여러 이설(異說)들을 배우고, 그것을 긍정하고 부정하며, 전개하고 통합하며, 폭넓게 배우고 본질을 꿰뚫어보는 화쟁의 논리를 실천하고, 이를 통해 진리의 세계, 우주와 사물의 본질을 깨달아가는 과정인 것이다.

2. 화쟁교육의 실천원리

화쟁교육론은 평화와 통합의 사회, 홍익사회를 실현하기 위한 구체적인 실천원리로서 불일불이의 원리, 개합과 입파의 원리, 다툼속에 화합하는 주체, 즉 화쟁인이라는 세 가지 실천원리를 가진다. 이는 차별과 배제의 논리 극복을 위한 실천원리, 일심이라는 민족공동체를 지향하는 무애의 실현원리, 다투며 화합하는 화쟁인의 실현의 원리를 각각 보여주고 있다. 불일불이의 원리는 기존 서구사상의 동일성의 원리, 배제와 폭력의 논리를 극복할 수 있는 실천원리이다. 개합과 입파의 원리는 모든 논리로부터 자유로운 무애의 사유에 도달할 수 있는, 즉 일심화쟁으로 나아가는 깨달음의 실천원리이다. 화쟁인은 이러한 깨달음 속에서 다투면서, 화쟁하면서 살아가는 화쟁민족의 실현원리, 화쟁인의 실현원리라고 할 수 있다. 이를 구체적으로 살펴보면 다음과 같다.

1) 불일불이(不一不二)의 원리

불일불이의 원리는 하나가 아니지만 그렇지만 둘인 것도 아닌 상태로 통합하는 원리이다. 기존의 서구사상에 입각한 근대교육은 동일성 원리에 의한 배제와 차별의 위험성을 내포하고 있었다. 불일불이론은 동일성에 대한 우열이 아니라 차이를 통하여 자신을 드러내는 논리이다. 그것은 다른 사람을 통하여 자신을 발견하는 것이기에 투쟁과 모순의 논리가 아닌 상생의 사실체계이다(조수동, 2010: 89). 즉 불일불이의 원리는 기존 서구의 동일성의 논리를 차이의 논리, 상생의 논리로 전환하는 화쟁 교육의 실천원리인 것이다.

> 하나가 아니지만 둘을 융합하였으므로(不一而融二) 진 아닌 현상이 일찍이 속이 된 것이 아니고, 속 아닌 이치가 일찍이 진이 된 것도 아니다. 둘을 융합하였지만 하나가 아니므로(融二而不一) 염정의 현상이 갖추어지지 않음이 없다.

이처럼 화쟁은 모든 진리가 둘인 것이 아니지만 하나도 아니기에 각각의 논리는 존중되고 혼융되어야 함을 주장한다. 즉 화쟁의 논리는 하나만을 고집하는 동일성의 논리를 극복하는 불일불이의 논리인 것이다. 불일불이는 차이를 통하여 공존을 모색하는 것(이도흠, 2014: 72)이며 서로 간 차별을 인정하고 조화로운 하나를 형성하는 이론, 하나가 아니면서 둘을 융섭하는 것이다(조수동, 2010: 89). 화쟁의 근본원리인 불이는 이것과 저것, 하나와 여럿, 우주와 나, 자연과 나, 사회와 나, 너와 나, 이 세상 모든 것이 둘이 아니라는 통찰에 기초하여 상생의 문명을 건설해 나가기 위한 새로운 패러다임(유문무, 2017: 51)인 것이다.

이는 나와 너, 남과 북의 하나 됨을 추구하지만 그렇다고 온전히 하나인 것도 아닌, 차이가 공존하는 상태로의 통일을 추구한다. 또한 민족의 하나 됨을 추구하지만 다른 민족과 차별을 가지지 않는 나와 우리, 남북과 세계가 혼융되어 하나이며 둘이자 여럿인 통찰에 기초하여 평화세상, 홍익세상, 공생의 문명을 추구해 나가는 원리인 것이다.

2) 개합(開合) 입파(立破)의 원리

원효의 논리는 화쟁의 논리이며 그것은 개합과 입파의 논리이다. 즉 화쟁은 개합과 입파를 통해 일심의 본래성인 무애를 실현한다(이효걸, 2002: 20-27).

> 이 논서(기신론)의 뜻은 이미 이와 같아서, 펼치면 헬 수 없고 가없는 뜻을 근본으로 삼고, 합치면 이문일심의 법을 요체로 삼으니 두 문의 안에 만 가지 뜻을 받아들이면서도 어지러움이 업고, 가없는 뜻이 일심과 같아서 혼융되어 있다. 그러므로 개합이 자재하고(開合自在) 입파가 무애하니(立破無礙) 펼쳐도 번거롭지 않고 합쳐도 협소하지 않으며, 세워도 얻음이 없고 깨뜨려도 잃음이 없다.

> 그러므로 파함이 없지만 세우지 않음이 없고 세움이 없지만 세우지 않는 것이 없다. 無理之至理 不然之大然인 것이다.

개합자재와 입파무애는 긍정하지 않음이 없고 부정하지 않음이 없으면서 모든 것을 허용하며 또한 모든 것을 부정한다. 긍정과 부정에 거침이 없는 사유, 모든 것을 긍정하고 부정하며 새로운 질서의 세계로 나아가는 창조의 과정으로서의 화쟁, 분단에 구애됨이 없이(無碍) 자유롭게 통일의 새로운 논리를 만들어가는 원리가 곧 화쟁 교육, 화쟁민족의 개합입파의 원리인 것이다. 긍정을 하지만 끝까지 긍정에 매달리는 것이 아니요, 부정을 하지만 역시 부정에 끝까지 매달리는 것이 아니니, 이것이 자재의 의미이며 이는 곧 대긍정의 태도로 전환할 수 있는 계기를 마련하는 것이기도 하다(최유진, 1991: 233-240).

이는 무엇에도 걸림이 없는 무애인, 자유인의 사유를 말하는 것이며, 이러한 거침없는 사유, 무애의 사유를 통해 무애인은 분단인과 근대인의 굴레를 벗어나 통일의 논리를 만들어 나갈 수 있는 통일인, 자유인으로 거듭나게 되는 것이다.

3) 다툼 속에 화합하는 주체(和諍人)

다툼(諍) 속에 화합하는(和) 주체는 다름 아닌 화쟁인이며, 이는 화쟁 교육의 인간상이기도 하다. 일심이문으로서의 자아, 즉 생멸문에서 진여문으로 거듭날 수 있는 화쟁의 자아, 화쟁의 민족자아인 것이다. 원효에게 일심이란 모든 중생들의 근원이며 또 돌아가는 곳이기도 하다. 인간이 분별하고 다투는 것은 일심의 근원에서 멀어져 있기 때문이지만 일심으로 인해 화해하고 회통할 수 있다(정천구, 2003: 4).

> 기신론의 심진여문은 능가경에서 "적멸한 것을 일심이라 한다"는 것을 해석한 것이고, 심생멸문은 능가경에서 "일심이란 여래장을 말한다"고 한 것을 해석한 것이다. 모든 법은 생멸하지 않고 본래 적정하여 오직 일심이기 때문에, 이러한 것을 심진여문이라고 말한 것이다. 또한 일심 그 자체는 본래 깨달음이지만 무명에 따라 움직여서 생멸을 일으킨다. 이 때문에 이 문에서는 여래의 성품이 감춰져서 나타나지 않아 여래장이라고 말하는 것이다. … 이문이 이와 같은데 어찌하여 일심이 되는가? 염정제법은 그 본성이 둘이 아니고, 진과 망의 이문도 다를 수 없다. 그래서 "일"이라고 한다. 이 둘이 없는 곳에서 모든 법은 실하여 허공과 같지 않아, 그 성품은 스스로 신통한 이해력을 지니고 있기에 "마음"이라고 말한 것이다. 그러나 이미 둘이 없는데 어찌 하나가 있을 수 있겠는가? 하나가 없는데 무엇을 가지 마음이라 이를 것인가? 이러한 도리는 말을 떠나고 생각을 끊는 것인바, 어떻게 불러야 할지 몰라서 할 수 없이 "일심"이라 부르기로 한 것이다.
>
> 이 논서(기신론)의 뜻은 이미 이와 같아서, 펼치면 헬 수 없고 가없는 뜻을 근본으로 삼고, 합치면 이문일심의 법을 요체로 삼으니 두 문의 안에 만 가지 뜻을 받아들이면서도 어지러움이 업고, 가없는 뜻이 일심과 같아서 혼융되어 있다.

진여문, 생멸문은 일심 속에서 화해하고 회통할 수 있다. 다툼 속에 기어코 화합하는 주체로 거듭날 수 있는 것은 바로 이 일심으로 인해서이며, 무명의 바람 속에서 근대교육의 고립된 자아, 분단교육의 분단자아에 머무는 것은 밝혀 깨닫지 못하기 때문이다. 화쟁은 다툼 속에서 세상의 이치를 깨닫고 일심으로 나아가게 하는 깨달음의 원리이다. 화쟁인은 바로 이렇게 다툼 속에서 기어코 화합하는 통일 통합의 주체, 깨달음의 주체인 것이다.

통일은 단지 하나로 합치는 것이 아니기에 갈등에 대한 감성을 요구한다. 통일 주체는 분열하고 갈등하며, 참을 수 없는 것을 관용하는 주체, 파괴적 충동마저 수용하며, 갈등과 분노 속에서 사는 방법을 배우는 것이고, 이 속에서 기괴한 타자를 포용하고 관용하는 주체인 것이다(이서행, 2008: 9). 통일의 주체인 화쟁인은 동일성의 사유에 머무르지 않는다. 화쟁인은 다툼과 분열, 갈등을 수용하고 관용하며 그 속에서 사는 방법을 터득해 나가는 사람이다. 화쟁인은 다툼 속에 화합하는, 포용하고 관용하며, 기어코 일심, 즉 통일 민족 큰마음, 한 마음에 도달할 수 있는 성숙한 시민, 통일민주시민인 것이다.

참고문헌

강광식(1997), "통일문제에의 실용주의적 접근: 그 필요성과 과제. 사회통합과 민족통일의 비전", 『형성과 창조』, 3, 서울: 한국정신문화연구원, 서울: 삼인.

고영섭(2002), "원효의 통일학", 『원효』, 서울: 예문서원.

권은주 · 신양재(2014a), "대승기신론소 별기에 나타난 마음이론의 유아교육적 의미 연구 Ⅰ", 『한국영유아보육학』.

권은주 · 신양재(2014b), "대승기신론소 별기에 나타난 마음이론의 유아교육적 의미 연구 Ⅱ", 『한국영유아보육학』.

권혁범(2000), "탈분단과 민족주의", 『민족주의와 발전의 환상』, 서울: 삼인.

권혁범(2000), "한반도 분단현실과 통일교육의 방향", 『2000년도 한국 정치학회 춘계 학술회의 발표문』, 1-12.

권혁범(2009), "민주적 애국주의에 대해서", 『시민과세계』, 16호.

김영명(2002), 『우리 눈으로 본 세계화와 민족주의』, 서울: 도서출판 오름.

김영명(2003), "한국 민족주의와 통일문제", 『민족사상연구』, 11호.

나종석(2009), "탈 민족주의 담론에 대한 비판적 성찰 -탈 근대적 민족주의 비판을 중심으로", 『인문연구』, 57호.

노상우(1999), "신자유주의적 경제논리와 민주적 교육논리", 『한국교육연구』, 5, 한국교육문제연구소.

박태원(2002), "대승기신론 사상을 평가하는 원효의 관점", 『원효』, 서울: 예문서원.

박태원(2017), "원효의 화쟁철학", 서울: 세창출판사.

박호성(1997), 『남북한 민족주의 비교연구』, 서울: 당대.

방영준(1992), "통일국가의 이념적 좌표", 『한국민족주의와 통일』, 한국국민윤리학회.

배성인(2002), "남북한 민족주의와 통합 이념의 모색: 세계화와 주체화의 변증법", 『통일문제연구』, 37호.

신영복(2004), 『강의 - 나의 동양고전 독법』, 서울: 돌베개.

신창호(2003), "교육이념으로서 홍익인간에 대한 비판적 검토", 『한국교육학연구』, 9(1). pp. 51-69.

신효숙(2006), 『김정일시대 북한교육의 변화』, 서울: 통일부 통일교육원.

안승대(2004), "마르크스의 방법론에 따른 한국교육문제의 분석", 『교육학연구』, 42(4).

안승대(2006), "통일교육의 변증법적 접근방향 탐색", 『한국교육』, 33(1), pp. 27-52.

안승대(2007), "화쟁사상을 통한 통일교육의 접근방향 모색", 『한국교육』, 34권 3호.

안승대(2007), "이데올로기론에 따른 교육이념의 역사적 변천과정 분석", 『교육문제연구』, 27, pp. 27-56.

안승대(2018), "대안적 보완적 교육이념으로서 화쟁의 교육이념에 관한 연구", 『교육사상연구』, 32권 4호.
안승대(2019), "남남갈등 극복교육 - 화쟁사상의 적용을 통하여』, 『동아인문학』, 47집.
안승대(2019), "통일시대 민족주의로서 화쟁 민족주의에 대한 탐구", 『민족문화논총』.
안승대(2020), "원효의 화쟁사상과 화쟁교육론의 대안교육적 가능성", 『동아인문학』, 52.
원효, "大乘起信論疏記會本", 『한국불교전서1』(서울: 동국대학교출판부, 1979).
원효, "涅槃宗要", 『한국불교전서1』(서울: 동국대학교출판부, 1979).
원효, "華嚴經疏", 『한국불교전서1』(서울: 동국대학교출판부, 1979).
원효. "金剛三昧經論", 『동국대학교출판부(1979). 한국불교전서 Ⅰ』.
원효. "大乘起信論疎", 『동국대학교출판부(1979). 한국불교전서 Ⅰ』.
원효. "十門和諍論", 『동국대학교출판부(1979). 한국불교전서 Ⅰ』.
유문무(2017), "원효 화쟁사상의 현대적 의의 - 소통, 통합 그리고 평화", 『한국학논집』, 68, pp. 29-60.
유흔우(1995), "교선논쟁", 『논쟁으로 보는 한국철학』, 예문서원.
이도흠(2014), "탈현대철학과 화쟁사상 가로지르기", 『시와 세계』, 6집.
이도흠(2015), "원효와 마르크스의 대화", 서울: 자음과모음.
이두휴(1999), "교육경쟁의 정치경제학적 분석", 『교육사회학연구』, 9(1).
이범웅(2012), "민족주의의 관점에서 본 바람직한 남북관계와 통일정책에 대한 고찰", 『윤리연구』, 84.
이병욱(2023), "한국불교의 특성에 관한 기초적 이해", 『무형문화연구』, 11.
이봉춘(1989), 『불교의 역사』, 서울: 민족사.
이서행(2008), "한민족 통일문화 형성의 방향", 『정책과학연구』, 18집 2호.
이용일(2007), "탈민족주의와 서구중심주의", 『역사와 경계』, 62호.
이을호(1986), "단군신화의 철학적 분석", 『한국사상의 심층』, 서울: 우석.
이효걸(2002), "원효의 화쟁사상에 대한 재검토", 『불교학연구』, 4, 5-34.
임지현(1999), 『민족주의는 반역이다』, 서울: 소나무.
전호련(1998), "원효의 화쟁과 화엄사상", 『한국불교학』, 24(1), pp. 154-173.
정지웅(2004), "한반도 통일에 있어서 민족주의의 함의", 『북한연구학회보』, 8권 1호.
정천구(2002), "민족통일과 가치관 통합의 과제", 『국제정치연구』, 5(1), 동아시아 국제정치학회, pp. 203-218.
정천구(2003), "화쟁사상의 분쟁해결 가능성 연구", 『21세기 정치학회보』, 13(2), pp. 245-263.
정천구(2010), "한국의 호국불교", 『민족사상』, 4(2).
조수동(2010), "다문화와 한국불교의 화쟁사상", 『철학논총』, 60집 2권.
조순영 · 임재택(2009). "원효사상의 유아교육적 의미 탐색", 『열린유아교육연구』, 14(3).
최병헌(1995), "한국불교의 전개", 『한국사상의 심층』, 서울: 우석.

최유진(1988), "원효의 화쟁사상연구", 서울대학교 박사학위논문.

최유진(1991), "원효의 화쟁방법", 백련불교논집, 1.

최유진(2011), "원효의 평화사상",『한국불교학』, 60집.

최유진(2015), "원효의 화쟁과 사회통합",『한국교수불자연합학회지』, 21권 3호.

Gellner, E.(1964), *Thought and Change*, Weidenfeld and Nicloson, 백낙청 편(1981), "근대화와 민족주의",『민족주의란 무엇인가』, 창작과 비평사.

Jenkins, B. (1990), *Nationalism in France: Class and Nation Since 1789*, Routledge.

Kamenka, E. (1976), *Nationalism: The Nature and evolution of an idea*, William Clovers, & Sons, *Limited London*, Beccles and Colchester, 손인수 · 김창희 역(1987).『민족주의의 이해』, 서울: 문음사.

Ryan, M. 저, 나병철 · 이병훈 역(1994),『해체론과 변증법』, 평민사.

Sarup, M. 저, 이혜영 외 역(1987),『마르크스주의와 교육이론』, 한길사.

Ulich Beck 저, 홍성태 역(1997),『위험사회』, 새물결.

제6장

변 종 헌(제주대학교)

평화담론과 안보 그리고 통일교육*

Ⅰ. 한반도의 평화와 통일

최근 지속되고 있는 남북한 관계의 경색국면은 한반도 주변 정세의 변화와 북미관계의 재편을 초래하였고, 안보 환경의 변화 속에서 새로운 남북한 관계 형성 여건을 조성하고 있다. 이러한 상황 속에서 한동안 고조되었던 한반도 평화담론의 지형과 남북한 통일논의의 공간이 빠르게 위축되고 있다. 그리고 한반도 정세와 남북관계의 불확실성은 지금까지의 대북정책과 통일정책은 물론 우리의 통일교육에도 적지 않은 과제를 던지고 있다. 이 장의 목적은 이와 같은 남북한 관계의 부침과 안보 환경의 변화 그리고 동북아와 한반도 정세의 역동성과 불확실성을 넘어 남북한 통일의 의미를 평화담론과의 관계 속에서 검토하는 데 있다.

우리에게 통일은 어떠한 의미가 있으며, 앞으로의 대북정책과 통일정책 그리고 통일교육의 방향과 과제는 무엇인가 등과 같은 보다 근본적인 질문에 답하기 위해서는 우리 사회의 평화담론이 지니는 의의를 한반도 안보 및 남북한 통일과의 관계 속에서 성찰할 필요가 있다. 남북한 관계의 전개 과정 속에서 평화의 가치와 통일의 의의를 검토하는 작업은 오랜 분단체제를 극복하고 한반도 평화 시대를 대비하기 위한 대북 통일정책과 통일교육의 토대라고 할 수 있다. 이러한 맥락에서 여기서는 평화의 가치와 통일의 의미에 대한 검토와 논의를 바탕으로 평화로운 통일공동체의 형성을 위해 요구되는 통일교육의 내용과 과제를 모색하고자 한다.

---

* 이 장은 변종헌(2019), “평화담론과 통일문제의 상호연계”, 『윤리연구』, 125의 일부 내용을 수정 · 보완한 것임.

북한 김정은 체제의 등장 이후 핵실험과 지속적인 미사일 시험 발사로 남북한 관계는 갈등과 대치 상황을 벗어나지 못해 왔고, 한반도와 동북아 정세 또한 불확실성이 증폭되면서 역내 안보 위기와 불안감이 고조되어 왔던 것이 사실이다. 하지만 2018년 초 평창 동계올림픽 참가를 계기로 북한의 적극적인 평화 공세가 시작되면서 남북한 관계의 개선과 한반도 평화에 대한 기대감이 고조되기도 하였다. 특히 4.26 남북정상회담을 시작으로 6.12 싱가폴 북미정상회담과 9월 남북한의 평양정상회담이 연이어 개최되면서 북한의 비핵화와 한반도 평화에 대한 낙관적 전망이 증폭된 바 있다. 하지만 북한 비핵화를 위한 북미 간의 후속회담 진행 과정에서 불협화음이 노출되면서 남북관계 및 북미관계의 경색이 가속화되었다. 그리고 북한의 강경 정책노선이 복원되면서 북핵문제의 근원적 해결에 대한 비관적 전망이 비등하고 있다. 특히 북미 간의 하노이 정상회담이 아무런 성과없이 결렬되면서 북한의 비핵화를 둘러싼 북미 양국 사이의 입장 차이가 노정되었다. 제재 완화의 선행과 단계적 비핵화를 요구하는 북한과 전면적 비핵화의 원칙을 견지하고 있는 미국 양측의 대립이 증폭되고 있다. 이와 같은 상황에서 남북한 관계 또한 급속하게 냉각되면서 한반도의 안보와 평화에 대한 우려가 커지고 있다.

한반도 주변 정세의 급변과 새로운 남북한 관계의 구축 그리고 북미관계의 재편 과정은 지금까지의 대북정책과 통일정책은 물론 우리 사회의 통일담론과 통일교육에도 영향을 끼치고 있다. 북한이 추동하고 있는 극단적인 남북한 대결 구도 속에서 새로운 한반도 체제로의 전환은 가능한가? 그 과정에서 우리에게 중요한 과제는 평화공존인가 남북한 통일인가? 남북한의 평화로운 공존과 한반도 통일은 양자택일의 문제인가? 지금 우리 사회에서 통일은 어떠한 의미가 있는가? 앞으로 통일정책과 통일교육의 방향과 과제는 무엇이 되어야 하는가? 적어도 이와 같은 질문들에 답하기 위해서는 먼저 우리 사회의 이른바 평화담론이 지니는 의의를 한반도 안보 상황 그리고 남북한 통일과의 관계 속에서 성찰할 필요가 있다. 요컨대, 역동적인 한반도 정세의 흐름 속에서 평화의 가치와 통일의 의의를 상호작용의 맥락에서 검토하고, 이를 기반으로 분단체제를 극복하고 한반도 평화시대를 대비할 수 있는 통일정책과 통일교육을 모색해야 한다.

이와 같은 노력이 선행될 때, 평화의 가치를 반영한 통일교육의 방향을 재정립하고 이를 토대로 평화로운 한반도를 위해 요구되는 통일교육의 내용과 과제를 새롭게 구안하고 제시할 수 있을 것이다. 이를 위해 여기서는 먼저 분단 이후 우리 사회에서 작동해 온 평화와 통일담론의 관계를 검토하고, 그 분기 과정을 살펴볼 것이다. 그리고 평화와 통일의 가치가 상호연계될 수밖에 없는 이유를 제시할 것이다, 나아가 이와 같은 인식을 바탕으로 통일교육의 지평을 남북한의 통일 과정은 물론 통일 이후까지를 포함하는 것으로 확장하여 그 과제와 내용을 통일 공동체의 평화문화 확산 차원에서 살펴보고자 한다.

무엇보다도 앞으로의 통일교육은 한반도 안보 상황에 대한 객관적 이해와 통일 안보의식의 바탕 위에서(국립통일교육원, 2024: 210-212), 오랜 분단체제로 인해 우리의 일상에 깊이 뿌리박고 있는 비평화적 혹은 반평화적 요소들을 제거하는 가운데 남북한의 평화적 통일 과정을 주도할 수 있는 의지와 능력을 강조해야 할 것이다. 나아가 통일공동체의 평화문화를 창출하고 진작할 수 있는 평화시민성을 함양하는 데 초점을 맞추어야 할 것이다. 요컨대, 북한의 안보 위협에 대한 정확한 인식과 더불어 장기간 고착된 한반도의 분단체제가 직간접적으로 영향을 미치는 일상의 갈등 상황을 해결하는 가운데 남북한 통일을 성취하고, 장기적 관점에서 통일국가의 평화문화를 창출하고 확산할 수 있도록 통일교육의 과제와 좌표를 새롭게 설계해야 한다. 그리고 이를 위해서는 평화교육이 지향하는 가치를 통일교육의 목표와 내용에 반영하고 적용할 수 있는 방안을 적극적으로 모색해야 한다.

Ⅱ. 평화와 통일문제의 분기

한반도 분단 이후 우리 사회에서 평화와 통일의 문제는 불가분의 것으로 간주되어 왔다. 그로 인해 평화의 문제가 중요하게 제기되는 경우에도 그것은 남북한의 통일을 위한 것이었다. 우리의 헌법에 명시된 평화통일이라는 화두는 이와 같은 사회적 인식을 그대로 반영한 것이다. 남북한의 통일을 민족의 가장 큰 과제로 상정하고, 평화를 남북한 통일이라는 틀 속에서 파악하고자 하였다. 하지만 언제부터인가 이와 같은 우리 사회의 인식에도 변화가 나타나면서 평화와 통일문제가 분기되기 시작하였다. 이러한 변화의 흐름은 기본적으로 남북한의 이질화가 심화되고 남북한 통일이 단기간 내에 쉽게 이루어지기 어렵다는 현실적 판단과 무관치 않은 것으로 보인다.

남북한의 통일 가능성에 관한 이와 같은 현실적 판단에 더하여 우리 사회에서 평화담론이 부각되고 확산한 중요한 배경은 시민사회의 성장 그리고 분단 이후 지속되고 있는 한반도 정세의 역동성과 불안정성에 있다. 먼저 주목할 것은 시민사회의 성장이다. 한국 시민사회가 민주화 운동에 집중하였던 1980년대 중반까지 평화의 문제는 통일과 동의어 혹은 통일에 종속된 하위의 문제로 간주되었다. 하지만 1980년대 후반 절차적 민주주의가 실현되면서 시민사회의 역량이 강화되고, 그들의 관심 영역 또한 다양해졌다. 민주적 전환 이후 통일운동의 저변이 확장되고 그 주체가 민중에서 시민으로 대체되면서 평화의 가치에 관심을 가질 수 있는 사회적 토대가 마련된 것이다. 민주화의 문턱을 넘어선 한국 사회는 시민들의 성장과 더불어 냉전적 안보의식이 약화되고 남북한의 평화로운 공존 가능성에 대한 관심과 기대가 높아졌다. 여기에 더하여 개인주의적 가치가 중시되는 등 시민의식의 내용이 변화하고 보편적 가치를 인정하고 수용할 수 있는 유연한 상황이 마련됨으로써 평화의 문제에 보다 많은 관심을 기울이게 되었다.

다음은 한반도 정세의 역동성과 불안정성이다. 평화와 통일문제의 분기는 역설적으로 2000년 남북정상회담 이후 달라진 남북관계가 반영된 결과라고 할 수 있다. 경제 및 사회, 문화 분야의 남북 간 교류협력이 확대되면서 국민들의 냉전적 안보의식이 약화되고 평화적 공존에 대한 암묵적 합의가 증대되었다. 남북한 정상의 역사적 만남과 6.15공동선언은 평화공존에 대한 국민적 기대를 확산함과 동시에 〈미래의 통일, 당면의 평화〉라는 생각을 갖게 만드는 계기가 되었다. 이는 결과적으로 남북한의 평화공존에 대한 인식을 바탕으로 보편적 가치로서의 평화를 새롭게 수용하고 인식할 수 있는 여건을 제공하였다.

말하자면, 우리 사회의 민주적 전환과 더불어, 냉전체제의 해체에 따른 안보공포감의 감소, 남북한의 교류협력 활성화로 인한 전쟁 위협의 약화, 사회 환경의 변화에 따른 탈민족적 사고 그리고 개인주의적 성향의 확대 등이 결합되면서 남북한의 평화로운 공존에 대한 암묵적 합의를 증대시킬 수 있는 조건이 마련된 것이다(정영철, 2010: 194-198).

이러한 맥락에서 보자면, 2018년 전개된 남북한 관계와 한반도 정세의 변화는 북한 핵문제의 해결 가능성에 대한 낙관적 전망에 터하여 남북한의 평화공존과 한반도 평화체제 구축에 대한 기대감을 갖게 하기에 충분했다. 따라서 2018년 당시의 상황은 평화의 화두가 남북한의 통일에 대한 관심을 압도하고 있었다고 할 수 있다. 이를 반영하듯, 통일보다는 남북한 사이의 교류와 협력, 공존이 강조되었고 한반도 평화체제의 구축에 대한 관심과 논의가 집중되었다. 더욱이 평화담론은 남북한 주민의 생활의 문제이면서 동시에 세계시민으로서 추구해야 하는 보편적 가치로 주목을 받았다.

하지만 유의해야 할 것은 이와 같은 평화담론, 즉 교류와 협력, 상호공존, 한반도 평화체제의 구축 등에 대한 관심이 자칫 특수한 가치로서 우리에게 제시되고 있는 통일에 대한 관심과 유리될 수 있다는 점이다. 요컨대, 보편적 가치로서의 평화 그리고 특수한 가치로서의 통일이라는 이분법적 사고가 확산하게 되면서, 통일문제에 대한 국민들의 인식이 남북한의 평화로운 공존에 기초한 두 국가로 분리 분단이라는 현상 유지의 입장으로 경도될 수 있다는 것이다.

본래 평화문제에 대한 적극적 관심은 서구의 탈민족주의적 평화이론에 배경을 두고 있다. 이와 같은 접근에 따르면, 남북한이 통일되지 않아도 평화로운 공존이 가능할 수 있으며, 통일 논의를 자제하고 평화의 가치를 앞세움으로써 평화와 통일의 문제를 분리시켜 바라볼 수 있다(이병수, 2010: 378). 이러한 연장선상에서 무조건적 통일보다는 적대적 분단구조를 해소하고 평화로운 공존을 이루는 것이 중요하다는 지적은 일견 설득력이 있어 보인다. 통일의 절대적 당위성은 문제가 있으며, 통일이 단순히 과거로의 회귀가 아니라 남북한 주민 모두의 평화와 삶의 질을 향상시킬 수 있는 것이 되어야 한다는 점 또한 분명해 보인다.

하지만 우리에게 통일과 평화의 문제는 분리될 수 있는 사안이거나 양자택일의 문제이기보다는 통합적 관점에서 조망하고 접근해야 할 우리의 시대적 사명이라고 할 수 있다. 왜냐하면 우리에게 평화의 문제는 서구의 이론적 논의로는 충분히 담아낼 수 없는 독특한 상황이 반영된 주제이기 때문이다. 남북한 사이에 벌어진 고강도 전쟁과 그에 따른 분단체제의 고착화 그리고 상호 불신과 대결의 경험이 계속되면서 여전히 우리의 삶 속에서 재생산되고 있는 반평화, 비평화의 환경이 우리를 압도하고 있기 때문이다. 그리고 이와 같은 반평화, 비평화 상태의 극복은 남북한의 통일 논의를 배제하고는 완전한 것이 될 수 없기 때문이다.

Ⅲ. 평화의 가치와 통일문제의 연계

우리 사회에서 통일은 남북한 분단 상태의 극복을 그리고 평화는 분단 상황의 관리 혹은 평화체제를 의미하는 서로 별개의 영역으로 인식되는 경향이 있다. 따라서 통일과 평화는 목표 달성의 우선순위, 곧 양자 사이의 선후의 문제로 간주되곤 한다. 오랜 분단체제로 남북한 간의 이질화가 심화되고 적대감이 지속되는 상황에서 통일은 먼 미래의 과제로 취급되고 있다. 반면에 불안정한 정전체제하에서 남북한 간의 상호 대결과 군사적 충돌의 위험성이 종종 현실화되면서 평화는 당장의 과제로 다가오고 있다.

하지만 이와 같은 시각은 통일과 평화의 관계에 대한 전체론적(holistic) 이해와 접근을 어렵게 할 수 있다는 점에서 보다 충분한 숙고와 논의가 요구된다. 통일과 평화를 구분하는 관점은 한반도 상황과 남북한 관계의 실체를 객관적으로 파악하는 데 근본적 한계가 있다(서보혁, 2017: 43). 따라서 통일과 평화의 문제를 상호연계된 관점에서 바라보고 접근할 때 한반도 문제와 남북한 관계에 대한 종합적 분석과 설득력 있는 전망이 가능할 수 있다. 평화와 통일문제는 선후관계가 아니라 상호연계된 하나의 총체적 시각에서 파악해야 한다. 평화와 통일은 선후 또는 경중의 문제가 아니라 일괄적으로 접근해야 하는 하나의 전체라고 할 수 있다.

주지하듯이 평화의 의미는 중층적이다. 갈퉁(J. Galtung)은 기존의 평화 이해, 즉 평화를 전쟁과 폭력에 반대되는 것으로 이해하던 기존의 관념을 거부하고 평화를 전쟁의 부재 그 이상의 것으로 새롭게 파악하였다. 전쟁의 부재로서의 평화가 소극적 평화라면, 전쟁의 부재 그 이상으로 정의된 것이 바로 적극적 평화이다. 요컨대, 적극적 평화는 전쟁이나 폭력을 발생시키는 근본 원인들이 해소된 상태를 말한다(Galtung, 1964).

폭력과 전쟁이 없는 상태를 의미하는 소극적 평화의 관점에서 볼 때, 통일은 평화 다음의 과제로 간주될 수 있다. 북한의 비핵화, 남북한 간의 군사적 신뢰구축을 통해 한반도 평화를 유지하는 것, 남북한 간의 대립과 전쟁 위협을 줄이면서 평화로운 공존을 모색하는 것이 통일에 앞선 과제일 수 있기 때문이다. 하지만 평화를 적극적 관점에서 파악할 경우, 통일과 평화는 선후의 문제이기 보다는 밀접하게 연계된 사안으로 볼 수 있다.

남북한 통일의 의미 또한 다양한 관점에서 정의될 수 있다. 통일은 단순하게 분리된 영토와 민족의 재결합을 의미하는 것일 수 있다. 통일은 또한 정치적 통일이라는 하나의 결과물 또는 남북한이 사회 문화적으로 하나가 되어가는 과정으로 볼 수 있다. 요컨대, 통일은 남북한이 정치적으로 하나가 되는 이벤트나 결과로 볼 수 있지만, 그것은 또한 남북한의 정치적 통일을 의미하는 좁은 의미를 넘어 사회 문화적 통합을 의미하는 넓은 의미의 진정한 통일에 이르는 폭넓은 스펙트럼에 위치할 수 있다.

여기서 유의해야 하는 것이 바로 통합과 통일 개념의 이해와 구분이다. 하지만 일반적으로 남북한 통합은 남한과 북한이 합해지는 과정 중심의 개념이고, 통일은 남북한이 법적 영토적으로 통일되는 결과물뿐만 아니라 제반 부분에 있어서의 통합이 완성된 상태를 가리키는 것으로 볼 수 있다(진시원, 2004: 17; 박광기, 2002: 275). 그리고 통합과 통일의 관계는 절대적 선후의 문제, 즉 어느 하나가 먼저 이루어져야만 다음의 것이 실현되는 것이기보다는 서로 긴밀하게 연계되어 있는 관계로 파악할 필요가 있다. 이러한 관점에서 남북한 통일 과정을 단계별로 구분해 보는 것은 평화와 통일의 관계를 규명하는 데 유용한 토대가 될 수 있다.

남북한 통일의 첫 번째 단계는 비정치적 부분의 통합 단계이다. 이 단계에서는 남북한 간의 경제, 사회, 문화 분야 등 비정치적 영역에서의 기능주의적 통합 움직임이 우선적으로 활성화되어 남북한 간의 이질감이 상대적으로 줄어들고 교류와 협력 및 신뢰가 강화된다. 물론 비정치적, 비군사적 분야에서 촉발된 기능주의적 통합이 어느 정도 성숙하게 되면 비기능적 영역, 즉 정치, 법체제, 외교안보 및 군사 영역에서도 부분적인 남북한 통합이 진행될 수 있다.

두 번째 단계는 제도적 정치적 통일단계 혹은 좁은 의미의 통일단계이다. 첫 번째 단계에서 활성화되고 강화된 남북한 간의 기능적 통합이 상당한 수준 이상으로 심화되고, 나아가 비기능적 분야에서의 남북한 통합이 어느 정도 발전하게 되면서 남북한이 정치적 법적 영토적 통일을 집중적으로 추진하고 실현하는 단계에 들어서게 된다. 그에 따라 남북한은 법적 영토적으로 그리고 국제적으로 하나의 통일국가를 이루게 된다.

세 번째 단계는 심화된 통합 단계이다. 이 단계의 남북한은 정치적 법적으로는 통일을 이루었지만 오랜 분단 과정에서 비롯된 사회, 문화, 경제 분야에서의 이질화가 완전히 해소되지 않은 상태이다. 따라서 여전히 남아있는 남북한 사회 간의 차이를 극복하고 통합 과정에 집중할 필요가 있다. 그 과정에서 남북한의 정치적 통일이후 새롭게 생겨날 수 있는 여러 가지 문제들－예를 들어, 남북한 간의 경제적 격차, 문화적 차이, 통일 이후 북한 주민의 소외감 증대 등을 극복하기 위한 정책적 노력들이 요구된다.

마지막 단계는 진정한 의미의 통일 단계이다. 이전 단계의 완성 단계로서 진정한 의미의 그리고 완벽한 의미의 남북한 통합 및 통일이 실현되는 시기라고 할 수 있다. 이 단계에 접어들어 남북한은 정치적, 법적 의미에서의 통일(즉, 좁은 의미의 통일)뿐만 아니라 사회와 문화 및 경제적 측면에서도 이질감이 극복되고 동질성을 회복한 통일 상태를 실현하게 된다. 이와 같은 진정한 의미의 통일 상태는 하나의 단순한 결과가 아니라 오랜 시간을 필요로 하는 연속적 과정을 통해 이루어질 수 있을 것이다(변종헌, 2014: 258-260).

1. 통일을 위한 평화－과정으로서의 통일 인식

평화는 보편적 가치의 하나라고 할 수 있다. 그런데 우리에게 평화는 통일문제와 관련해서 이중적 성격을 지닐 수밖에 없다. 한편으로 평화의 추구는 분단 상태의 장벽을 제거하고 남북한 통일을 이루는 것이 될 수 있다. 동시에 두 국가로의 분리 혹은 분단 상태의 평화적 관리를 통한 현상 유지의 논리로 작용할 가능성도 있다. 하지만 우리에게 평화의 문제는 인류의 보편적 가치이자 당면 과제로서의 의미뿐만 아니라 남북한의 통일을 위한 것이 되어야 한다. 즉, 통일을 위한 평화로서의 의의를 지녀야 한다. 이것은 평화의 실현이 말하자면 한반도에서 반평화 혹은 비평화의 근원이 되는 분단체제의 극복으로 이어질 수 있기 때문이다.

우리 사회의 이른바 평화우선론의 시각은 남북한 통일보다는 평화와 인권 등 보편적 가치를 우선해야 한다는 인식을 전제로 하고 있다. 따라서 남북한이 하나가 된다는 의미의 통일은 그 자체가 한반도 주민의 보편적 목표나 기본적 전제가 되기에는 너무 편협하며, 인류가 근대사의 우여곡절을 통해 합의한 기본적 가치의 하위 수준에 머물 뿐이라고 주장한다(권혁범, 2000: 159). 그런데 남북한 통일을 보편적 평화 가치 다음으로 바라보는 이러한 시각은 통일을 민족주의에 입각한 단일 민족국가의 형성으로 파악하는 한계가 있다. 말하자면, 평화가 통일보다 더 중요한 가치라는 시각은 통일을 하나의 체제통합으로 파악한다는 점이다.

하지만 남북한 통일을 체제통합이 아니라 남북한 주민들의 사회 문화적 통합을 이루고 모두의 삶의 질을 향상시켜 나가는 과정으로 이해한다면, 이러한 과정이 바로 평화를 실현하는 것이 될 수 있다. 요컨대, 한반도 상황과 남북한 관계의 맥락 속에서 이루어지는 이와 같은 평화의 실현 과정이 곧 진정한 의미의 남북한 통일이라고 할 수 있다. 전쟁과 폭력이 없는 소극적 평화 관점에서 더 나아가 통일 과정과 통일 이후의 구조적 문화적 폭력의 제거를 통해 남북한 주민 모두의 인권이 보장되고 삶의 질을 향상시켜 나가는 적극적 평화를 추구하는 것이 결국은 진정한 의미의 남북한 통일 과정이기 때문이다.

평화를 제반 폭력이 재생산되는 구조적 문화적 차원의 극복으로 적극적으로 이해할 경우, 통일과 평화는 별개의 개념이거나 선후의 문제가 아니라 상호 결합되어 있는 동시병행의 관계로 파악할 수 있다. 지구적 문제가 한반도의 상황과 맥락에서 해석되고 해결되는 방향과 내용이 바로 적극적 평화라고 할 수 있고, 이 경우 평화는 남북한 통일의 방향과 내용 그리고 형식을 재구성할 수 있기 때문이다(서보혁, 2017: 53). 이러한 맥락에서, 소극적 평화 관념에 기초한 남북한 관계의 목표가 현상 유지라고 한다면, 적극적 평화에 기반한 남북한 관계는 통합, 협력, 조화, 정의를 실현해 나아가는 넓은 의미의 한반도 통일을 지향한다고 할 수 있다.

우리에게 통일과 평화의 문제는 서로 분리된 것이 될 수 없다. 소극적 평화 관념에 기초한 평화로운 공존을 넘어 남북한의 진정한 통일, 즉 넓은 의미의 사회문화적 통합을 이루어가는 일련의 과정 속에서 평화의 의의를 파악해야 한다. 그리고 통일의 의미를 남북한 두 체제의 통합이라는 하나의 이벤트나 결과가 아니라, 이른바 정치적 통일 이후에도 지속되어야 하는 일련의 과정으로 이해할 때, 평화와 통일의 문제는 서로 배타적이기보다 오히려 불가분의 밀접한 관계가 있다고 할 수 있다.

2. 평화를 위한 통일 – 남북관계의 이중성

한반도에서 보편적 가치로서의 평화는 분단체제의 극복과 밀접하게 관련되어 있다. 한반도의 평화문제는 인권 운동에 기초한 유럽 국가들의 평화문제와는 차원을 달리한다. 우리에게 평화의 가치는 북한 핵문제를 비롯한 한반도 위기 구조의 근원적 해소 없이는 요원한 것이 될 수 있다. 평화공존의 잠정적 안정상태가 지속될 수 있다고 기대하기 어렵다는 점에서 평화의 실현을 위해서는 분단체제 자체의 극복이 선행되어야 한다. 남북한의 통일을 배제한 한반도 평화는 공허하고 불안정하다고 할 수 있다.

한반도 평화와 남북한의 통일문제는 서로 분리될 수 없다. 통일을 유보하면서 평화의 추구만을 강조할 경우, 오히려 평화의 실현과는 더욱 거리가 먼 불안정한 평화체제 곧 분단상태의 임시적인 평화적 관리의 범주를 벗어나지 못할 가능성이 크다(이병수, 2010: 384-385). 분단체제 속에서 우리의 삶은 잠재적 갈등 요소를 지니고 있다. 오랜 분단이 남북한 사회에 야기하는 안보 불안감 그리고 비평화와 반평화의 모습은 매우 구조적이며 체계적이다. 남북한의 갈등과 대치 상황은 전쟁이나 테러 등 물리적 폭력이 발생할 가능성을 잠재하고 있을 뿐만 아니라 남북한 사회 내부에 다양한 형태의 구조적 폭력과 문화적 폭력이 조직화되는 토양이 되고 있다. 따라서 한반도의 비평화적, 반평화적 상태는 궁극적으로 남북한의 분단과 밀접하게 관련되어 있다.

한반도 상황에서 분단은 철저하게 비평화적, 반평화적 삶의 양식을 구조화하고 있다. 남북분단이 지속되고 고착되면서 분단체제가 남북한 주민 모두의 일상에 깊이 뿌리를 내린 채 여전히 재생산되고 있다. 이러한 상황에서 분단체제라는 중간항을 생략하고서는 남북한 어느 한 쪽의 삶의 모습도 제대로 규명할 수 없다. 한반도 내에서의 삶이 분단체제로 인해 이와 같이 철저하게 제약되어 있다면, 한반도의 평화는 분단체제의 극복 없이는 해결될 수 없는 문제이다. 통일은 분단상태의 극복을 통해 한반도의 상황과 맥락에서 평화의 보편 가치를 구현하는 특수한 방식이라고 할 수 있다.

따라서 한반도의 궁극적 평화는 통일을 반드시 통과해야 하고, 통일 이후에도 평화로운 통일공동체의 수립을 위한 노력이 지속되어야 한다. 이러한 관점에서 주목할 수 있는 것이 바로 통일평화 담론이다. 통일평화는 통일을 거쳐 한반도에 평화공동체를 건설하는 비전과 노력의 총체를 의미한다(서보혁, 2022: 239). 통일을 통해 미래 한반도에 지속가능한 평화를 조성하고 장기적으로 평화를 구축하기 위한 행위, 즉 평화조성(peace-making)과 평화구축(peace-building) 활동이라고 할 수 있다(김병로, 2017). 따라서 통일평화 담론은 평화를 궁극적 목표로 그리고 통일은 평화로 가는 길에 달성해야 할 중간 목표로 보고 있다.

이러한 통일평화 담론은 남북한 체제의 공존과 상생의 지속가능성에 대해 회의적이다. 그래서 한반도 통일 문제가 결국 언젠가는 해결될 것이라는 역사적 필연성을 전제로 하며, 남북한의 통일 없이는 한반도 평화가 요원할 수 있다는 현실적 당위에 기초해 있다. 요컨대, 남북한 통일은 한반도에 지속가능한 평화를 구현하는 과정이자 하나의 형식이라고 보고 있다. 따라서 통일과 평화 모두 우리의 목표이지만 통일은 중간 목표이고, 최종 목표가 바로 평화라고 할 수 있다. 물론 여기서의 평화는 소극적 평화가 아닌 적극적 평화를 의미한다.

다만 통일평화 담론은 남북한 통일이 한반도에 궁극적인 평화를 보장하는 것은 아니라고 보고 있다. 통일이 한반도 평화를 위한 필요조건이긴 하지만 필요충분조건은 아니라는 것이다. 통일 이후에도 계층 간 차별, 새로운 지역주의, 배타적 민족주의, 북한 지역에 대한 난개발과 주민들에 대한 차별 그리고 통일국가와 주변국들의 갈등, 동아시아 차원의 패권경쟁 등 한반도를 둘러싼 갈등 요소와 비평화적 요소들이 나타날 수 있기 때문이다. 따라서 중요한 것은 통일 과정은 물론 남북한 통일 이후에도 평화의 가치를 추구하고 실현해야 한다는 점이다. 요컨대, 남북한 주민 모두의 인권을 보장하고 나아가 한반도와 동북아 차원의 화해와 지속가능한 발전을 조화롭게 모색할 수 있어야 한다.

Ⅳ. 평화와 통일교육의 과제

1. 안보와 통일문제의 평화교육적 접근

평화는 보편적 가치로서뿐만 아니라 통일이라는 우리 사회의 가치를 실현하기 위해서 요구되며 나아가 그것을 통해서 보다 적극적이고 지속적으로 추구될 수 있다. 요컨대, 통일을 위한 평화이자 평화를 통한 통일이라고 할 수 있다. 무엇보다도 이는 우리 사회를 위협하는 안보 불안 그리고 비평화 혹은 반평화의 요인이 바로 오랜 분단체제에 있기 때문이다. 한반도의 분단 상황 그 자체는 북한과의 전쟁 가능성과 그에 따른 군사적 긴장 고조 등 냉전적 안보 논리의 확대뿐만 아니라 우리의 민주적 삶에도 영향을 미치고 있다. 평화와 통일은 분석적으로 구분될 수 있지만, 우리의 현실에서는 상호 보완적 관계에서 연대의 필요성이 더욱 크다는 점을 상기할 필요가 있다(정영철, 2010: 201-202).

우리에게 평화문제는 통일의 출발점이자 지향점으로서의 의미가 있다. 우리에게 통일은 곧 평화의 문제이기도 하다. 과도한 군사비 지출, 이념적 대립에 따른 사회의 양극화, 비민주적 사회 분위기, 상시적인 안보 불안 등에서 볼 수 있듯이, 분단으로 인한 비평화적 반평화적 상황은 매우 다양하고 복잡하게 나타나고 있다. 남북한 모두 한반도 분단으로 인한 긴장과 갈등으로 인해 막대한 사회적 비용을 부담하고 있다. 이러한 분단이 야기하는 한반도의 비평화와 반평화에 대한 해결의 실마리는 남북한의 평화로운 통일 과정 속에서 찾을 수 있을 것이다. 현재의 남북한 사회를 비평화적, 반평화적 상황으로 만드는 분단체제 그리고 그로 인한 남북한 사회 내부의 물리적이고 구조적인 폭력을 제거하고 해결하기 위해서는 평화적인 통일 과정이 불가피하다.

평화와 통일문제의 이와 같은 밀접한 상호연계는 우리의 통일교육이 평화의 문제에 보다 천착해야 한다는 점을 시사하고 있다. 통일교육은 무엇보다도 우리 사회에서 평화의 가치와 통일의 가치가 분리될 수 없는 관계라는 사실을 전제로 양자 사이의 상호작용에 대한 이해의 폭을 넓혀주어야 한다. 평화의 실현을 위해서는 분단체제를 넘어 남북한의 통일이 이루어져야 한다는 사실, 평화를 위한 통일이라는 점을 강조해야 한다. 동시에 우리에게 평화의 실현은 분단체제로 파생되는 안보 위협은 물론 반평화적, 비평화적 상황을 해소하는 것이라는 사실, 통일을 위한 평화라는 점을 강조해야 한다. 이처럼 남북한 관계의 개선과 통일로 나아가는 과정이 결국 평화의 실현을 위한 중요한 계기이자 토대가 될 수 있다. 따라서 한반도 평화시대의 통일교육은 통일을 위한 평화이자 동시에 평화를 위한 통일이라는 인식을 확인하고 강조해야 한다. 요컨대, 통일문제에 대한 평화교육적 접근에 천착해야 한다.

이러한 관점에서 통일지상주의는 남북한 통일의 의미와 본질을 왜곡할 수 있다. 통일은 남북한이 하나가 되는 것이고, 그것이 좋은 것이라는 가치판단은 이른바 바른 통일에 대한 성찰을 가로막을 수 있기 때문이다. 남북한이 하나가 되는 것에만 매달려 급속한 통일을 추진하는 것은 자칫 민족의 공존과 번영에 더 큰 부담을 줄 수도 있다. 우리에게 필요한 것은 통일 과정에서 야기될 수 있는 여러 부작용과 역기능을 최소화하는 가운데 통일공동체의 미래를 구상할 수 있는 장기적 안목과 분별 있는 지혜이다. 따라서 남북한 통일을 특별한 사건이나 결과로 받아들이기보다는 장기적 관점에서 하나의 과정으로 바라보는 인식의 전환이 중요하다.

평화교육과 통일교육의 접목은 이와 같은 과정 중심의 남북한 통일담론에서 매우 중요한 의미가 있다. 한반도의 분단 상황에서 고착된 냉전문화를 탈피하는 가운데 남북한 간의 평화공존과 화해협력을 모색하는 것이 바로 진정한 의미의 통일로 나아가는 과정이기 때문이다. 과정으로서의 통일을 중시한다면 남북한이 하나가 되는 결과에 얽매이지 않고, 오랜 분단체제 속에서 고착된 전쟁의 위협과 대결 구도에서 벗어나 서로 공존·공영하는 방식에 주목할 수 있다. 또한 우리 사회 내부의 여러 갈등 상황과 구조적 모순을 해결함으로써 구성원 모두가 인간다운 삶을 영위할 수 있는 조건에도 관심을 기울일 수 있다. 요컨대, 과정으로서의 통일에 주목하는 통일교육은 우리 사회에 자리 잡고 있는 냉전적 사고와 반북의식에서 벗어나 한반도의 평화 그리고 남북한의 화해와 공존의 중요성에 주목하는 계기를 제공할 수 있다. 이러한 맥락에서 통일교육은 평화교육의 목표와 방법을 적극적으로 수용하고 활용해야 한다.

나아가 평화교육적 접근은 분단 이후 우리 사회를 규율해 온 억압적 정치문화의 영향을 극복하는 방안의 하나가 될 수 있다. 분단 이후 권위주의적 정치체제 속에서 만연된 집단적, 획일적 사고와 관행은 민주주의의 공고화와 심화에 장애가 되고 있다. 또한 한반도 분단체제 속에서 지속되어 온 냉전적 사고의 영향은 상대방에 대한 적대적 감정과 증오심을 자극함으로써 통합된 공동체 의식의 형성에도 부정적으로 작용할 수 있다. 이러한 상황에서 평화교육에 기초한 통일교육은 우리 사회에 잠재되어 있는 비평화 혹은 반평화의 문화를 극복할 수 있는 토양을 제공해 줄 수 있다. 그리고 타인 혹은 북한 주민과의 갈등 상황을 해결하기 위해 비폭력적 대안을 선택할 수 있는 합리적 안목과 태도를 키워줄 수 있다. 나아가 남한과 북한 주민들이 서로 다른 체제에서 살아 온 것을 인정하고, 그 바탕 위에서 평화롭게 조화·공존할 수 있는 삶의 방식을 선택하도록 안내할 수 있을 것이다.

평화교육의 관점에서 우리는 분단구조라는 비평화적 상황이 남북한 사회에 물리적, 구조적 폭력의 형태로서 우리의 일상을 제약하고 있음을 확인할 수 있을 것이다. 보편적 개념으로서의 평화교육은 구체적인 시간과 공간 속에서 다양한 모습으로 나타난다. 평화교육의 구체적 형태는 사회마다 다양한 양상으로 전개되기 마련이다. 따라서 각각의 사회는 그 사회의 역사적 현실 속에서 구성원들의 평화로운 삶을 위해 가장 절실하게 문제가 제기되는 영역으로부터 평화교육을 실행할 수밖에 없다.

이러한 관점에서 우리 사회의 평화교육은 무엇보다도 남북한 분단으로 인해 파생되는 비평화적 반평화적, 현상이나 상황에 주목해야 한다. 평화교육이 한 사회 내의 가장 절실한 평화문제에 근거하여 이루어지는 것이라고 한다면, 한반도에서의 평화교육은 곧 분단체제의 비평화적이고 반평화적인 현상을 드러내 보이고, 이를 변화시켜 현재의 분단체제를 극복할 수 있는 통일교육의 형태로 구체화되어야 하기 때문이다(박보영, 2004: 59-60).

2. 합리적 갈등해결 능력과 평화감수성

평화교육의 핵심은 평화역량의 강화에 있다. 우리의 경우 평화교육이 통일교육으로 구체화될 수밖에 없다면, 이와 같은 평화역량은 남북한의 통일 과정을 이끌어가는 문제해결 능력으로서의 의미를 지닌다. 말하자면, 우리에게 평화역량은 남북한 통일과 관련된 지식을 포함하여 통일 과정에서 경험하게 될 다양하고 다층적인 갈등을 해결할 수 있는 능력이라고 할 수 있다. 따라서 통일로 나아가는 과정에서 제기되는 일상적 삶의 갈등을 해결하는 능력은 통일교육의 핵심적 내용 가운데 하나가 되어야 한다.

인간은 갈등 상황으로부터 자유로울 수 없다. 타인과의 관계에 기초한 인간의 삶에서 갈등은 본질적 요소라고 할 수 있다. 다만 갈등의 평화적 해결을 위해서는 문제 상황에 대한 스스로의 입장, 믿음, 태도 등을 서로 소통하는 가운데 상대편의 견해와 주장에도 귀를 기울여야 한다. 그렇게 될 때 갈등의 당사자들이 함께 당면 문제를 분명히 하고 서로 토론하는 가운데 다양한 해결책을 모색할 수 있다. 평화교육의 출발은 이와 같은 갈등해결의 방법을 모색하는 능력을 계발하는 데 있다.

평화교육은 사람들 사이에 존재하는 갈등관계를 공격성이나 배타성, 폭력이 아니라 대화와 합의를 통해 평화적으로 해결하는 교육을 지향한다. 갈등의 본질은 생각이나 가치 혹은 목적들 사이에 존재하는 불일치이지만, 오히려 이를 통해 문제를 명확하게 이해하려고 노력함으로써 사회 발전을 가능하게 할 수 있다.

그리고 그 과정에서 의사소통의 기술과 문제해결 능력을 키울 수 있다(오기성, 2017: 32).

사회적 갈등의 본질은 서로 간의 생각의 차이에 있는 것이 아니라, 다른 생각을 가진 사람이나 집단이 서로 어떻게 관계를 맺는가 하는 데 있다. 생각이 다른 사람과 집단들이 서로 다른 생각에 기초해서 어떻게 공존할 수 있는 관계를 만들어 가느냐가 중요하다. 사회의 발전을 위해서는 생각의 차이에 매몰되어 갈등을 고착시키고 부추길 것이 아니라, 다름을 인정하고 관용을 발휘하는 성숙한 사회 분위기를 만들어야 한다. 이처럼 다름을 인정하고 관용을 발전시켜가는 태도나 인식은 남북한 관계의 개선과 통일 과정 그리고 통일 이후를 대비하는 데에도 중요한 토대가 될 수 있다.

우리 사회는 그동안 통일담론의 확산에도 불구하고 남북한 관계와 통일문제를 둘러싼 내부의 갈등이 지속되어 왔다. 그리고 여전히 이러한 갈등이 지역 간 세대 간 집단 간 갈등으로 확산되어 표출되고 있다. 이른바 이와 같은 남남갈등은 견해의 차이에 대한 불관용에서 비롯되는 것일 뿐만 아니라 통일문제에 대한 충분한 논의와 의사소통의 결핍에서 비롯되는 것이기도 하다. 따라서 우리 사회 내 보수와 진보 간의 갈등이나 세대 간의 시각차를 소모적 형태가 아닌 생산적 대화를 통해 국민적 합의로 전환할 수 있는 문화를 형성해야 한다.

통일교육은 이와 같은 평화교육의 관점에서 대화와 소통을 통해 남북한 관계와 통일문제를 둘러싼 갈등을 해소하는 방법을 강조해야 한다. 이를 통해 분단 이후 70여 년 이상 서로 다른 이념과 체제, 사회 문화 속에서 살아 온 남북한 주민들이 더불어 살아가는 방법을 미리 연습하는 기회를 마련할 수 있을 것이다. 대화란 다른 사람이 말하는 것을 듣고 이해하려고 노력하는 준비와 능력을 의미한다. 대화와 소통에 기초한 평화역량의 함양은 통일 과정뿐만 아니라 통일 이후의 사회 문화적 통합을 위한 중요한 과제로서 인식될 필요가 있다(김국현, 2000: 202). 따라서 사회 내부의 평화역량과 통일의지를 함양하기 위해서는 서로의 차이를 인정하고 존중하는 관용의 문화를 확립하고, 갈등을 발전의 토대로 인식하는 가운데 갈등을 평화적으로 해결할 수 있는 능력과 태도를 키워야 한다.

통일교육에서 강조해야 할 평화역량의 중요한 토대는 평화감수성이다. 평화의 내면화는 비평화적 또는 반평화적 상황에 처한 사람들의 비참한 처지에 공감하며, 그것을 나의 문제로 받아들이고 평화를 실천하려는 의지를 형성하는 과정이다. 타인이 직면한 비평화의 상황을 나의 문제로 받아들이기 위해서는 그에 맞는 정서적 반응이 뒤따라야 한다. 이러한 정서적 반응이 평화의 내면화를 위해 요구되는 평화감수성이다(김기표, 2014: 47-48).

사전적 의미에서 감수성은 외부 세계의 자극을 받아들이고 느끼는 성질을 뜻한다. 따라서 평화감수성은 기본적으로 평화에 관하여 민감하게 인식하는 것을 의미한다. 다만 평화에 대한 민감성은 반대로 비평화나 반평화적 상황에 대한 민감성과 깊은 연관을 갖는다는 점에 주목할 필요가 있다. 비평화나 반평화적 상황을 인지할 수 있는 민감성이 결여되어 있다면 평화를 위한 방향성을 설정할 수 없기 때문이다. 따라서 평화감수성을 지닌다는 것은 일상의 폭력적 언어나 행동에 대하여 비판적으로 성찰할 수 있는 민감성을 갖는 것이다. 비평화나 반평화적 상황을 인지하고 평화에 반하는 구조와 요소들을 민감하게 인식하는 것이 바로 평화감수성이다.

그러나 평화감수성은 단순히 평화에 반하는 구조와 요소들을 인식하는 능력이나 비평화, 반평화적 상황을 불편하게 느끼는 감정적 측면을 넘어서 보다 확장된 의미를 지닌다. 요컨대, 평화감수성은 비평화나 반평화의 상태를 극복하고 평화를 향해 나아갈 수 있는 내적인 힘이라는 점에서 역동적이고 구체적인 행위의 과정을 포괄한다는 점이다(이윤희, 2018: 310). 이러한 맥락에서 평화감수성은 비평화나 반평화의 상태를 극복하고 평화의 행위를 결정할 수 있는 내적인 힘으로서 세계 및 타자와의 평화적인 관계 형성을 돕는 마음의 습관을 의미한다(김찬호, 2012).

인간을 움직이는 직접적인 힘은 고통의 객관적 현실 자체가 아니라 고통을 보고 아파하고 안타까워하는 감수성이다. 감수성은 단지 머리로 이해하는 관념적인 차원이 아니라 몸 전체로 느끼는 것이다. 감수성이란 자신이 다른 존재들과 연결되어 있다는 관계성을 자각하고 타자의 고통에 민감해지는 것, 이웃의 아픔과 자연의 고통에 예민하게 반응하고 성실하게 응답하는 것이다(이병수, 2009: 30-32). 따라서 평화감수성은 주변의 고통받는 사람들의 문제를 나의 문제로 받아들이는 정서적 반응이라고 할 수 있다.

평화감수성이 살아 있다는 것은 타자와 상호소통하고 공감할 수 있는 타자와의 교감 능력이 살아 있음을 의미한다. 그것은 곧 상대방의 고통에 대한 공감을 토대로 적극적 배려 행위로 연결될 수 있는 단초가 될 수 있다. 지금까지 우리 사회에서 남북한 통일의 당위성은 구호나 상징의 차원에서 강조되어 왔다. 그 결과 정작 통일의 필요성에 대해서 오히려 둔감해지고 있는 것이 작금의 상황이다. 통일에 대한 관심과 통일의지는 통일의 추상적 당위성보다는 분단의 고통에 대한 공감에서 비롯될 수 있다. 고통으로 다가오지 않는 추상적 당위성은 무의미하며 울림이 크지 않기 때문이다.

통일은 남북한 주민들 모두에게 보다 인간다운 삶을 실현하기 위한 것이 될 때 의미가 있을 것이다. 남북한 통일은 오랜 분단으로 인한 직간접적인 마음의 상처를 치유함으로써 상호 분단된 서사를 하나의 통합적 서사로 만들어가는 과정이기도 하다(오기성, 2015: 75). 따라서 남북한의 통일은 오랜 분단으로 인한 트라우마를 극복할 수 있는 치유의 방향을 찾는 일이기도 하다. 그 과정에서 우리의 통일교육은 평화감수성을 자극하고 평화역량을 키울 수 있도록 평화교육에 대한 기대와 요구에 적극 부응하고 이를 활용할 수 있어야 할 것이다.

V. 통일과 평화문화

평화라는 보편적 가치의 관점에서 볼 때, 남북한의 통일은 단지 통일 그 자체를 위한 것이 아니라 더 나은 삶의 문화, 즉 평화문화를 위한 것이어야 한다. 통일이 필요한 이유 가운데 하나는 분단되어 있는 한반도의 상황이 남북한 주민들의 삶을 제약함으로써 비평화적이고 반평화적인 상황을 조성하고 있기 때문이다. 따라서 통일은 이러한 비평화와 반평화의 조건을 극복하기 위한 것이 되어야 한다. 이처럼 남북한 통일을 평화문화를 이루기 위한 지속적 과정으로 볼 때, 통일은 이미 시작되었다고 할 수 있다. 일상의 비평화적이고 반평화적인 삶의 문화를 변화시키고 평화를 창조해 나가려는 작은 시도들이 바로 통일로 나아가는 과정이기 때문이다.

우리의 통일교육은 궁극적으로 평화문화를 일상적인 삶의 문화로 정착시키는 것을 목표로 해야 한다. 이를 위해 통일교육은 우리의 일상 속에 평화문화를 뿌리내리는 교육이 되어야 한다. 분단체제하에서의 비평화적, 반평화적 삶의 방식이 우리 삶의 구석구석에 자리하고 있다. 따라서 갈라진 남북한을 다시 합치려는 통일교육은 일상 속으로 뿌리 깊게 파고드는 교육이 되어야 하며, 일상적인 삶의 문화로서 평화문화의 정착이 바로 진정한 의미의 통일교육이 지향해야 할 지점이라고 할 수 있다(박보영, 2004: 68).

실제 우리 사회에서 평화에 대한 논의는 보편적 가치로서보다는 분단이라는 특수한 상황에서의 평화문제에 치중되어 있다. 여기에는 크게 두 가지 흐름이 있는데, 분단 극복 차원의 통일과 관련된 평화 논의 그리고 분단 관리 차원의 군사적 문제와 관련된 평화 논의가 그것이다. 하지만 상기할 것은 우리 사회에서 평화는 통일문제와 분리해서 생각할 수 없다는 점이다. 통일은 평화를 지향해야 하고, 통일을 이루는 과정과 방법 역시 평화적이어야 한다(김귀옥, 2006: 69). 나아가 평화의 문제를 보다 확대된 차원에서 바라보는 인식의 전환이 필요하다. 요컨대, 앞의 통일평화 담론에서 살펴보았듯이, 평화를 통일의 전 단계 또는 통일의 최종단계로만 인식하는 데서 벗어나 통일 이후 통일공동체가 지속적으로 추구해야 하는 보편적 가치로 바라보고 이를 실현할 수 있는 환경과 여건에도 관심을 기울여야 한다. 따라서 통일교육에 관한 평화교육적 접근은 우리의 통일공동체가 지향해야 하는 보편적 가치로서의 평화까지를 고려해야 한다.

이러한 요구는 통일교육이 장기적 관점에서 남북한 통일 이후 평화문화의 창출과 확산을 지향해야 한다는 것을 의미한다. 기실 우리가 흔히 쓰는 평화라는 말에는 이미 평화문화에서 강조하는 조화로운 인간의 삶이라는 의미가 내포되어 있다. 따라서 통일교육을 평화교육의 한국적 구체화라고 한다면, 장기적 관점에서 분단 상태의 극복을 넘어 통일공동체의 평화문화 창출과 확산을 위한 노력이 한반도 평화시대의 통일교육이 지향해야 하는 목표가 되어야 한다. 이를 통해 일상의 갈등과 폭력의 문화를 극복하고 관용과 공생에 기초한 평화문화를 확산할 수 있으며, 한반도 평화의 지속가능성을 위해 전쟁의 문화에서 평화문화로 전환하는 데 동참하는 시민을 길러낼 수 있을 것이다(강순원, 2020).

이러한 맥락에서 통일교육은 평화문화의 창출과 확산이라는 평화교육의 목표를 보다 적극적으로 공유해야 한다. 여기서 평화문화의 구체적 내용은 타인, 공동체, 자연생태계 등 인간이 맺는 삶의 다양한 관계 속에서 종합적으로 제시할 수 있다(변종헌, 2017: 39-44). 인간이 자기 자신에 대한 자긍심을 가지면서 다른 사람들을 존중하고, 공동체를 살리고, 자연을 아끼는 것이 바로 인간답게 살 수 있는 환경과 조건이라는 사실을 인식하는 것이 바로 평화문화의 핵심적 내용이다. 기존의 평화 논의는 대부분 구조적이고 정치적인 문제로 취급되어 왔다. 하지만 타인과의 관계, 공동체와의 관계, 자연과의 관계에서 발생할 수 있는 여러 가지 문제에 적극적이고 주체적으로 대처하고 결단하는 인간이 바로 서지 않고서는 공동체의 평화나 자연과의 평화는 불가능하다는 점에서 개인의 평화역량 함양에 기초한 평화문화가 중요하다(변종헌, 2018: 277).

물론 삶의 다양한 차원에서 요구되는 평화역량을 제고하기 위한 노력이 학교교육이나 통일교육을 통해서만 이루어질 수 있는 것은 아닐 것이다. 그럼에도 불구하고 이상적인 통일공동체의 창출을 위해서는 평화문화에 기초한 인간 삶의 다층적 관계망을 형성하기 위한 교육적 접근이 중요하다는 점은 재론의 여지가 없을 것이다. 따라서 앞으로의 통일교육은 과정적 사고와 장기적 안목을 바탕으로 이와 같은 평화교육의 기대나 요구를 적극 반영하는 것이 되어야 할 것이다.

참고문헌

강순원(2020), "한반도 평화시민성 교육담론: 분단시대 통일교육에서 평화시대 시민교육으로", 『국제이해교육연구』, 15(2).

국립통일교육원(2024), 『2024 통일문제 이해』, 서울: 국립통일교육원.

김국현(2000), "한국 유교의 평화사상과 평화교육에 관한 연구", 『국민윤리연구』, 43.

김귀옥(2006), "한반도 평화체제와 평화문화, 시민사회", 『한국과 국제정치』, 22(1).

김기표(2014), "평화감수성의 교육학적 고찰", 『평화학논총』, 4(1).

김병로(2017), 『다시 통일을 꿈꾸다: 한반도 미래전략과 '평화연합' 구상』, 서울: 도서출판 모시는사람들.

김찬호 역(2012), 파커 파머 저, 『비통한자들을 위한 정치학』, 서울: 글항아리.

박광기(2002), "통일문제에 대한 이론적 접근: 통일인가 통합인가?", 권혁범 외, 『한반도와 통일문제』, 서울: 대왕사.

박보영(2004), "평화교육의 관점에서 본 통일교육", 『미래교육연구』, 17(2).

박주화 외(2016), 『남북통합에 대한 국민의식조사』, 서울: 통일연구원.

변종헌(2014), 『남북한 관계와 한반도 통일』, 경기: 인간사랑.

변종헌(2017), "세계평화의 섬 제주의 미래 비전: 평화문화 확산의 관점에서", 『평화학연구』, 18(3).

변종헌(2018), "평화문화 창출을 위한 평화교육의 방향과 과제", 『윤리연구』, 120.

서보혁(2017), "통일문제의 평화학적 재구성", 『한국민족문화』, 63.

서보혁(2022), "통일평화", 서보혁 · 강혁민, 『평화개념연구』, 서울: 도서출판 모시는사람들.

서보혁 · 정욱식(2016), 『평화학과 평화운동』, 서울: 모시는 사람들.

오기성(2015), "교육신경과학을 활용한 평화교육 연구", 『평화학연구』, 16(1).

오기성(2017), "남북한 통일을 위한 평화교육", 제주대학교평화연구소 · 한국초등도덕교육학회 공동학술대회 자료집(2017.2.2.), 『한반도의 갈등 구조와 평화 담론』.

이병수(2009), "휴머니즘의 측면에서 바라본 통일", 건국대 통일인문학연구단, 『소통, 치유, 통합의 통일인문학』, 서울: 선인.

이병수(2010), "통일의 당위성 담론에 대한 반성적 고찰", 『시대와 철학』, 21(2).

이윤희(2018), "관계적 역량 강화를 위한 평화감수성 교육 연구", 『기독교교육논총』, 55.

이재봉 외 역(2000), 요한 갈퉁 저, 『평화적 수단에 의한 평화』, 서울: 들녘.

정영철(2010), "한반도의 '평화'와 '통일': 이론의 긴장과 현실의 통합", 『북한연구학회보』, 14(2).

진시원(2004), 『남북한 통합: 개념 · 이론 · 시나리오, 남북한 통합의 새로운 이해』, 서울: 도서출판 오름.

홍용표(2018), "평화문화와 지속가능한 평화-한국에서의 의미와 과제", 『문화와 정치』,

5(2).

Galtung, J. (1964), An Editorial, *Journal of Peace Research,* 1(1).

제7장

방 만 기(충남경제진흥원)

경제와 안보통일교육

Ⅰ. 서론

남한과 북한은 한국전쟁 이후 서로 다른 경제 체제를 채택하며 분단의 길을 걸었다. 남한은 자본주의 시장 경제 체제를 바탕으로 급속한 산업화와 경제 성장을 이루었고, 2023년 기준 세계 10위 경제 대국으로 성장했다. 남한의 GDP는 약 2조 6천억 달러에 이르며, 전 세계적으로도 매우 중요한 경제적 역할을 담당하고 있다(World Bank, "GDP (current US$)-South Korea", 2023.). 반면, 북한은 사회주의 계획 경제 체제를 채택하여 자국의 경제를 중앙에서 통제하고 있으나, 국제 사회와의 단절과 경제적 고립으로 인해 매우 제한된 성장만을 이룰 수 있었다. 북한의 GDP는 2023년 기준 약 260억 달러로 추정되며, 이는 남한의 경제 규모와 비교해 약 100배의 차이를 보이고 있다(Bank of Korea, *North Korean Economy Growth Forecast*, 2023.).

이러한 경제적 격차는 남북한의 산업 구조에서도 드러난다. 남한은 전자, 자동차, 조선업 등 첨단 산업을 중심으로 한 제조업 강국이며, 세계 무역의 중심지로서의 역할을 자리매김하고 있다. 반면 북한은 주로 농업과 경공업에 의존하며, 매우 제한된 생산과 교역을 통해 경제를 유지하고 있다. 북한의 산업은 주로 군사적 필요에 의해 재편되어 있으며, 군사비 지출이 GDP의 상당 부분을 차지하고 있다(CIA World Factbook, *North Korea Economy Overview*, 2023). 남한과 북한 간의 경제 격차는 시간이 흐를수록 더욱 커지고 있으며, 통일 이후 이러한 격차를 줄이기 위한 노력이 필요할 수밖에 없다.

남한과 북한의 경제 상황을 비교할 때, 두 나라의 경제 구조, 인프라, 그리고 국제적 위상 및 연결성에서 큰 차이가 난다. 남한은 1960년대 이후 급격한 경제 성장을 이루며, 세계 경제에서 중요한 역할을 하고 있다. 2023년 기준, 남한의 1인당 GDP는 약 3만 5천 달러에 이르며, 이는 선진국 수준의 경제력을 보여준다(World Bank, "GDP(current US$)-South Korea", 2023). 남한은 안정된 경제 인프라를 바탕으로 강력한 제조업, 첨단 기술 산업, 그리고 국제 무역을 통해 경제 성장을 지속해 왔다. 남한의 주요 산업은 전자제품 제조, 자동차, 반도체, 조선업 등이며, 삼성, 현대자동차, LG와 같은 글로벌 기업들이 세계 경제에서 중요한 역할을 담당하고 있다.

반면, 북한은 사회주의 계획경제의 한계를 노정하고 경제 성장의 한계를 겪고 있다. 북한의 1인당 GDP는 약 1,000달러로, 저개발 국가 수준에 머물러 있다(Bank of Korea, *North Korean Economy Growth Forecast*, 2023). 북한의 경제는 계획 경제 체제의 문제점과 국제 사회의 제재로 인해 크게 침체되어 있으며, 산업 구조는 대부분 농업과 경공업에 의존하고 있다. 북한은 자원 부국이지만, 자원 개발과 관리가 비효율적으로 이루어지고 있으며, 경제의 대부분은 군사적 목적에 맞춰 운영되고 있는 실정이다. 특히, 도로, 철도, 에너지 등 인프라가 남한에 비해 현저히 부족하여 경제 발전의 저해 요인으로 작용하고 있다. 북한의 경제적 고립과 인프라 부족은 향후 통일 이후 경제 통합을 위해 해결해야 할 중요한 과제가 될 수밖에 없을 것이다(CIA World Factbook, *North Korea Economy Overview*, 2023).

남북한 통일에서 자주 언급되는 참고 사례는 독일 통일이다. 독일은 1990년 서독과 동독의 통일을 통해 경제적 통합을 이루었으며, 이 과정에서 동독의 경제적 낙후 상태와 통일이후 자본주의 편입의 과정이 중요한 도전 과제였다. 1990년 동독의 경제력은 서독의 약 20% 수준에 불과했으며, 인프라와 생산 능력도 매우 낮은 상태였다. 동독은 중앙 계획 경제 체제를 유지해 왔기 때문에, 생산성이 낮고 산업 구조가 비효율적이었다. 통일 이후 서독은 동독의 경제 재건을 위해 대규모 재정 지원과 인프라 투자를 실행했다. 서독 정부는 동독의 도로, 철도, 통신, 에너지 등 핵심 인프라를 재정비하고, 동독 주민들에게 사회적 안전망과 복지 혜택을 제공함으로써 경제적 안정성을 확보하려 대규모 투자를 실행했다(OECD, *Germany's Post-Reunification Economic Performance*, 2022).

그러나 독일 통일 이후 동독 경제 회복은 전문가들이 예상한 것보다 더 오래 걸렸고, 막대한 통일 비용이 발생했다. 통일 비용은 약 1조 5천억 유로에 달했으며, 이는 서독 경제에도 상당한 부담으로 작용했다. 동독 지역의 실업률은 통일 후 급격히 증가했으며, 산업 기반이 무너졌다. 이로 인해 동독 지역의 경제 회복은 예상보다 더디게 진행되었고, 독일 전체 경제의 성장이 둔화되는 결과를 낳게 되었다(Ibid.). 남북한 통일도 이와 유사한 경제적 도전에 직면할 가능성이 높으며, 북한의 경제 회복을 위해서는 장기적이고 체계적인 재정 지원과 인프라 투자가 필요할 수밖에 없을 것이다. 그러나 이러한 통일비용의 이면에는 안정기에 접어들면 남북한 시너지 효과로 인해 비용 이상의 긍정적인 경제적 효과가 발생할 것으로 예상된다.

남북한의 경제적 격차를 해소하는 것은 통일의 필수적인 과제 중 하나이다. 경제 통합을 통해 남북한은 상호 보완적인 경제 구조를 활용할 수 있다. 남한은 자본과 기술력을, 북한은 자원을 제공하는 형태로 경제 협력이 이루어진다면, 통일 이후 한반도의 경제력은 크게 향상될 것으로 예상된다. 통일 후 북한의 노동력과 자원을 활용함으로써 남한은 새로운 경제 성장 동력을 얻을 수 있으며, 북한의 경제적 상황도 개선될 것이다(Bank of Korea, *Economic Cooperation between South and North Korea*, 2023).

특히, 북한의 풍부한 광물 자원과 저렴한 노동력을 활용하여 남한의 첨단 기술과 결합한다면, 한반도 전체의 경제적 이익은 상당할 것이다. 예를 들어, 북한의 철광석, 석탄, 희토류 등 자원은 남한의 제조업과 결합하여 높은 부가가치를 창출할 수 있다. 또한 북한의 풍부한 광물 자원 외에도 우수한 노동력을 활용하여 상당한 수준의 고부가가치 품목에도 북한이 충분한 경쟁력이 있을 수 있는데 가령 IT 산업 등이 그 예가 될 수 있다. 이 외에도 남북한 경제 통합은 중국, 러시아, 일본과의 경제 협력을 확대하는 기회를 제공할 것이다. 한반도의 경제 통합이 이루어진다면, 동북아시아 지역 전체의 경제적 안정성과 성장이 촉진될 수 있다(OECD, *Economic Benefits of Korean Reunification*, 2022).

통일에 필요한 비용은 매우 클 것으로 예상된다. 독일 통일 사례를 참고할 때, 남북한 통일에도 막대한 재정적 투자가 필요할 것으로 예상된다. 특히 북한의 인프라 개선, 산업 재건, 교육 및 의료 시스템 정비 등 다양한 분야에서 대규모의 재정 지원이 요구될 것이다. 북한의 경제를 회복하고 남한과의 경제 격차를 줄이기 위해서는 최소 수십 년간 지속적인 지원이 필요할 것이고, 통일 비용은 초기 수조 달러에 이를 것으로 추정되며, 이는 남한 경제에 부담을 줄 수 있다(Bank of Korea, *Economic Costs of Korean Reunification*, 2023).

이러한 비용문제를 해결하는 방법은 1990년대 서독이 동독의 비용을 모두 떠안는 방법보다는 독일이 패망한 이후 서독의 경제기적을 이루었을 때의 방안, 예를 들어 화폐통합 및 제도적 개혁 등을 병행하는 방안도 좋은 방법일 수 있다.

좀 더 부연설명을 하면, 제2차 세계대전 이후 서독에서 실행했던 것처럼 풍부하고 저렴한 노동력을 활용하고, 화폐개혁 및 법적으로 투자환경에 긍정적인 개혁 등을 통한 시너지 효과를 가져다주는 조건을 마련하였다. 그러나 1990년 동독과 서독이 1:1의 화폐통합과 동독의 개인자산을 모두 인정해 줌에 따라 투자를 저해하는 요인으로 작용했다.

그러나 결과적으로 통일이 이루어졌을 때 장기적인 경제적 이익은 이를 상쇄했다고 볼 수 있다. 통일 후 북한의 자원을 활용하고 남한의 기술력을 접목함으로써 경제적 시너지가 발생할 것이며, 이는 한반도 전체의 경제 성장을 촉진할 것입니다. 그리고 북한의 사회주의 계획경제를 자본주의 시장경제로 변화시키고 화폐개혁과 제도적 개혁을 통해 투자에 긍정적인 환경을 마련하는 것도 중요하다. 또한, 군사비 절감과 남북한 경제적 협력을 통해 외국인 투자 유치가 활발해질 가능성이 높다. 통일 혹은 남북한 교류는 한반도는 아시아 경제의 새로운 중심지로 부상할 가능성이 높으며, 이는 장기적으로 글로벌 경제에서도 긍정적인 영향을 미칠 것으로 보인다(OECD, *Economic Benefits of Peace on the Korean Peninsula*, 2022).

Ⅱ. 안보와 경제의 상관관계

안보와 경제는 서로 밀접하게 연결되어 있다. 특히 남북한처럼 군사적 긴장이 고조된 상황에서는 안보가 경제에 직접적으로 영향을 미친다. 남북한 관계의 긴장 상태는 경제 성장을 저해하고, 외국인 투자 유치, 무역 활동, 그리고 경제적 안정성을 약화시킨다. 군사적 대립과 안보 불안정은 투자자들이 남북한 시장에서 리스크를 느끼게 하며, 이는 남한의 경제 성장 둔화와 북한의 경제 고립을 심화시키는 작용을 한다. 반면, 안보 상황이 안정될 경우 경제적 협력이 가능해지며, 남북한 모두에게 이익을 줄 수 있다. 이 장에서는 남북한 간 안보와 경제의 상관관계, 군사적 대치가 경제에 미치는 부정적인 영향, 그리고 안보 안정화가 경제 성장에 기여할 수 있는 방법을 구체적으로 살펴본다(Bank of Korea, *Economic Impact of North-South Tensions*, 2023).

1. 경제적 불확실성과 군사적 대치

남북한 간의 군사적 긴장은 경제적 불확실성을 크게 증가시킨다. 2010년 연평도 포격 사건과 같은 군사적 충돌은 남한의 주식 시장에 큰 타격을 주었으며, 외국인 투자자들이 대거 남한에서 자본을 철수하는 현상이 발생했다. 이는 남북한 간 군사적 대립이 경제적 불안정성을 심화시키는 대표적인 예시로 볼 수 있다. 남한은 이러한 군사적 긴장이 발생할 때마다 경제 성장률이 일시적으로 둔화되며, 특히 제조업과 수출 산업이 큰 타격을 입는 것으로 나타났다(Korea Development Institute, *Economic Costs of North Korean Military Provocations*, 2022.).

북한 역시 이러한 군사적 긴장으로 인해 경제적 어려움을 겪고 있다고 볼 수 있다. 북한은 경제적으로 국제 사회와 고립되어 있으며, 군사적 긴장이 고조될 때마다 국제 제재가 강화되어 경제 상황이 더욱 악화되고 있다. 특히 북한의 무역 활동은 경제제재로 인해 크게 위축되어 있으며, 자원의 수출입이 어려워짐에 따라 국내 경제 활동에도 지장이 생긴다. 북한의 군사적 활동은 국가 안보를 강화하기 위한 수단으로 설명되지만, 실제로는 경제적 발전을 저해하고 있다고 볼 수 있다(CIA World Factbook, *North Korea Economy Overview*, 2023).

또한, 남북한 간의 군사적 긴장이 장기화될 경우, 경제적으로 매우 부정적인 영향을 미칠 수 있다. 장기적 군사적 대치는 남한 경제의 불안정성을 증대시키며, 특히 외국인 투자 유치와 글로벌 공급망에서의 역할이 약화될 수 있다. 남북한 간의 긴장이 고조될 때마다 남한의 국방비 지출이 증가하며, 이는 사회복지, 교육, 인프라 등에 투입될 수 있는 재정을 줄이는 결과를 초래한다. 경제적 재원이 군사적 대응에 지나치게 집중되면 장기적인 경제 성장은 물론 국가 경쟁력에도 악영향을 미칠 수 있다(Bank of Korea, *Impact of Geopolitical Risks on South Korean Economy*, 2023).

2. 안보 안정성의 경제적 이익

안보가 안정된 상황에서 경제적 이익은 매우 클 수밖에 없다. 먼저, 남북한 간의 긴장이 완화되고 안보가 보장되면, 경제 협력이 더욱 활발해질 수 있다. 예를 들어, 2000년대 초반 남북 정상회담 이후 남북 간 교류와 협력이 증대되면서 남한의 경제 성장률이 긍정적인 변화를 보였다. 당시 개성공단과 같은 경제 협력 프로젝트는 남북한 간 경제 협력의 상징적인 사례로, 남북한 모두에게 경제적 이익을 가져온 것을 경험했다. 개성공단에서는 남한의 자본과 기술력이 북한의 저렴한 노동력과 결합하여 상호 보완적인 경제 구조를 만들어 냈으며 북한은 북한대로, 남한은 남한대로 경제성장과 매출 등에 긍정적인 영향을 미쳤다(Korean Institute for National Unification, *The Economic Effects of North-South Summits*, 2021).

안보가 안정된 상황에서는 북한이 국제 사회와의 관계를 회복하고, 외국으로부터의 경제적 지원을 받을 가능성도 커진다. 북한이 핵 문제와 관련된 국제 제재를 해소하고 안보 상황을 안정시킬 수 있다면, 북한은 경제적으로 더 많은 외국 투자와 원조를 받을 수 있을 것으로 보인다. 이로 인해 북한의 경제는 점진적으로 개선될 수 있으며, 남북한 간 경제 격차도 줄어들 가능성이 있다(Bank of Korea,

Economic Cooperation between South and North Korea, 2023). 혹은 안보가 안정된 상황을 바탕으로 북한은 제도적 개혁을 실행할 수 있을 것이며, 이는 서독의 경우와 같은 선순환의 고리를 형성할 가능성이 높다.

안보가 안정되면 남한 역시 군사비 지출을 줄이고, 그 자원을 경제 발전과 복지 향상에 투입할 수 있다. 현재 남한은 GDP의 상당 부분을 국방비에 할애하고 있다(2024년 기준 대한민국 국방예산은 59조 424억 원으로 국내총생산(GDP) 대비 약 2.54%에 해당(대한민국 국방부: https://www.mnd.go.kr/mbshome/mbs/mnd/subview.jsp?id=mnd_010401020000&utm_source=chatgpt.com)). 그러나 안보 상황이 개선되면 이 자원을 사회적 인프라와 혁신 기술 개발에 투입할 수 있다. 또한, 안보가 안정된 상황에서 외국인 투자는 더욱 활발해지고, 남북한 간의 교역도 증가할 수 있다. 이는 남한의 경제 성장에 긍정적인 영향을 미칠 것이며, 한반도 전체의 경제적 안정성을 확보할 수 있을 것이다(OECD, *Economic Benefits of Peace on the Korean Peninsula*, 2022.).

3. 국가 안보와 경제 성장

국가 안보와 경제 성장은 밀접하게 연관되어 있다. 안보가 보장된 상황에서는 경제 활동이 활발하게 이루어지며, 경제 성장도 촉진될 수 있다. 남북한 통일이 이루어질 경우, 안보 안정성은 경제 성장을 가속화하는 중요한 요인으로 작용할 것이다. 남한은 국방비 절감을 통해 경제적 자원을 더욱 효과적으로 활용할 수 있으며, 이는 교육, 의료, 기술 개발 등 장기적인 경제 성장의 밑거름이 될 수 있다(OECD, *Economic Impact of Defense Spending on National Growth*, 2022).

북한 역시 안보가 안정되면 군사비 지출을 줄이고, 그 자원을 경제 재건과 산업 발전에 투입할 수 있다. 현재 북한은 GDP의 상당 부분을 군사비에 할애하고 있다(2021년 '세계 군사비 및 무기거래 보고서'에 따르면, 2019년 북한의 군사비 지출은 국내총생산(GDP) 대비 14.9%에서 26.4%로 추정). 그러나 안보 상황이 안정된다면 그 자원을 경제 발전에 집중할 수 있을 것이다. 특히 북한은 경제적으로 낙후된 인프라를 개선하고, 농업과 제조업 등 주요 산업을 발전시킬 수 있는 기회를 얻게 된다. 이는 장기적으로 남북한 경제 통합을 촉진하는 데 기여할 것으로 예상된다(Bank of Korea, *Economic Recovery and Military Spending Reduction in North Korea*, 2023).

또한, 남북한 간의 안보 협력은 동북아시아 지역 전체의 경제 안정성에도 긍정적인 영향을 미칠 수 있다. 남북한이 경제적으로 통합되고 안보 협력이 강화되면, 중국, 러시아, 일본 등 주변국들과의 경제 협력도 확대될 가능성이 높다. 이를 통해 한반도는 동북아시아 경제 성장의 중심축으로 자리 잡을 수 있으며, 글로벌 경제에서도 중요한 역할을 할 수 있다(OECD, *Regional Economic Integration in East Asia after Korean Unification*, 2022). 대표적인 예가 시베리아 횡단철도(TSR)와 중국 횡단 열차인데, 현재는 북한의 열악한 철도 인프라로 인해 평균 속도 10~15km에 불과하지만, 안보의 안정화와 남북한 협력으로 인해 물류 및 여행에 있어 상당한 효과를 가져다 줄 것으로 예상한다.

Ⅲ. AI와 디지털 경제의 역할

4차 산업혁명은 전 세계 경제 구조를 크게 변화시키고 있으며, AI(인공지능)와 디지털 기술은 그 중심에 있다. 특히 AI와 디지털 경제는 남북한 통일 이후 경제 통합을 촉진하는 데 매우 중요한 역할을 할 수 있다. AI는 경제 통합을 위한 정보 분석, 자동화, 그리고 인프라 구축을 지원하며, 디지털 경제는 남북한 간 교류를 활성화하는 촉매제가 될 수 있다. 본 장에서는 AI와 디지털 경제가 남북한 경제 통합 과정에서 어떤 역할을 할 수 있는지, 그리고 남북한의 디지털 경제 협력이 어떻게 이루어질 수 있는지를 살펴보고자 한다(World Economic Forum, *The Role of AI in the Fourth Industrial Revolution*, 2023).

1. AI와 안보 통일

AI 기술은 남북한의 안보 통합 과정에서도 중요한 역할을 할 수 있다. AI 기반의 보안 시스템, 사이버 보안, 국방 자동화 시스템은 남북한 간 군사적 긴장 완화와 통일 이후의 안보 체계 구축을 지원할 수 있다. 예를 들어, AI는 남북한 간 국경 관리 시스템을 자동화하여 노동력 투입의 절감과 효율적인 국경 통제와 무인 경계 시스템을 구현할 수 있다. 이를 통해 안보 비용을 절감하고, 인력 부족 문제를 해결할 수 있을 것으로 기대된다(OECD, *AI and National Security: New Possibilities and Challenges*, 2023).

또한, 사이버 안보 측면에서도 AI는 중요한 역할을 할 수 있다. 북한은 사이버 공격을 통해 남한을 비롯한 여러 국가의 경제 및 정보 시스템을 위협하고 있으며, AI 기반의 사이버 보안 시스템은 이러한 위협을 방어하는 데 매우 효과적일 수 있다. AI는 위협을 실시간으로 탐지하고, 이상 패턴을 분석하며, 신속한 대응을 가능하게 한다. 이러한 시스템을 통일 이후에도 통합하여 국가 안보를 강화할 수 있을 것으로 예상한다(Korean Institute for National Security, *Cybersecurity and AI: Protecting National Infrastructure*, 2023).

2. AI를 활용한 경제 통합

AI는 남북한의 경제 통합을 촉진하는 데도 매우 중요한 역할을 할 수 있다. 우선, AI는 경제 데이터 분석에서 큰 역할을 하며, 이를 통해 남북한 간 경제적 상호작용을 실시간으로 분석하고 최적의 정책을 제시할 수 있을 것으로 예상할 수 있다. AI는 경제 예측, 수요 분석, 자원 배분 등의 과정에서 실시간으로 데이터를 처리하여 효율적인 경제 통합을 가능하게 할 수 있다. 특히, AI를 활용한 공급망 최적화는 남북한 경제가 서로 긴밀히 연결되는 데 도움을 줄 수 있다(McKinsey Global Institute, *AI and the Future of Economic Growth*, 2023).

또한, 남한의 선진 AI 기술과 북한의 저렴한 노동력을 결합하면 AI 기반 스마트 제조 시스템을 구축할 수 있다. 예를 들어, 남한의 공장 자동화 기술을 북한의 제조업에 적용하면 생산성을 높이고 비용을 절감할 수 있다. AI는 자동화된 생산 라인을 구축하고, 데이터 기반의 관리 시스템을 통해 공장 운영을 효율화할 수 있다. 이러한 스마트 제조 시스템은 통일 이후 남북한 경제를 빠르게 통합하는 데 중요한 역할을 할 것이다(OECD, *AI-Driven Manufacturing in Unified Korea: Opportunities and Challenges*, 2023).

3. 디지털 경제와 통일

디지털 경제는 남북한 통일 이후 경제 통합을 촉진하는 또 하나의 중요한 요소이다. 남한은 세계적인 디지털 인프라를 갖춘 나라로, 5G 통신, 전자상거래, 핀테크 등 다양한 디지털 산업에서 강점을 가지고 있다. 북한은 디지털 경제에서 뒤처져 있지만, 반면 해커 등의 활동으로 IT 정보 및 보안 부분에서는 상당히 앞서 있는 것으로 알려져 있다. 통일 이후 남북한 간 디지털 격차를 줄이기 위한 다양한 전략이 필요하다. 남한의 디지털 인프라와 기술이 북한에 적용되면, 북한 경제의 디지털 전환을 통해 새로운 성장 기회를 창출할 수 있다(World Bank, *Digital Economy and Economic Growth: Lessons for Korea*, 2023).

특히 전자상거래와 핀테크는 남북한 경제 통합에 있어서 중요한 역할을 할 수 있다. 전자상거래는 북한의 상품이 남한을 비롯한 글로벌 시장에 접근할 수 있는 창구가 될 수 있으며, 북한의 경제 활동을 활성화하는 데 도움을 줄 수 있다. 또한, 핀테크를 통해 북한의 금융 시스템을 현대화하고, 남북한 간의 경제 교류를 더욱 원활하게 할 수 있다. 디지털 결제 시스템을 통해 무역과 거래를 간소화하고, 불필요한 비용을 줄일 수 있을 것이다(OECD, *Digital Payments and Economic Integration in Korea: Future Prospects*, 2023).

추가로 북한의 해킹기술은 역으로 군사적 안보분야에 정보보호 분야로 활용할 수 있을 것이며, AI 기술을 소프트웨어 산업구조로 전환하는 데 활용할 수 있을 것이다. 가령 데이터 분석 및 그 밖에 디지털 기술을 활용하여 새로운 기술을 접목시켜 남북한 신산업을 구축할 수 있을 것이다.

4. 통일 이후의 디지털 경제 통합 전망

통일 이후 남북한이 디지털 경제를 중심으로 통합할 수 있는 잠재력은 매우 크다고 볼 수 있다. 남한의 IT 인프라와 기술력은 북한 경제의 디지털 전환을 지원할 수 있으며, AI와 디지털 기술을 기반으로 한 새로운 경제 모델을 구축할 수 있다. 특히, 통일 이후 북한의 경제 재건을 위해서는 디지털 경제가 핵심적인 역할을 할 것이다. 북한의 주요 산업에 디지털 기술을 도입함으로써 생산성과 효율성을 높이고, 국제 경쟁력을 갖춘 새로운 경제 구조를 만들 수 있다(World Economic Forum, *The Future of the Digital Economy in a Unified Korea*, 2023).

또한, 남북한 간 디지털 경제 협력은 동북아시아 지역 전체의 디지털 경제 성장을 촉진할 수 있다. 한반도가 디지털 경제의 중심지로 자리 잡으면, 중국, 일본, 러시아와의 경제 협력도 강화될 수 있다. 이를 통해 통일된 한반도는 글로벌 디지털 경제의 주요 허브로서 중요한 역할을 할 수 있을 것이다(OECD, *Digital Transformation and Regional Economic Cooperation in East Asia*, 2023).

Ⅳ. 경제와 안보통일의 미래

남북한의 통일은 경제적, 안보적 측면에서 매우 복잡한 도전과제를 안고 있다. 통일 이후 남북한의 경제 통합과 안보 통합이 순조롭게 진행된다면 한반도는 새로운 경제 성장과 지역 안정을 이루는 데 중요한 역할을 할 것으로 예상할 수 있다. 경제 통일은 북한의 낙후된 경제를 회복시키고, 남북한의 경제적 시너지를 창출하는 동시에 남한의 성장 잠재력을 극대화하는 기회를 제공할 것이다. 이와 더불어, 안보 통일은 군사적 긴장을 완화하고, 남북한이 함께 평화와 번영을 구축할 수 있는 기회를 제공한다. 본 장에서는 남북한 통일 이후 경제와 안보의 미래 전망, 경제 통합과 안보 통합의 단계별 시나리오, 그리고 통일이 한반도와 국제 사회에 미치는 영향을 분석하고자 한다(OECD, *Economic and Security Impact of Korean Reunification*, 2023).

1. 통일 경제 시나리오

통일 이후 남북한의 경제 통합은 단계적이거나 한 번에 실행될 수 있다. 경제 통합이 단번에 진행될 경우에는 남북한의 두 개의 국가가 한번에 통일되는 사건이 발생하는 것으로 여기서는 단계적 방안을 고려하고자 한다. 단계적으로 진행될 경우 우선 초기 단계에서는 남북한 간의 경제 격차를 줄이기 위한 노력들이 필요하다. 남한의 자본과 기술력이 북한의 인프라 재건과 경제 발전에 집중 투입될 것이며, 이를 통해 북한의 경제 회복이 시작될 것으로 예상할 수 있다. 통일 초기에는 남북한 간 경제 구조의 차이로 인해 비용이 많이 들 수 있지만, 중장기적으로는 남북한 경제가 상호 보완적인 관계를 형성하면서 더 큰 성장을 이룰 수 있을 것으로 보인다(Bank of Korea, *Economic Integration and Development Scenarios for a Unified Korea*, 2023).

1) 초기 단계

통일 직후, 북한의 낙후된 경제와 인프라를 복구하기 위한 대규모 재정 투자가 필요하다. 도로, 철도, 에너지, 통신 등 핵심 인프라를 재건하는 데는 최소 수십 년이 걸릴 것이며, 이를 위해 남한 정부와 국제 사회의 지원이 필요하지만, 위에서 언급한 바와 같이 북한 스스로 저축-투자-생산-고용을 통한 성장의 선순환이 이루어지는 작업이 매우 중요하다. 또한 북한의 금융 시스템과 시장 경제 체제로의 전환을 지원하기 위한 교육과 기술 지원이 필요하다. 북한 주민들은 오랜 기간 계획 경제에 익숙해져 있기 때문에, 시장 경제 원리를 이해하고 적용하는 데 시간이 걸릴 것인데, 이에 대한민국의 역할과 도움은 매우 중요하다(World Bank, *Infrastructure Rebuilding in Post-Reunification Korea*, 2023).

2) 중기 단계

북한의 경제가 어느 정도 안정되면, 남북한 간의 경제 협력과 교역이 본격화될 것으로 예상할 수 있다. 북한의 저렴한 노동력과 풍부한 자원은 남한의 자본과 기술력과 결합하여 한반도 전체의 경제 성장을 촉진할 수 있다. 특히 제조업과 농업 분야에서 남북한 간의 협력이 강화될 것이며, 이를 통해 남북한 모두 경제적 시너지 효과 내지 이익을 누릴 수 있을 것이다. 현재는 남북한 긴장관계로 인해 어려운 상황이지만 향후 남북한 협력이 이루어진다면, 개성공단과 같은 경제 협력 프로젝트가 확장되거나 새로운 협력 구역이 생길 가능성도 있으며, 다른 협력 사업도 생겨날 가능성이 크다(McKinsey Global Institute, *The Future of Korean Reunification: Economic Scenarios*, 2023).

3) 장기 단계

장기적으로는 남북한 간의 경제 통합이 완성되고, 한반도는 동북아시아 지역의 경제 허브로 자리 잡을 수 있을 것이다. 그러나 이것은 현재로서는 이론적 의견이고 현실적으로 실현이 어려운 것이 사실이다. 남북한이 경제적으로 완전한 통합을 이루면, 한반도는 아시아 경제의 중심지로서 글로벌 경제에서도 중요한 역할을 할 수 있다. 특히 북한의 자원과 남한의 기술이 결합하여 새로운 산업이 발전할 가능성이 크다. 이를 통해 한반도는 글로벌 시장에서 경쟁력을 확보하고, 더 나아가 중국, 일본, 러시아와의 경제 협력도 더욱 강화될 것이다(OECD, *Long-Term Economic Impact of Korean Reunification*, 2023).

2. 안보 통일 시나리오

안보 측면에서의 통일도 단계적으로 이루어질 가능성이 높다. 남북한의 군사적 대립은 수십 년간 지속되어 왔기 때문에, 통일 이후 군사적 긴장을 완화하고 안보 통합을 이루는 데 시간이 걸릴 것이다. 그러나 성공적인 안보 통합은 한반도의 평화와 안정성을 보장할 뿐만 아니라, 동북아시아 지역 전체의 안보 상황을 개선하는 데 기여할 수 있다(United Nations, *Security and Peacebuilding in a Unified Korea*, 2023).

1) 초기 단계

통일 직후, 남북한 간의 군사적 긴장을 완화하기 위한 조치들이 취해질 것으로 예상할 수 있다. 남북한 군사력을 재편성하고, 북한 군사력을 단계적으로 축소하는 과정이 필요하다. 이를 통해 군사적 긴장을 줄이고, 북한 주민들의 안보 불안을 해소할 수 있다. 또한 남북한 간의 신뢰 구축을 위한 다양한 군사적 협력 프로그램이 추진될 것이며, 이를 통해 상호 군사적 신뢰를 강화할 수 있을 것이다(Korean Ministry of Defense, *Demilitarization and Trust Building in a Unified Korea*, 2023).

2) 중기 단계

군사적 긴장이 완화되면, 남북한은 국제 사회와의 안보 협력을 통해 더 넓은 안보 통합을 이루게 될 것이다. 특히 한반도에서의 비핵화는 남북한 통일의 중요한 목표 중 하나로, 국제 사회와의 협력하에 비핵화를 추진할 수 있다. 또한 동북아시아 안보 협력 체제를 강화하여, 중국, 러시아, 일본과의 안보 협력을 통해 한반도와 주변 지역의 안정성을 강화할 수 있다(OECD, *Security Cooperation and Denuclearization in Post-Reunification Korea*, 2023).

3) 장기 단계

장기적으로는 남북한이 군사적 통합을 이루고, 완전한 안보 통합을 달성할 수 있다. 남한의 국방비 지출을 줄이고, 이를 사회적 복지와 경제 발전에 재투자함으로써 통일의 경제적 이익을 극대화할 수 있다. 또한 한반도의 안보 상황이 안정되면, 동북아시아 지역 전체의 안보 상황이 개선될 것이며, 국제 사회에서 한반도가 중요한 역할을 할 수 있을 것이다(United Nations, *Long-Term Security and Stability in a Unified Korea*, 2023).

3. 미래 과제

남북한 통일 이후 직면하게 될 경제적, 안보적 과제는 매우 다양하다고 볼 수 있다. 우선, 경제 통합 과정에서 발생하는 재정적 부담을 해결하기 위해 남한 정부와 국제 사회의 협력이 필수적이다. 북한의 경제적 회복에는 장기적인 재정 지원과 인프라 투자가 필요하며, 이를 위해 국제 금융 기구와 다국적 기업의 참여가 중요하다(World Bank, *Financing the Reunification of Korea: Challenges and Opportunities*, 2023).

또한, 안보 통합 과정에서 군사적 긴장을 완화하고 신뢰를 구축하는 것이 중요한 과제가 될 것이다. 북한 주민들이 오랫동안 사회주의 체제와 군사적 긴장 상태에서 살아왔기 때문에, 통일 후 새로운 안보 체제에 적응하는 데 시간이 걸릴 것이다. 이를 위해 남북한 간의 군사적 협력 프로그램과 사회적 교육 프로그램이 필요할 것이므로 정부의 역할 또한 매우 중요할 것이다(Korean Ministry of Unification, *Security and Social Integration after Reunification*, 2023).

국제 사회와의 협력도 중요한 과제 중 하나이다. 남북한 통일이 이루어지면, 중국, 러시아, 일본 등 주변국들과의 경제적, 안보적 협력이 더 중요한 역할을 할 것이다. 특히 동북아시아 지역의 안보 협력 체제를 강화하고, 통일된 한반도가 지역 평화와 번영을 촉진하는 데 기여할 수 있도록 다양한 외교적 노력이 필요할 것이다(OECD, *Regional Cooperation in East Asia after Korean Reunification*, 2023).

V. 독일 통일과의 비교 분석

독일 통일은 남북한 통일을 이해하고 준비하는 데 중요한 참고 사례로 자주 언급되곤 한다. 독일은 분단 이후 서로 다른 정치적, 경제적 체제를 유지하다가 1990년에 통일을 이루었다. 독일 통일의 경험은 경제적 통합, 사회적 통합, 안보 통합 측면에서 남북한 통일에 많은 시사점을 제공한다. 이 장에서는 독일 통일

과정과 그 성과를 살펴보고, 남북한 통일에서 배울 수 있는 교훈과 적용할 수 있는 전략을 분석한다. 또한 남북한의 특수성을 고려하여 독일과의 차이점을 파악하고, 남북한 통일에 적합한 접근 방안을 모색한다(German Federal Ministry of Finance, *The Economic Unification of Germany: Successes and Challenges*, 2023).

1. 독일 통일 과정

1) 독일의 경제적 통합 과정과 그 성과 설명

독일 통일은 1989년 동독 국민들의 시위로 시작되어 동독과 서독의 정치적 합의 과정을 거쳤으며, 경제적 통합은 통화 통합, 재정 지원, 인프라 투자 등의 단계를 거쳐 진행되었습니다. 1990년 7월 1일, 독일은 통화 통합을 통해 동독 마르크를 서독 마르크로 교환하였으며, 이를 통해 동독 주민들이 서독과 동일한 화폐를 사용하게 되었다. 이 과정에서 서독은 동독에 대규모 재정을 투입하여 사회복지, 연금, 의료 서비스 등을 제공하였다(Bundesbank, *The Currency Union of Germany: Lessons Learned*, 2023). 그러나 이러한 투입은 서독의 부담이 높고 동독 기업이 재건하는데 상당한 어려움으로 작용하기도 하였다. 중요한 것은 독일의 경제적 통합 과정에 상당한 비용이 들었지만 통일되고 나서는 유럽의 최대 강국으로 거듭나게 되었고, 경제적 통합 과정에서 독일의 경우를 통해 반면교사로 삼을 수 있다는 것이다.

인프라 측면에서는 동독 지역의 도로, 철도, 통신, 에너지 시설 등에 대대적인 투자가 이루어졌다. 서독 기업들은 동독 지역에 진출하여 공장을 건설하고, 일자리를 창출하였다. 이러한 노력의 결과로 동독의 경제는 점진적으로 회복되기 시작했으며, 동서독 간의 경제 격차는 시간이 지남에 따라 서서히 줄어들었다(OECD, *Economic Integration in Germany Post-Reunification*, 2023).

2) 남북한 경제 통합에서 독일 통일의 시사점

독일 통일의 경제적 통합 과정은 남북한 통일에서도 중요한 시사점을 제공한다. 우선, 통화 통합과 재정 지원은 경제 통합의 핵심 요소로 작용하였다. 남북한 통일에서도 통화 통합을 통해 경제적 일체감을 형성하고, 남한의 재정 지원을 통해 북한의 경제 회복을 도모할 수 있을 것이다. 다만, 위에서 언급한 바와 같이 고비용의 통일 외에도 제2차 세계대전 이후 서독에서 보여주었던 제도개혁과 풍부한 노동력을 활용하는 방안을 병행해야 할 필요가 있다. 또한 인프라 투자를 통해 북한의 경제 기반을 강화하고, 남한 기업들의 북한 진출을 촉진함으로써 경제 성장을 가속화할 수 있다(Korea Institute for International Economic Policy, *Implications of German Unification for the Korean Peninsula*, 2023).

2. 배울 점과 차이점

1) 독일 통일에서 배울 수 있는 경제적, 안보적 교훈 분석

독일 통일에서 배울 수 있는 중요한 교훈 중 하나는 통일 비용의 규모와 그에 따른 재정 부담이다. 독일은 통일 이후 약 2조 유로에 달하는 통일 비용을 부담하였으며, 이는 서독 경제에 상당한 부담을 주었다. 이러한 경험은 남북한 통일에서도 통일 비용을 현실적으로 예측하고, 이를 효율적으로 관리하는 전략이 필요함을 시사한다. 또한 독일은 통일 과정에서 사회적 통합을 위한 다양한 정책을 추진하였으며, 이는 남북한 통일에서도 사회·문화적 격차를 해소하는 데 중요한 역할을 한다(German Council of Economic Experts, *The Cost of German Unification: An Analysis*, 2023).

안보 측면에서는 독일이 NATO와 바르샤바 조약 기구 사이에서 중립을 유지하며 통일을 이룬 점이 주목할 만하다. 독일은 통일 이후 NATO에 잔류하면서도 주변국들과의 안보 협력을 강화하였다. 이는 남북한 통일에서도 주변국들의 안보 우려를 해소하고, 국제 사회와의 협력을 통해 안정적인 안보 체계를 구축하는 데 참고할 수 있다(United Nations, *Security Dynamics of German Unification and Implications for Korea*, 2023).

2) 남북한 통일의 특수성에 따른 차이점 설명

남북한 통일은 독일 통일과 여러 면에서 차이점이 있다. 첫째, 남북한 간의 경제 격차는 독일의 동서독 간 격차보다 훨씬 크다(2022년 기준 북한의 명목 국민총소득(GNI)은 약 36조 7천억 원으로, 남한의 2,193조 5천억 원의 약 1.7% 수준이며, 1인당 GNI는 북한이 143만 원, 남한이 4,248만 1천 원으로 약 29.7배 차이가 남. 반면에 1990년 독일 통일 당시 동독의 경제력은 서독의 약 43% 수준이었으며 통일 이후 2018년 기준 약 75%까지 상승(한국은행, 북한경제자료: https://www.bok.or.kr/portal/bbs/P0002240/view.do?depth=200092&depth2=201156&depth3=200092&menuNo=200092&nttId=10085022&oldMenuNo=200092&pageIndex=1&pageUnit=10&programType=newsData&searchCnd=1&utm_source=chatgpt.com)). 북한의 경제 규모와 인프라 수준은 동독에 비해 더 낙후되어 있으며, 이는 통일 이후 경제 통합 과정에서 더 큰 도전이 될 수 있다. 둘째, 남북한은 군사적으로 대치하고 있으며, 북한은 핵무기를 보유하고 있다는 점에서 안보 측면의 복잡성이 존재한다. 독일 통일 당시에는 핵무기 문제가 없었기 때문에, 남북한 통일에서는 비핵화와 군사적 긴장 완화가 더욱 중요하다고 볼 수 있다(Korean Institute for National Unification, *Differences between German and Korean Unification Scenarios*, 2023).

셋째, 남북한은 문화적, 언어적 차이가 크지 않지만, 오랜 분단으로 인한 이념적, 사회적 격차가 존재한다. 독일도 동서독 간에 이념적 차이가 있었지만, 남북한은 더 긴 기간 동안 서로 다른 체제에서 살아왔기 때문에 사회적 통합을 위한 노력이 더욱 필요해 보인다. 넷째, 주변국들의 이해관계도 다르다. 독일 통일은 지리적으로 유럽 내에서 이루어졌으며, 주변국들의 지지가 비교적 원활하게 이루어졌다. 반면 남북한 통일은 동북아시아의 복잡한 국제 관계 속에서 이루어져야 하며, 중국, 일본, 러시아, 미국 등의 이해관계를 조율해야 하는 문제를 안고 있다

(OECD, *Geopolitical Considerations in Korean Unification*, 2023).

3. 독일 통일 이후의 경제적, 안보적 성과

1) 독일이 통일 이후 겪은 경제적 성장 및 안보 안정성 설명

독일은 통일 이후 초기에는 경제적 어려움을 겪었지만, 장기적으로는 유럽의 경제 강국으로 다시 자리매김하는 데 중요한 역할을 하였다. 동독 지역의 경제 회복이 예상보다 오래 걸렸지만, 지속적인 투자와 정책 지원을 통해 동서독 간의 경제 격차를 상당 부분 줄일 수 있었다. 오늘날 독일은 유럽 최대의 경제 규모를 자랑하며, 세계 무역에서도 중요한 위치를 차지하고 있다(Bundesbank, *Germany's Economic Development Post-Reunification*, 2023).

안보 측면에서도 독일은 통일 이후 유럽의 평화와 안정을 유지하는 데 중요한 역할을 해왔다. NATO 회원국으로서 국제 안보 협력에 적극 참여하고 있으며, 유럽 연합의 통합과 발전에도 큰 기여를 하고 있다. 독일의 통일은 유럽 통합의 상징적인 사건으로 평가되며, 유럽 내 갈등을 해소하고 협력을 강화하는 데 중요한 전환점이 되었다(European Council on Foreign Relations, *Germany's Role in European Security Post-Unification*, 2023).

2) 남북한 통일에서 적용할 수 있는 전략적 제언

독일 통일의 경험은 남북한 통일에서 몇 가지 전략적 제언을 도출할 수 있다. 첫째, 통일 비용을 현실적으로 예측하고 재정 계획을 세우는 것이 중요하다. 이를 위해 국제 금융 기구와의 협력, 주변국들의 지원을 이끌어내는 외교적 노력이 필요하다. 둘째, 사회적 통합을 위한 교육과 문화 교류 프로그램을 적극 추진하여 이념적, 사회적 격차를 줄여야 한다. 그것을 시행하는 중요한 전제 중에 남북한 냉전의 관계에서 서로가 반목하기보다는 서로가 필요하다는 인식전환이 필요하다. 셋째, 국제 사회와의 안보 협력을 강화하여 주변국들의 우려를 해소하고,

통일된 한반도의 평화와 안정을 보장해야 한다. 넷째, 경제 통합 과정에서 단계적 접근을 통해 충격을 최소화하고, 지속 가능한 성장을 도모해야 한다(Korea Institute for International Economic Policy, *Strategic Recommendations for Korean Unification Based on German Experience*, 2023).

Ⅵ. 결론: 안보와 경제 통합을 위한 시사점

1. 군사력 증대와 남북한 평화통일의 긍정적 의견

1) 군사력 강화가 평화 통일을 위한 방어적 역할

정부의 군사력 강화 정책은 북한의 위협에 대응하기 위한 방어적 성격을 띠고 있다. 강한 군사력이 북한의 군사적 도발을 억제하는 데 기여하며, 이는 장기적으로 평화적 대화와 협상의 기회를 마련할 수 있는 기반으로 볼 수 있다. 통일을 위한 안정된 안보 환경을 구축함으로써, 경제적 협력과 통합을 더욱 촉진할 수 있는 조건을 마련하는 역할을 할 수 있다. 이는 군사력이 단순한 충돌 대비책이 아니라 안정적인 경제 통합을 위한 필수 조건으로 작용할 수 있다는 점을 시사한다(Korean Ministry of Defense, *National Security and Economic Stability under Yoon Administration*, 2023).

2) 군사비 절감과 경제적 통합의 가능성

군사력 증대와 자주 국방의 강화는 장기적으로 군사비 절감으로 이어질 수 있다. 통일 이후 남북한 간의 군사적 긴장이 완화되면, 국방비를 줄이고 그 자금을 경제 발전과 사회 복지에 재투자할 수 있는 기회가 생긴다. 예를 들어, 통일 이후 군사비의 일정 부분을 북한의 인프라 재건과 경제 통합에 사용함으로써, 경제 성장을 촉진할 수 있는 가능성이 높다. 이러한 분석은 통일 후 남북한 경제 통합의 재정적 기반을 다지기 위한 중요한 전략이 될 수 있다(OECD, *Long-term Economic*

Benefits of Military Spending Reduction in a Unified Korea, 2023).

3) 안보와 경제 협력의 상호 보완성

안보와 경제 협력은 상충되는 개념이 아닌 상호 보완적인 관계로 작용할 수 있다. 안정적인 안보 환경은 경제적 협력을 촉진하는 기반이 되며, 남북한 간 경제 통합을 위한 신뢰를 구축하는 데 필수적인 요소이다. 정부의 강력한 안보 정책은 북한의 군사적 위협을 억제하는 동시에, 안정적인 경제 협력과 통일을 위한 기반을 마련할 수 있다. 경제적 협력이 이루어지기 위해서는 남북한 간의 군사적 긴장이 완화되고, 안전한 환경이 제공되어야 한다고 볼 수 있다(Korean Institute for National Security, *Security and Economic Cooperation in the Korean Peninsula*, 2023).

4) 주변국 협력과 국제적 안보 역할

정부의 군사력 강화와 국제적 협력 강화는 통일 후에도 중요한 역할을 할 수 있다. 특히 미국, 중국, 일본, 러시아와 같은 주변국들과의 협력이 통일 이후 경제적 협력으로도 이어질 수 있다. 국제 사회와의 안보 협력은 동북아시아 지역의 안정성을 확보하는 동시에, 남북한 통일 후에도 경제적 성장과 발전을 촉진하는 중요한 기반이 될 수 있다. 이를 통해 한반도는 동북아시아의 경제적 허브로 자리 잡을 수 있는 가능성을 열게 된다고 예상할 수 있다(United Nations, *The Role of International Security Cooperation in Post-Reunification Korea*, 2023).

2. 군사력 증대와 남북한 대치가 가져올 부정적 영향

1) 군사력 증대가 남북한 긴장 고조와 경제적 협력 저해

정부의 군사력 강화와 자주 국방 정책은 남북한 간 군사적 긴장을 더욱 고조시키고, 오히려 경제적 협력과 통일을 위한 대화의 기회를 줄이는 결과를 초래할 수 있다. 남한의 무기 개발과 북한의 핵무기 및 미사일 개발은 상호 간의 군비

경쟁을 촉발하여, 군사적 대립이 심화될 가능성이 있다. 이러한 군사적 긴장은 경제적 협력의 기반을 약화시키고, 오히려 남북한 간의 경제 통합에 대한 신뢰를 저해할 수 있다. 군사력이 평화의 기반이 되기보다는, 양측의 불신을 증대시켜 통일의 가능성을 더욱 멀어지게 할 수 있다는 점에서 부정적 효과가 존재한다(Korean Peace Research Institute, *The Escalation of Tensions on the Korean Peninsula and Its Impact on Economic Cooperation*, 2023).

2) 군사비 증대가 경제적 부담으로 작용

남북한 간 군사력 증대는 양측 모두에게 경제적 부담을 가중시킬 수 있다. 남한의 국방비는 2023년 기준 약 59조 원 이상으로 계속해서 증가하고 있으며, 이는 다른 사회적, 경제적 분야에 투자될 수 있는 자원을 제한하고 있다. 북한 역시 군사비와 핵무기 개발에 상당한 자원을 투입하고 있는데, 이러한 군사적 지출은 북한의 경제 회복을 저해하고 주민들의 생활 수준을 더욱 악화시키고 있다. 남북한 양측 모두 군사비를 절감하고 경제 발전에 재투자하는 것이 장기적으로 더 큰 이익을 가져올 수 있다. 그러나 현재의 군사적 긴장 상태는 이러한 자원의 재배분을 방해하고 있으며, 통일 이후에도 경제적 통합을 위한 자금을 확보하는 데 어려움을 초래할 수 있으므로 현재의 긴장관계를 긴장완료로 바꾸어 놓을 필요가 있다(OECD, *The Economic Burden of Military Spending in the Korean Peninsula*, 2023).

3) 군사적 긴장과 물리적 충돌 가능성

군사력 증대는 남북한 간 물리적충돌을 유발할 가능성을 높인다. 북한의 핵무기와 미사일 개발은 남한의 군사적 대응을 촉발하며, 이는 상호 간의 군사적 충돌 가능성을 높인다. 최근의 군사적 충돌 위험 사례로는 2010년 연평도 포격사건과 같은 남북한 간의 무력 충돌이 있으며, 이것은 꼭 북한만의 도발에만 국한되지는 않으며 남북한 충돌 가능성 모두를 높일 수 있다. 이러한 충돌은 경제적 파급 효과를 불러일으켜, 남한의 주식 시장 급락과 외국인 투자 유출 등으로 이어질 수 있다. 즉 군사적 충돌이 남북한 경제에 미치는 부정적인 영향은 단기적으로 매우 크며, 장기적으로도 남북한 간 경제 협력과 통일을 저해할 수 있는 주요 원인으로 작용할 수 있다(Korean Institute for National Unification, *The Risk of Military Conflict in the Korean Peninsula and Its Economic Consequences*, 2023).

4) 국제적 군사 긴장과 경제 협력의 악화

남북한 간의 군사적 긴장은 국제 사회의 경제 협력을 저해할 수 있으며 특히 남한의 신용도를 저해할 수 있다. 남한 정부의 군사력 강화와 북한의 핵 개발은 미국, 중국, 일본 등 주변국들과의 안보 협력에 새로운 변수를 제공하지만, 이러한 군사적 긴장이 장기화되면 국제 경제 협력에도 부정적인 영향을 미칠 수 있다. 특히 남한은 동북아시아에서 중요한 경제적 허브로 자리 잡고 있으나, 군사적 대립이 심화될 경우 외국인 투자자들은 불안정을 이유로 투자를 회피할 수 있다. 이러한 상황은 남북한 통일 이후에도 경제적 발전을 방해하는 요인이 될 수 있으며, 통일 후 경제 통합에 필요한 국제적 협력이 지연될 가능성도 크다(United Nations, *The Impact of Military Escalation on International Economic Cooperation in East Asia*, 2023).

3. 국제적 협력 강화의 구체적인 방안

남북한 통일이 이루어진 후, 미국, 중국, 러시아, 일본과의 경제 및 안보 협력 방안은 매우 중요할 것이다. 예를 들어, 통일 이후 한반도는 동북아시아의 안정과 발전을 위한 중요한 허브로 자리 잡을 수 있으며, 미국과의 동맹 강화, 중국과의 경제적 협력 확대, 러시아와의 에너지 및 자원 협력, 일본과의 무역 관계 개선 등은 통일된 한반도의 경제 성장을 촉진할 수 있는 요소이다.

이러한 주변국들과의 협력을 통해 남북한 경제 통합을 더욱 원활하게 이루어갈 수 있다(OECD, *Regional Cooperation in East Asia after Korean Reunification*, 2023).

1) 군사적 긴장 완화가 경제에 미치는 긍정적 영향

군사적 긴장이 완화되면, 남북한 간의 경제 협력과 교류는 자연스럽게 증가할 것이다.

예를 들어, 개성공단과 같은 성공적인 경제 협력 프로젝트를 확대하여, 남북한이 상호 이익을 창출할 수 있는 경제 협력 구역을 더 많이 조성할 수 있으며, 그 외에 북한에 대한 투자를 활성화시킬 수 있을 것으로 예상된다. 남한의 자본과 기술력, 북한의 노동력과 자원을 결합함으로써 새로운 경제적 시너지를 창출할 수 있으며, 이는 남북한 양국 모두에게 장기적인 경제적 이익을 가져올 것이며, 투자－성장－고용증가의 선순환 고리에 놓일 가능을 높인다(McKinsey Global Institute, *Economic Cooperation Models in Post-Reunification Korea*, 2023).

2) 안보 및 경제 협력의 시나리오 예시

통일 후 군사적 긴장 완화와 경제 협력이 이루어지는 과정은 위에서 설명한 것처럼 단계별로 진행되는 것이 더 현실적이다.

초기 단계에서는 남북한 간의 신뢰 구축과 군사적 긴장 완화를 위한 외교적 노력이 중요하며, 이를 바탕으로 경제 인프라 투자와 협력 프로젝트가 시작될 수 있다. 중기적으로는 경제 통합이 본격적으로 이루어지며, 북한의 경제 개혁과 남한의 기술 지원을 통해 경제적 격차가 점차 줄어들 것이다.

장기적으로는 남북한 경제가 통합되고, 한반도는 동북아시아의 경제 허브로서 글로벌 경제에서 중요한 역할을 할 것이며 한반도가 글로벌 강대국으로 도약하는 과정이 될 것이다(Korean Institute for National Security, *Economic Integration Scenarios after Korean Reunification*, 2023).

참고문헌

대한민국 국방부(2023), https://www.mnd.go.kr/mbshome/mbs/mnd/subview.jsp?id=mnd_010401020000&utm_source=chatgpt.com

한국은행(2023), "북한경제자료", https://www.bok.or.kr/portal/bbs/P0002240/view.do?depth=200092&depth2=201156&depth3=200092&menuNo=200092&nttId=10085022&oldMenuNo=200092&pageIndex=1&pageUnit=10&programType=newsData&searchCnd=1&utm_source=chatgpt.com

Bank of Korea (2023), "Economic Cooperation between South and North Korea".

Bank of Korea (2023), "Economic Costs of Korean Reunification".

Bank of Korea (2023), "Economic Impact of North-South Tensions".

Bank of Korea (2023), "Economic Integration and Development Scenarios for a Unified Korea".

Bank of Korea (2023), "Economic Recovery and Military Spending Reduction in North Korea".

Bank of Korea (2023), "Impact of Geopolitical Risks on South Korean Economy".

Bundesbank (2023), "The Currency Union of Germany: Lessons Learned".

Bundesbank (2023), "Germany's Economic Development Post-Reunification".

CIA World Factbook (2023), "North Korea Economy Overview".

European Council on Foreign Relations (2023), "Germany's Role in European Security Post-Unification".

German Council of Economic Experts (2023), "The Cost of German Unification: An Analysis".

German Federal Ministry of Finance (2023), "The Economic Unification of Germany: Successes and Challenges".

Korea Development Institute (2022), "Economic Costs of North Korean Military Provocations".

Korea Institute for International Economic Policy (2023), "Implications of German Unification for the Korean Peninsula".

Korea Institute for International Economic Policy (2023), "Strategic Recommendations for Korean Unification Based on German Experience".

Korean Institute for National Security (2023), "Cybersecurity and AI: Protecting National Infrastructure".

Korean Institute for National Security (2023), "Economic Integration Scenarios after Korean Reunification".

Korean Institute for National Security (2023), "Security and Economic Cooperation in the Korean Peninsula".

Korean Institute for National Unification (2023), "Differences between German and Korean Unification Scenarios".

Korean Institute for National Unification (2021), "The Economic Effects of North-South Summits".

Korean Institute for National Unification (2023), "The Risk of Military Conflict in the Korean Peninsula and Its Economic Consequences".

Korean Ministry of Defense (2023), "Demilitarization and Trust Building in a Unified Korea".

Korean Ministry of Defense (2023), "National Security and Economic Stability under Yoon Administration".

Korean Ministry of Unification (2023), "Security and Social Integration after Reunification".

Korean Peace Research Institute (2023), "The Escalation of Tensions on the Korean Peninsula and Its Impact on Economic Cooperation".

McKinsey Global Institute (2023), "AI and the Future of Economic Growth".

McKinsey Global Institute (2023), "Economic Cooperation Models in Post-Reunification Korea".

McKinsey Global Institute (2023), "The Future of Korean Reunification: Economic Scenarios".

OECD (2023), "AI and National Security: New Possibilities and Challenges".

OECD (2023), "AI-Driven Manufacturing in Unified Korea: Opportunities and Challenges".

OECD (2023), "Digital Payments and Economic Integration in Korea: Future Prospects".

OECD (2023), "Digital Transformation and Regional Economic Cooperation in East Asia".

OECD (2023), "Economic and Security Impact of Korean Reunification".

OECD (2022), "Economic Benefits of Korean Reunification".

OECD (2022), "Economic Benefits of Peace on the Korean Peninsula".

OECD (2023), "The Economic Burden of Military Spending in the Korean Peninsula".

OECD (2023), "Economic Integration in Germany Post-Reunification".

OECD (2022), "Germany's Post-Reunification Economic Performance".

OECD (2023), "Geopolitical Considerations in Korean Unification".

OECD (2023), "Long-Term Economic Benefits of Military Spending Reduction in a Unified Korea".

OECD (2023), "Long-Term Economic Impact of Korean Reunification".

OECD (2023), "Regional Cooperation in East Asia after Korean Reunification".

OECD (2022), "Regional Economic Integration in East Asia after Korean Unification".

OECD (2023), "Security Cooperation and Denuclearization in Post-Reunification Korea".

United Nations (2023), "Long-Term Security and Stability in a Unified Korea".

United Nations (2023), "The Impact of Military Escalation on International Economic Cooperation in East Asia".

United Nations (2023), "The Role of International Security Cooperation in Post-Reunification Korea".

United Nations (2023), "Security Dynamics of German Unification and Implications for Korea".

World Bank (2023), "Financing the Reunification of Korea: Challenges and Opportunities".

World Bank (2023), "GDP (current US$) - South Korea".

World Bank (2023), "Digital Economy and Economic Growth: Lessons for Korea".

World Bank (2023), "Infrastructure Rebuilding in Post-Reunification Korea".

World Economic Forum (2023), "The Future of the Digital Economy in a Unified Korea".

World Economic Forum (2023), "The Role of AI in the Fourth Industrial Revolution".

제8장

권 승 혁(공주교육대학교)

AI와 안보통일교육

Ⅰ. 안보통일교육과 AI는 왜 만나야만 하는가?

안보와 통일 교육은 한반도의 미래를 준비하는 중요한 교육 분야로, 국민들에게 국가 안보와 평화적 통일의 중요성을 이해시키는 데 중요한 역할을 한다. 특히, 안보교육은 국가의 안전을 보장하고, 통일교육은 한반도의 평화적 통합을 위한 필수적인 과정이다. 그러나 전통적인 교육 방식은 이 두 분야의 교육에서 일부 한계점을 보인다. 이러한 한계를 극복하고, 더욱 효과적인 교육을 제공하기 위해 AI(인공지능) 기술을 도입하는 것이 중요한 전환점이 될 수 있다. AI는 개인화된 학습, 실시간 피드백, 몰입형 교육 환경 등 기존 교육 방식에서 실현할 수 없었던 새로운 가능성을 열어준다.

본 장에서는 안보통일교육에서 AI의 활용 필요성과 이를 통한 교육 혁신의 가능성을 논의하고자 한다. AI의 도입이 교육의 효과를 높일 수 있는 방법과 그로 인한 교육적 변화에 대해 구체적으로 살펴보겠다.

1. 안보통일교육의 현황과 한계

안보통일교육은 국가의 안보를 유지하고, 국민의 안전 의식을 고취시키기 위해 필수적인 교육이다. 전통적으로는 군사적 위협에 대한 대응 교육을 중심으로 이루어졌으며, 강의식 전달 방식과 책이나 동영상 자료를 중심으로 진행되는 경우가 많았다. 이는 학습자들이 일방적인 지식 전달을 받고, 실제 상황에서 이를 어떻게 적용해야 할지에 대한 문제 해결 능력을 키우기 어렵다는 한계를 가진다. 또한 안보통일교육은 한반도의 평화적 통합을 위한 토대를 마련하는 중요한 교육 과정이다. 하지만 현재의 안보통일교육은 주로 역사적 사실에 대한 이해나 이념적인 접근에 그치는 경우가 많다. 이러한 방식은 학생들에게 통일의 필요성을 일깨우는 데는 효과적일 수 있지만, 실제 통일을 이루기 위한 구체적인 실천적 방법이나 심리적 장벽을 넘어서는 교육을 제공하기에는 한계가 있다.

- 단방향 학습: 전통적인 교육 방식은 교사가 주도하는 일방적인 강의 형태가 대부분이다. 이는 학습자의 능동적인 참여를 유도하기 어렵고, 실제 상황에서 문제를 해결하는 능력을 키우는 데 한계가 있다.
- 위기 대응 시뮬레이션 부족: 실제 위기 상황에서의 대응 능력은 교육을 통해 배워야 하지만, 전통적인 방식에서는 제한된 시간과 공간으로 인해 시뮬레이션 교육을 충분히 제공하기 어렵다.
- 속도와 적시성 부족: 빠르게 변화하는 안보 환경에 적절하게 대응하기 위해서는 실시간으로 변화하는 상황을 반영한 교육이 필요하다. 그러나 전통적인 교육 방식은 정보의 갱신 속도가 상대적으로 느리다.
- 지식 중심의 교육: 통일 교육은 대개 역사적 사실이나 이념적 배경을 강조하는 방식으로 진행된다. 이는 학생들에게 통일의 중요성을 이해시키는 데는 유효하지만, 실제로 남북 간의 문화적, 사회적 차이를 극복하는 데 필요한 심리적, 사회적 역량을 키우는 데는 부족하다.
- 체험 활동 부족: 통일의 과정은 단지 이론적 지식만으로는 이해하기 어려운 복잡한 문제이다. 체험적 학습이 부족하면, 학생들은 통일에 대한 막연한 두려움과 불안을 해소할 기회를 놓친다.
- 감정적 접근 부족: 통일을 위해서는 민족적 정체성의 공유가 중요한데, 이는 교육을 통해 감정적, 심리적으로 접근할 필요가 있다. 기존 교육 방식은 이러한 접근이 부족하여 실질적인 감정적 준비가 부족할 수 있다.

2. AI의 교육적 특성과 가능성

AI 기술은 기존 교육 방식의 한계를 극복할 수 있는 여러 가능성을 제공한다. 특히 AI는 맞춤형 학습, 실시간 분석, 시뮬레이션, 감정 인식 등 다양한 방법을 통해 교육의 효과성을 높일 수 있다.

AI는 학습자의 데이터를 실시간으로 분석하여 맞춤형 학습 경로를 제공할 수 있다. 학습자의 성취도, 학습 스타일, 관심사 등을 바탕으로 개별화된 교육 콘텐츠를 제공함으로써, 학습자의 참여도와 효과성을 높일 수 있다.

- 개인화된 교육: AI는 학습자의 학습 속도와 수준에 맞춰 적절한 자료와 문제를 제공한다. 이는 안보와 통일 교육에서도 중요한 요소로, 각 학습자가 처한 상황에 맞는 정보를 제공하여 더 효과적인 학습을 유도할 수 있다.
- 실시간 피드백: AI는 학습자가 진행 중인 학습에 대해 실시간으로 피드백을 제공하며, 즉각적인 개선 방향을 제시한다. 이를 통해 학습자는 빠르게 개선할 수 있으며, 장기적인 학습 효과가 높아진다.

또한 AI는 시뮬레이션과 가상현실(VR) 또는 증강현실(AR)을 활용하여 실감나는 교육 환경을 제공할 수 있다. 이는 실제 상황을 재현하거나 가상 시나리오를 통해 문제 해결 능력을 배양하는 데 효과적이다.

- 위기 대응 시뮬레이션: AI를 활용한 위기 대응 시뮬레이션은 학습자가 실제 안보 위기 상황에서 어떻게 대응해야 하는지 연습할 수 있도록 돕는다. 예를 들어, 사이버 공격이나 전쟁 상황을 시뮬레이션하여, 학습자가 의사결정과 전략을 실시간으로 조정하며 학습할 수 있다.
- 가상 통일 시나리오: 통일 교육에서도 AI는 가상 통일 시나리오를 통해 학습자가 남북한의 정치적, 사회적 환경을 체험할 수 있게 한다. 이는 학생들이 실제 통일이 이루어졌을 때 발생할 수 있는 여러 상황에 대해 미리 준비할 수 있도록 도와준다.

AI는 감정 분석 기술을 통해 학습자의 감정 상태를 파악하고, 이에 맞는 학습 환경을 조성할 수 있다. 이는 통일 교육에서 특히 중요한 요소로, 학습자가 남북 간의 역사적 갈등이나 문화적 차이에 대한 감정적 거부감을 가지고 있을 때 이를 완화하는 데 도움을 줄 수 있다.

- 정서적 접근: AI는 학습자의 감정을 실시간으로 분석하여, 긍정적인 학습 경험을 제공하는 데 도움을 준다. 예를 들어, 통일 교육에서 학생들이 북한에 대한 부정적 감정을 가질 경우, AI는 이를 파악하고 이를 개선할 수 있는 긍정적인 피드백을 제공할 수 있다.
- 사회적 상호작용 촉진: AI는 학습자 간의 상호작용을 촉진하는 데에도 유용하다. 예를 들어, 가상 환경에서 남북 학생들이 협력해야 하는 시나리오를 설정하고, 이를 통해 실질적인 협력과 갈등 해결 능력을 배울 수 있다.

Ⅱ. 지금 AI와 교육의 만남은 어떻게 이루어지고 있나?

1. AI란?

1) 머신러닝(Machine Learning)

AI는 인공지능을 뜻하는 용어인 'Artificial Intelligence'의 약자로, 학습과 추론의 과정을 통해 인간의 인지 능력을 모방하거나 확장하는 기술이다. AI 중에서도 머신러닝(Machine Learning, ML)과 딥러닝(Deep Learning, DL)은 AI의 발전을 이끄는 핵심적 기술로, 이들은 다양한 교육 환경에 혁신을 가져올 수 있다([그림 8-1]).

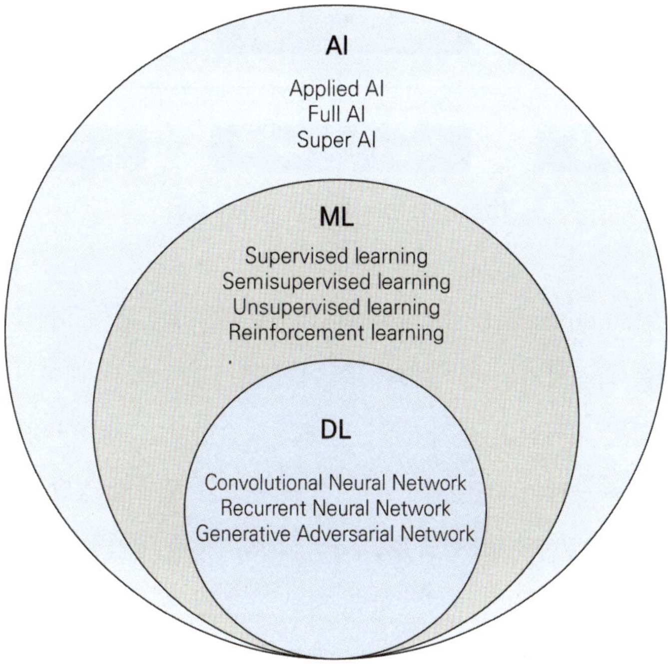

[그림 8-1] AI, 머신러닝(ML), 딥러닝(DL) 간의 관계(Wang 등, 2021)

머신러닝은 컴퓨터가 데이터를 이용해 스스로 학습하고 특정 작업을 수행하는 기술이다. 기존의 프로그래밍이 사람이 미리 정의한 규칙에 따라 작동하는 것이라면, 머신러닝은 데이터를 기반으로 컴퓨터가 규칙을 스스로 만들어 내는 점이 특징이다. 머신러닝 모델은 데이터의 패턴을 학습하여 이를 기반으로 예측하거나 분류하는 데 매우 유용하다(Hastie et al., 2009). 머신러닝은 교육에서 학습자 데이터를 수집하여 각 학습자의 수준과 학습 스타일에 맞춘 맞춤형 학습을 가능하게 한다. 예를 들어, 학습자가 자주 틀리는 문제 유형을 분석해 이를 보완하는 문제를 추가로 제공할 수 있으며, 이는 개인 맞춤형 학습의 핵심 요소로 작용한다(Anderson, 2019).

머신러닝은 학습 방식에 따라 크게 지도학습(Supervised Learning), 비지도학습(Unsupervised Learning), 강화학습(Reinforcement Learning)으로 나눌 수 있다([그림 8-2]).

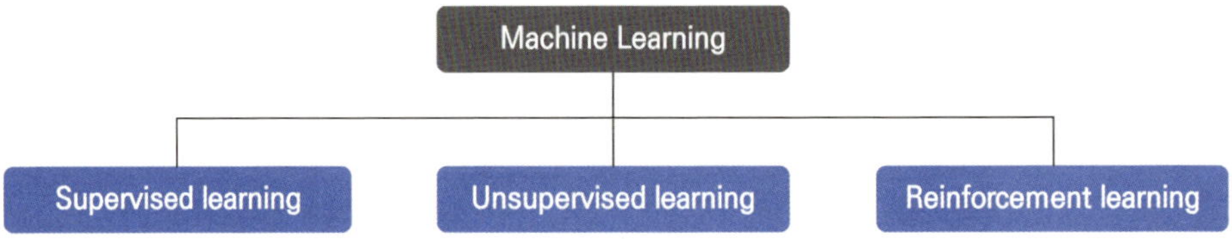

[그림 8-2] 머신러닝의 3가지 유형

- 지도학습(Supervised Learning): 지도학습은 입력과 출력 데이터 쌍을 이용해 모델을 학습시키는 방식이다. 즉 이미 레이블이 있는 데이터를 사용하여 모델이 입력 데이터와 출력 간의 관계를 학습한다([그림 8-3]). 예를 들어, 학생들이 푼 문제와 그 정답을 기반으로 새로운 문제의 정답을 예측하는 모델을 만들 수 있다. 지도학습은 학습자의 성취도를 평가하고, 부족한 부분을 파악하는 데 유용하다. 또한, 학습 자료의 추천 시스템이나 성적 예측에도 활용될 수 있다(Murphy, 2012). 예시로는 학생들의 성적 데이터를 활용하여 성적을 예측하거나, 학습 진도를 바탕으로 학습 계획을 제안하는 시스템이 있다.
- 비지도학습(Unsupervised Learning): 비지도학습은 정답이 없는 데이터를 통해 패턴이나 구조를 발견하는 방식이다. 레이블이 없는 데이터를 사용하여 데이터의 유사성이나 군집을 찾아내는 것이 주요 목표이다([그림 8-3]). 이를 통해 학생들의 학습 스타일을 그룹화하거나 유사한 학습 문제를 추천하는 데 활용할 수 있다. 비지도학습은 학습자 그룹의 공통된 특징을 분석하여 맞춤형 교육을 제공하는 데 기여할 수 있다(Bishop, 2006). 예시로는 학생들의 학습 성향을 분석하여 그룹화하거나, 특정 패턴을 파악해 개별 학습자에게 적합한 학습 콘텐츠를 추천하는 시스템이 있다.

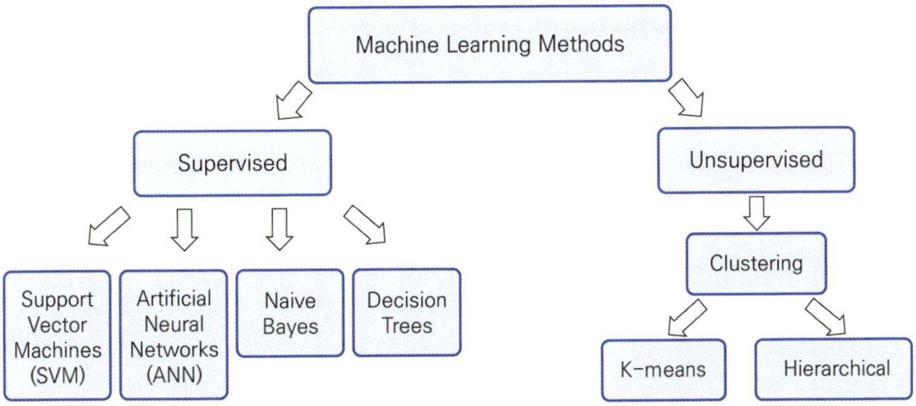

[그림 8-3] 기계학습 중 지도학습과 비지도학습의 세부유형

- 강화학습(Reinforcement Learning): 강화학습은 환경과의 상호작용을 통해 최적의 행동을 학습하는 방식이다([그림 8-4]). 에이전트는 환경으로부터 보상을 받아가며 학습을 진행하며, 목표는 보상을 최대화하는 행동을 찾는 것이다. 예를 들어, 학습자가 가상 시뮬레이션을 통해 문제를 해결할 때, 올바른 선택을 할 경우 보상을 주어 학습자가 스스로 최적의 학습 경로를 찾도록 돕는다. 이는 게임 기반 학습이나 시뮬레이션을 통한 실습에서 효과적이다(Sutton & Barto, 2018). 예시로는 가상 학습 환경에서 학습자가 문제를 해결할 때 보상을 통해 올바른 학습 경로를 찾도록 도와주는 시스템이 있다.

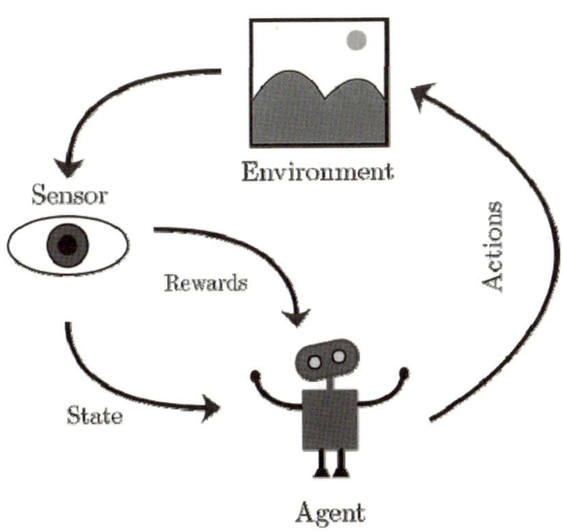

[그림 8-4] 강화학습 체계 모식도

2) 딥러닝(Deep Learning)

딥러닝은 머신러닝의 하위 개념으로, 인공 신경망을 사용하여 데이터를 학습한다. 딥러닝은 인간의 뇌 구조를 모방한 인공 신경망(Artificial Neural Network)을 이용해 더 깊고 복잡한 계층적 구조를 학습할 수 있도록 발전하였다. 이 기술은 이미지 인식, 음성 인식 등 다양한 분야에서 뛰어난 성과를 보이고 있다(LeCun et al., 2015). 딥러닝의 발전은 교육에 비정형 데이터를 활용할 수 있는 가능성을 열었다. 예를 들어, 학생들의 얼굴 표정을 분석하여 감정 상태를 파악하고, 이를 통해 학습 환경을 조정하는 것이 가능하다. 감정 인식을 통한 교육은 학습자의 스트레스 수준을 파악하거나 흥미를 잃었을 때 이를 감지해 학습 선략을 변경하는 데 활용될 수 있다(Smith & Brown, 2020).

딥러닝은 사용되는 신경망의 구조와 목적에 따라 여러 유형으로 나눌 수 있다. 대표적인 딥러닝 유형에는 합성곱 신경망(CNN; Convolutional Neural Network), 순환 신경망(RNN; Recurrent Neural Network), 트랜스포머(Transformer) 등이 있다.

- 합성곱 신경망(CNN): CNN은 이미지나 영상과 같은 공간적 데이터를 처리하는 데 특화된 신경망이다([그림 8-5]). 여러 층을 통해 이미지의 특징을 추출하고, 이를 바탕으로 분류하거나 인식하는 데 사용된다. 교육에서 CNN은 손글씨 인식이나 교육 자료의 이미지 분석 등에 활용될 수 있다. 특히, 교육 자료를 디지털화하거나 학습자의 손글씨를 분석하여 피드백을 제공하는 데 효과적이다(Krizhevsky et al., 2012). 손글씨로 작성된 시험 답안을 디지털화하고 자동 채점하는 시스템, 과학 실험에서 학생이 그린 그림을 분석하여 정확성을 평가하는 시스템 등이 그 예시이다.

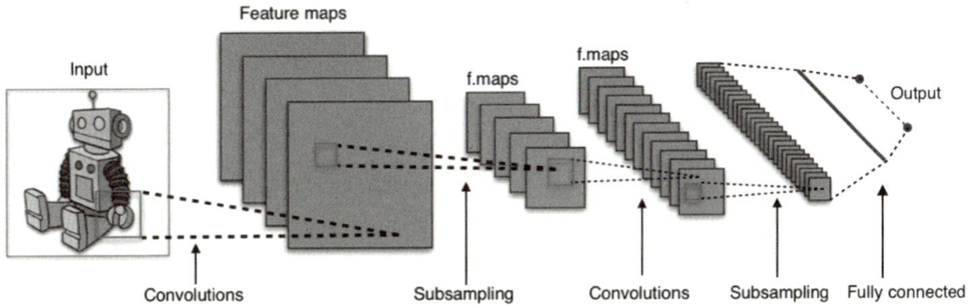

[그림 8-5] 합성곱 신경망 구조의 모식도

- 순환 신경망(RNN): RNN은 시간적 데이터를 처리하는 데 유리한 신경망이다([그림 8-6]). 순차적인 데이터(예: 시계열 데이터)를 학습하는 데 강점을 가지고 있으며, 이전 단계의 정보를 기억하여 다음 단계의 예측에 활용한다. 예를 들어, 학생의 학습 이력을 바탕으로 다음 학습 내용을 예측하거나, 학습자의 피드백을 분석하는 데 사용할 수 있다(Hochreiter & Schmidhuber, 1997). 학생들의 학습 기록을 분석하여 향후 학습에서 겪을 수 있는 어려움을 예측하거나, 학습자가 제출한 에세이의 논리적 흐름을 분석하는 시스템 등이 그 예시이다.

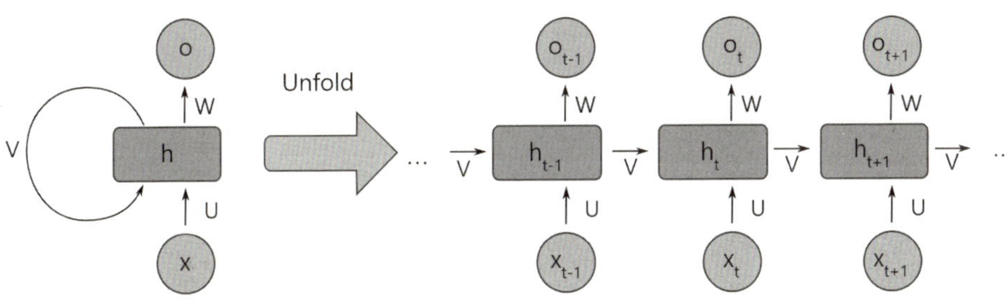

[그림 8-6] 순환 신경망 구조의 모식도

- 트랜스포머(Transformer): 트랜스포머는 언어 처리에 뛰어난 성능을 보이는 신경망 구조로, 자연어 처리(NLP) 분야에서 많이 활용된다. 트랜스포머는 문장 내의 단어들 간의 관계를 파악하여 의미를 이해하는 데 강점을 가지고 있다([그림 8-7]). 교육에서는 학습자의 질문에 대한 자동 응답 생성이나,

텍스트 분석을 통해 학습자의 이해도를 평가하는 데 활용될 수 있다(Vaswani et al., 2017). 학생들이 제출한 질문에 대해 자동으로 답변을 생성하거나, 학생의 에세이를 분석하여 논리적 흐름과 정확성을 평가하는 시스템이 그 예시이다.

교육에서 머신러닝과 딥러닝 활용은 여러 장점을 갖는다. 먼저, 개인화된 학습 경험 제공이 가능하다. 머신러닝 알고리즘은 학습자의 데이터를 지속적으로 분석하여 맞춤형 학습 콘텐츠를 제공한다. 이는 학습자 개개인의 학습 속도와 선호도를 반영함으로써 학습 효과를 극대화한다(Hinton, 2018). 또한 실시간 피드백이 가능하다. 딥러닝을 통한 실시간 데이터 분석은 학습자가 진행 중인 학습에서 발생하는 오류를 즉시 감지하고 개선 방향을 제시할 수 있다(LeCun et al., 2015). 그리고 예측과 분석이 가능하다. 머신러닝 모델은 학습자들이 어떤 부분에서 어려움을 겪을지 예측할 수 있어, 교사나 학습 시스템이 미리 대처할 수 있게 돕는다(Murphy, 2012).

3) 생성형 AI(Generative AI)

생성형 AI(Generative AI)는 새로운 콘텐츠를 생성할 수 있는 인공지능 기술을 의미한다. 가장 대표적인 예로는 텍스트, 이미지, 음악 등을 생성하는 모델이 있으며, 이는 주로 생성적 적대 신경망(GAN; Generative Adversarial Network)이나 트랜스포머(Transformer) 구조를 이용해 학습한다. 생성형 AI는 인간이 제공한 데이터를 학습해 이를 바탕으로 새로운 것을 만들어 낼 수 있다는 점에서 매우 혁신적이다(Goodfellow et al., 2014).

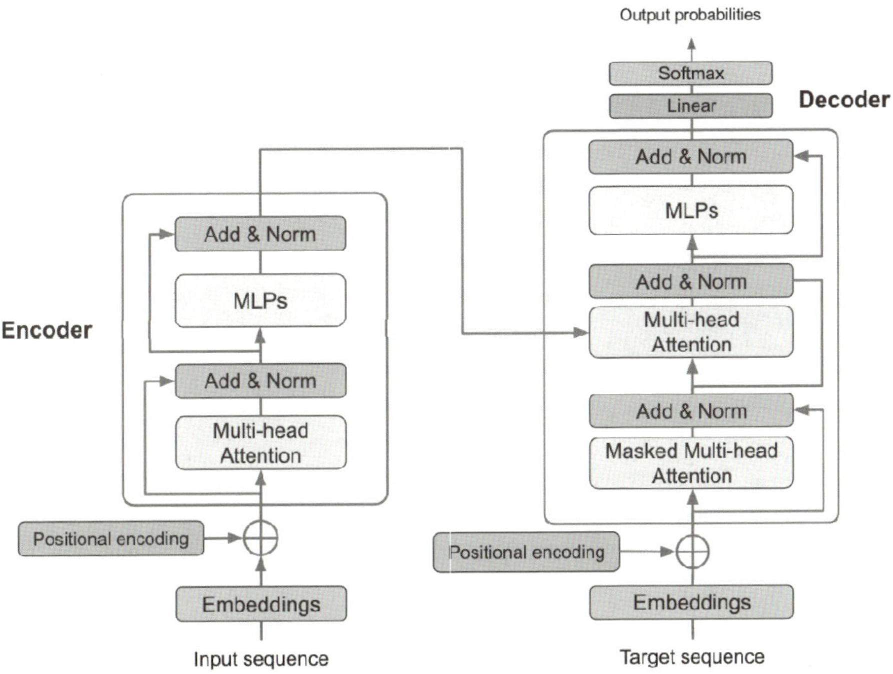

[그림 8-7] 트랜스포머 구조의 모식도(Vaswani et al., 2017)

생성형 AI는 생성하는 콘텐츠의 종류에 따라 텍스트 생성형 AI, 그림 생성형 AI, 음악 생성형 AI, 영상 생성형 AI로 나눌 수 있다.

- 텍스트 생성형 AI: 텍스트 생성형 AI는 자연어 처리를 통해 문장을 생성하거나 텍스트를 요약하는 등의 작업을 수행한다([그림 8-8]). 주로 GPT와 같은 트랜스포머 모델이 사용되며, 이를 통해 인간처럼 유창한 문장을 작성할 수 있다(Brown et al., 2020). 교육 분야에서는 학생들이 작성한 에세이에 대한 피드백 제공, 자동 글쓰기 도우미, 요약본 작성 등의 용도로 활용될 수 있다. 예시로는 학생들이 작성한 에세이를 분석하여 피드백을 제공하거나, 주어진 자료를 요약하여 학생들이 효율적으로 학습할 수 있도록 돕는 시스템 등이 있다.

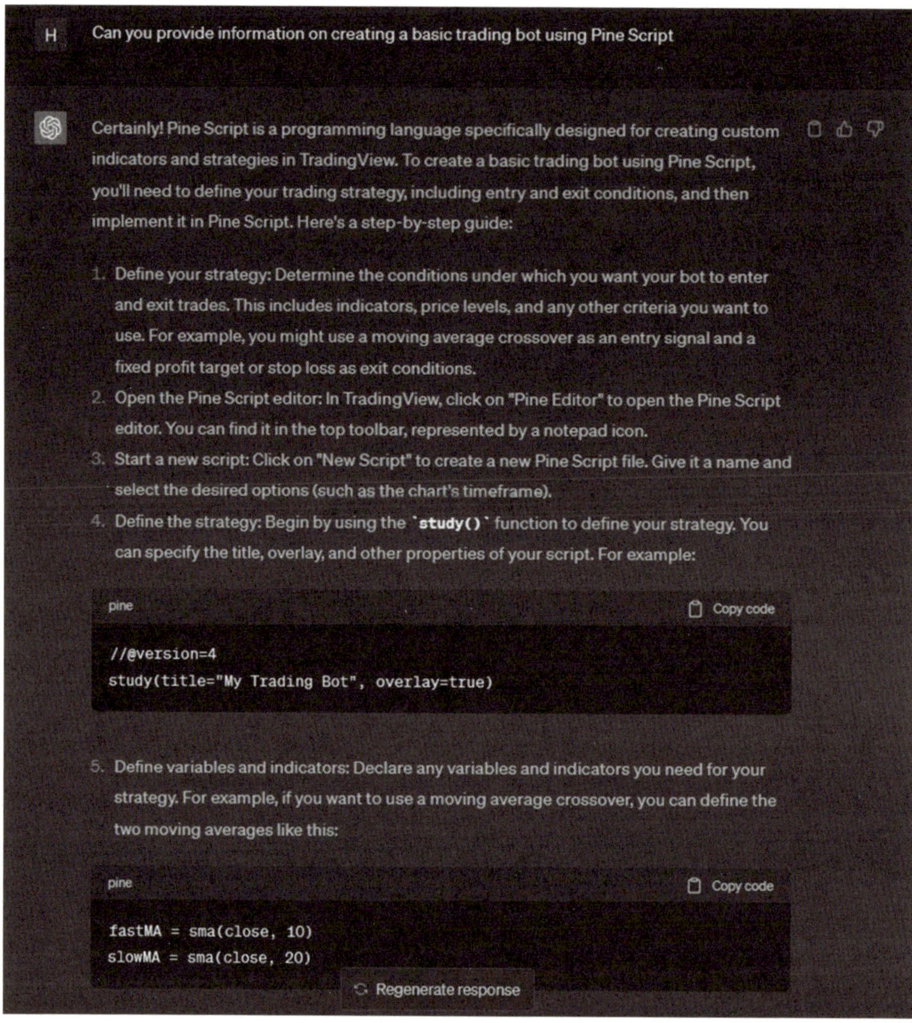

[그림 8-8] 텍스트 생성형 AI인 ChatGPT 서비스 화면

- 그림 생성형 AI: 그림 생성형 AI는 이미지 데이터를 학습하여 새로운 그림을 생성하는 모델이다([그림 8-9]). 주로 생성적 적대 신경망(GAN)이 사용된다(Goodfellow et al., 2014). 교육에서는 학생들이 상상하는 이미지를 시각화하거나, 미술 수업에서 창의력을 발휘할 수 있는 도구로 활용될 수 있다. 예시로는 학생들이 상상한 장면을 설명하면 AI가 이를 그림으로 시각화해 주는 도구, 미술 수업에서 특정 주제에 맞는 이미지를 생성하여 학생들의 창의적 사고를 자극하는 활동 등이 있다.

[그림 8-9] ChatGPT 서비스 중 그림 생성 화면

- 음악 생성형 AI: 음악 생성형 AI는 음악 데이터를 학습하여 새로운 멜로디나 곡을 생성할 수 있다([그림 8-10]). RNN이나 트랜스포머 기반 모델이 주로 사용된다(Huang et al., 2018). 음악 교육에서는 학생들이 작곡을 배우는 과정에서 AI를 도구로 활용하여 새로운 멜로디를 만들거나 음악적 영감을 얻는 데 도움이 된다. 예시로는 학생들이 특정한 분위기의 음악을 요청하면 AI가 이를 생성하여 제공하거나, 음악 수업에서 작곡 과정을 지원하는 도구로 활용하는 시스템 등이 있다.

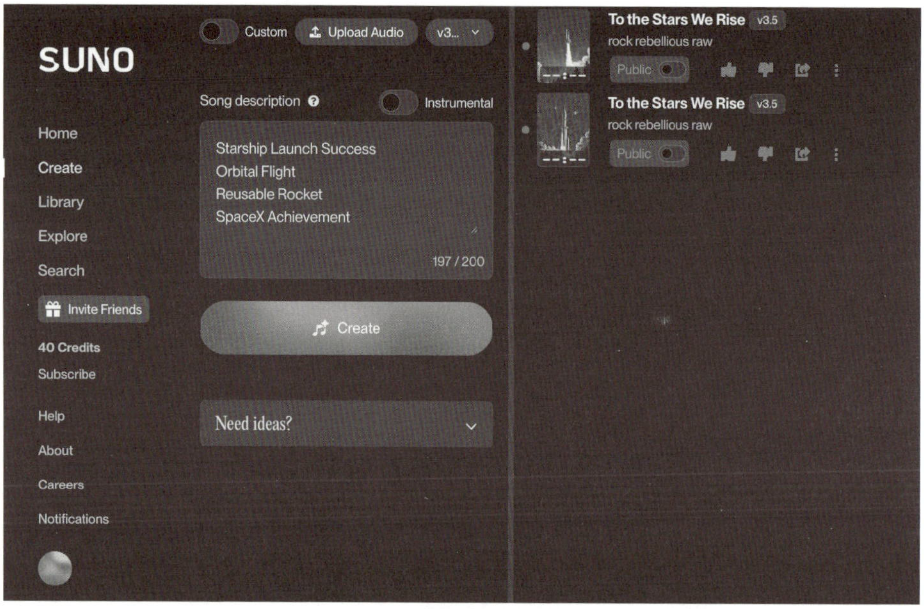

[그림 8-10] 음악 생성형 AI인 SUNO 서비스 화면

- 영상 생성형 AI: 영상 생성형 AI는 영상 데이터를 학습하여 새로운 비디오 콘텐츠를 생성하는 모델이다([그림 8-11]). GAN과 같은 기술이 사용되며, 교육에서는 역사적 사건을 재현하거나 가상 현실(VR) 콘텐츠를 만들어 몰입형 학습 환경을 제공하는 데 활용될 수 있다(Chan et al., 2019). 예시로는 역사 수업에서 과거의 사건을 가상으로 재현하여 학생들이 그 시대를 더 깊이 이해하도록 돕는 영상 생성 시스템, 가상 현실을 활용하여 학생들이 과학 실험을 가상으로 체험하는 환경 제공 등이 있다.

[그림 8-11] 영상 생성형 AI인 Canva 서비스 화면

생성형 AI는 교육 현장에서 기존의 지식 전달 방식을 보완하고, 학습자에게 새로운 학습 경험을 제공하는 데 활용될 수 있다. 예를 들어, 생성형 AI는 학생이 작성한 글에 대해 즉각적인 피드백을 제공하거나, 특정 주제에 대해 자동으로 학습 자료를 생성할 수 있다. 이를 통해 교사들은 학습 자료 제작에 드는 시간을 절약하고, 학습자는 개인화된 피드백을 받을 수 있다(Johnson, 2022). 또한, 생성형 AI는 학습자와의 대화를 통해 학습자가 이해하기 어려운 개념을 보다 쉽게 설명하거나, 학습자가 특정 상황에서 느끼는 감정을 반영하여 감정적으로 지지하는 피드백을 제공할 수 있다. 이는 특히 통일교육과 같이 감정적 접근이 중요한 분야에서 효과적으로 활용될 수 있다.

또한 생성형 AI는 챗봇이나 가상 튜터와 같은 형태로 학습자와의 상호작용을 지원할 수 있다. 예를 들어, 챗봇은 학습자가 질문을 할 때 실시간으로 응답할 수 있으며, 가상 튜터는 학생 개개인의 학습 경로를 안내하고 어려운 개념을 이해할 수 있도록 돕는다. 이러한 도구들은 학습자가 자기 주도적으로 학습할 수 있도록 유도하며, 교사의 부재 시에도 지속적인 학습 지원을 제공한다(Lee, 2023).

이처럼 생성형 AI가 교육에 미치는 영향은 매우 긍정적이지만, 윤리적 문제와 데이터의 품질에 대한 고려가 필요하다. AI가 생성한 콘텐츠의 정확성과 신뢰성, 그리고 개인화된 학습을 위해 수집되는 학습자의 개인정보 보호 문제가 그 예이다. 이러한 문제를 해결하기 위해서는 AI 시스템의 투명성과 신뢰성을 확보하는 것이 중요하다. 생성형 AI가 제공하는 자료는 학습자가 스스로 비판적으로 평가할 수 있도록 교사의 지도가 필수적이다(Baker & White, 2024).

생성형 AI는 앞으로의 교육에서 창의적 사고를 배양하는 데 중요한 역할을 할 것이다. 학생들은 AI를 도구로 활용하여 글쓰기, 예술 창작, 문제 해결 등의 활동에서 새로운 아이디어를 실험할 수 있으며, 이는 학습자의 창의성과 문제 해결 능력을 증진시키는 데 기여할 것이다. 또한, 생성형 AI는 문화적, 언어적 배경이 다른 학생들에게 맞춤형 교육 콘텐츠를 제공함으로써 교육의 포용성을 높이는 데 기여할 수 있다.

머신러닝과 딥러닝, 생성형 AI는 교육의 방식과 본질을 근본적으로 변화시킬 수 있는 잠재력을 가지고 있다. 특히, 안보통일교육과 같은 분야에서 AI의 활용은 학습자 개개인의 수준과 필요에 맞춘 교육을 가능하게 하며, 실시간 피드백과 시뮬레이션, 감정적 지원 등을 통해 더욱 효과적인 학습을 제공할 수 있다. 이러한 기술들은 전통적인 교육 방식이 갖고 있던 한계를 극복하고, 학습자들에게 보다 깊이 있는 이해와 실천적 역량을 배양하는 데 기여할 것이다. AI는 단순한 도구를 넘어 교육의 미래를 열어갈 중요한 요소로 자리 잡을 것이다.

2. AI와 교육이 만나면?

1) 교육에서 머신러닝과 딥러닝의 적용

교육에서 AI를 활용하는 양상은 매우 다양하다. 새로운 기술을 교육에 발빠르게 적용하기 위해서 여러 분야의 다양한 전문성을 가진 교육전문가들이 교육 현장, 학술, 에듀테크에 광범위하고 서비스에 특이적으로, 특정 교육 활동에서 활용하였다. 이러한 양상은 현재에도 이어지고 있다. 교육 분야에서 수년간 인공지능을 다루어온 결과, AI와 교육은 현재 AI를 이해하는 교육, AI를 개발하는 교육,

AI를 활용하는 교육으로 유형화할 수 있다([그림 8-12]).

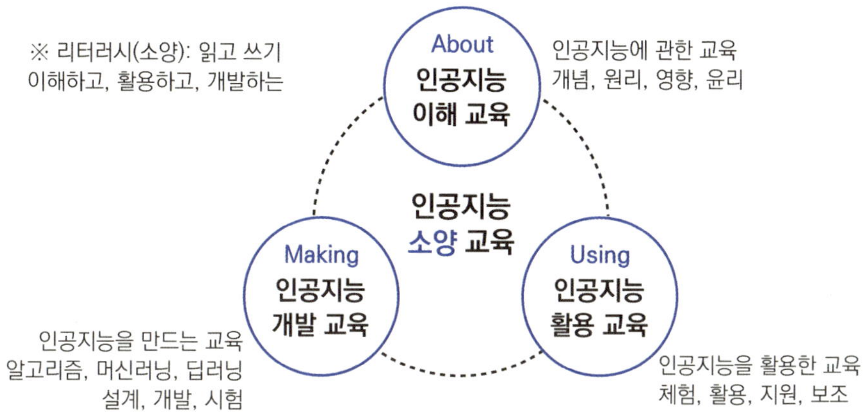

[그림 8-12] AI 교육의 유형

AI를 이해하는 교육은 인공지능에 대한 교육이며, 인공지능의 개념, 원리, 인공지능의 영향, 인공지능 윤리에 대해 다룬다. 즉 앞으로 인공지능과 함께 살아갈 미래세대에게 필수적인 인공지능의 대한 지식을 갖추게 하는 데 그 목적을 둔다. AI 개발 교육은 AI를 직접 만드는 교육으로 알고리즘, 머신러닝, 딥러닝 등을 배우며, 설계, 개발, 시험의 방법을 이용한다. AI 활용 교육은 인공지능을 활용한 교육으로 체험, 활용, 지원, 보조의 목적으로 AI를 활용한다. 학습 지원 시스템에 AI를 적용하거나, 수업 도우미로서 AI 챗봇 서비스를 이용하거나, 학생들이 그림이나 영상 등의 콘텐츠를 직접 제작할 때 생성형 AI 서비스를 이용할 수 있다.

교육에서 앞서 다룬 머신러닝과 딥러닝은 교수자나 학습자가 그 실체를 직접 경험하기 어렵다. 머신러닝과 딥러닝은 AI 개발 교육에서 필수적으로 다룬다. 그러나 일반 사용자들은 AI 활용 교육에서 특히, 모델을 만드는 데 적용되며, 이를 통해 만들어지는 모델은 대상의 특징에 따라 범주를 분류하거나, 수준을 예측하는 데 주로 작용한다. 따라서 교수자 및 학습자는 실제 서비스를 이용하는 과정에서는 모델을 적용하여 분류 또는 예측된 결과를 접하게 된다. 특히 딥러닝의 경우, 예측의 과정이나 이유가 직접적으로 드러나지 않으므로 모델이 작동하는지의 여부를 인공지능스럽게 느끼지 못한다. 교수자와 학습자는 예측의 결과를 토대로 수치, 서술, 그래프 등으로 구성된 피드백 정보를 받게 된다. 따라서 머신러닝과 딥러닝을 적용한 교육 서비스는 인간이 특정 분야에 대해, 특정 범주에 대해 평가하는 활동을 대신 또는 더 정확하고 정교하게 할 수 있도록 개발되고 서비스가 제공되고 있다.

교육 AI는 이러한 배경으로 인해 AI 튜터 형태의 학습자 맞춤형 교육 서비스가 주를 이루고 있다. 그리고 과목별로 다루는 학습 데이터의 특성에 따라 수학, 영어, 컴퓨터 등에서 교과의 AI 모델에 기반한 서비스들이 있다.

- 학습자 맞춤형 교육 서비스: 교육의 중심이 교사에서 학습자로 이동하고, 학습에 대한 관점도 구성주의를 많이 수용하면서, 학습자의 학습 준비, 과정, 결과에 대한 중요성이 높아졌다. 이에 기존의 많은 교육 서비스는 객관식 문항 중심 평가 시스템에 기반한 진단평가, 형성평가를 서비스하고 이를 바탕으로한 향후 학습 내용 제시가 가능한 방식으로 이루어졌다. 이후 AI 모델의 개발과 적용을 통해 학습자의 문제 풀이뿐 아니라, 문항 풀이 시간, 시도 횟수, 반복 정도, 접속 횟수 등을 종합하여 학습자의 특성을 분석하여 제시해주는 서비스가 제공되고 있다([그림 8-13]). 또한 논술 중요성이 높아짐에 따라 논술이 적용된 서비스들도 운용되고 있다([그림 8-14]). 이러한 서비스들은 그 기술의 적용에 대해서 좋은 평가를 받고 있으나, 사용하고 있는 모델에 대한 검증, 모델 외의 시스템 알고리즘 등이 공개되지 않아 지속적인 관심과 모니터링이 필요하다.

[그림 8-13] AI 기반 평가 기능을 탑재한 웅진씽크빅의 스마트올 서비스

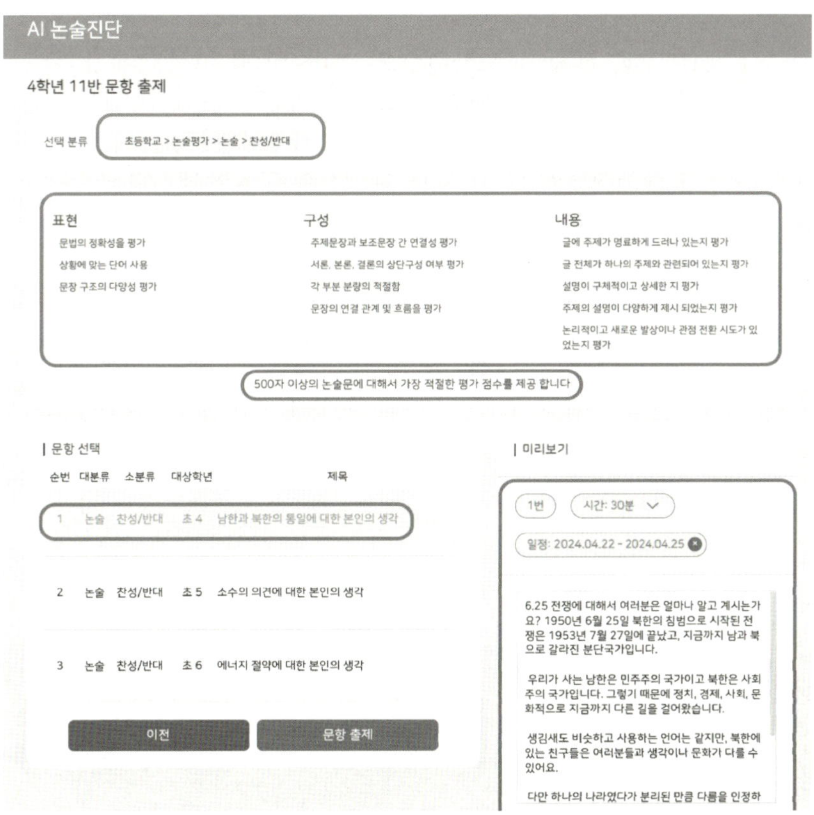

[그림 8-14] 논술 평가 기능이 강조된 경기도교육청의 하이러닝 서비스

- 교과 특화 AI 교육 서비스: 머신러닝이나 딥러닝은 모델 개발의 특성상 데이터의 형태가 중요하게 작용한다. 이러한 데이터에 형태와 관련이 높은 것이 바로 과목이다. 학생들이 필요한 AI 서비스가 특정 과목에 따라, 과목 내에서도 특정 영역이나 단원에 따라 다를 수 있다. 또한 모델 개발 시 데이터가 반드시 필요한데, 특정 과목은 특정 유형의 데이터가 많거나 또는 잘 정리된 데이터가 이미 존재하여 이를 데이터베이스화 하거나 학습용으로 변환하기 좋을 수도 있다. 따라서 AI 교육 서비스의 정교한 효과는 이러한 필요성과 데이터 준비도가 만나 진행되는 교과 특화 서비스일 때 잘 드러난다. 우리나라에서는 대표적으로 수학, 영어 과목에서 고도화된 AI 교육 서비스를 제공하고 있다.

  수학의 경우, 문제 풀이 중요도가 높고, 이에 따라 오랜 기간 많은 문제들이 분야와 난이도에 따라 개발되어 왔다. 새로운 문제들도 기존 문제에서 일부 변형하여 개발되고 있다. 학생들은 문제 풀이가 필요한 경우가 있는데, 이러한 필요성과, 수학 문제 풀이의 데이터 준비성이 잘 맞아 수학 문제 풀이 AI 서비스가 높은 완성도로 제공되고 있다([그림 8-15]).

  또한 영어의 경우 다른 과목과 달리 말하기가 중요하게 다루어진다. 말하기의 학습 평가는 음성 데이터의 분석 모델이 필요한데, 학습자는 스마트폰과 노트북 등의 기기로 손쉽게 자신의 음성을 디지털화시킬 수 있다. 또한 영어의 경우 우리나라뿐 아니라 전 세계에서 사용하고 있고, 모델 개발에 필요한 알고리즘과 사전 학습 모델, 데이터나 로직이 풍부하다. 따라서 영어 발음 교정이나 대화 교정이 가능한 서비스도 개발되어 제공 중이다([그림 8-16]).

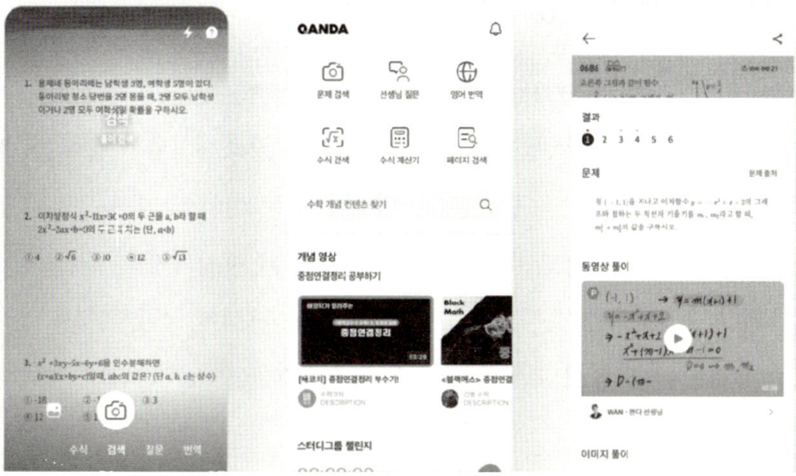

[그림 8-15] 수학 문제 풀이 AI 서비스(QANDA)

[그림 8-16] 영어 말하기 AI 서비스(펭톡)

2) 교육에서 생성형 AI의 적용

이전의 머신러닝이나 딥러닝 모델을 활용한 AI는 학습자로부터 산출된 데이터를 이용해서, 예를 들어, 성취도가 몇 %인지, 학습 유형이 4가지 중에 어떤 것인지와 같은, 단순한 결과값을 알려준다. 생성형 AI는 이와 달리 사용자의 요구가 글, 그림, 소리 등 다양하고 비정형의 데이터로부터 마찬가지로 글, 그림, 소리, 영상 등의 산출물을 내어준다. 학습자 입장에서는 자신이 궁금한 것을 물어보거나 적절한 명령을 통해 다양한 유형의 산출물을 얻을 수 있다. 글의 경우 기사를 대본으로 바꾸거나, 그림을 소리로, 소리를 그림으로 변환하거나, 글을 영상으로 바꾸는 등의 작업이 가능하다. 따라서 교육에서 생성형 AI 활용은 학습자가 생성형 AI를 이용해서 새로운 정보를 생산하는 기본 형태를 갖게 되었다. 이러한 기본형태를 이용해서, 다양한 시도와 정교한 전략으로 원하는 수준의 최종 산출물을 AI가 제작하게 하는 유형과, AI를 상대로 하는 질문과 답을 통해 특정 문제에 대한 지식을 구성하는 유형의 교육이 이루어지고 있다.

- AI를 활용한 산출물 제작

  앞서 설명한 생성형 AI가 만들어내는 콘텐츠는 글, 그림, 음악, 영상이었는데, 이 콘텐츠들은 제작하는 것이 쉽지 않다. 글의 형태를 가지는 기사, 시, 소설, 대본, 문제와 답 등은 학생들이 다른 콘텐츠에 비해 익숙하므로 실습이 가능할 수 있으나, 그 외의 다른 것은 긴 시간의 연습을 통해 일정 역량을 갖추어야 원하는 대로 주어진 시간 내에 제작할 수 있다. 그러나 교실의 학생들은 그렇지 못하므로 학생들이 자신의 아이디어를 원하는 형태로 실제 구현하기 위해 AI를 활용하는 교육이 정보 교과 및 각 교과에서 활발히 이루어지고 있다.

  이렇게 AI로 콘텐츠를 만드는 활동을 국어 교과에서 수행한 사례를 살펴보면, 한 시인의 일대기를 담은 영상을 보고, 한 작품을 고른 뒤, 시인의 일생에 대한 인상과, 작품 정보를 넣고 시화를 그리는 수업도 가능하고, 시를 가사로 하고, 원하는 스타일을 적용한 노래 제작의 수업이 가능하다([그림 8-17]).

[그림 8-17] 국어과 수업에서 생성형 AI활용(그림 & 음악 생성)

• AI를 활용한 지식의 구성

교과에서 다룰 개념 중에는 다양한 측면에서 접근해야 하며, 한 번에 구성하는 것이 아닌 단계적으로 나아가며 구성하는 것이 있다. 이 과정에서 학습자는 배우는 개념에 대한 정보를 작업기억 속에서 자신의 활동과 교사의 도움에 맞춰 조작해야 한다. 이 과정은 실제로 학생들이 쉽게 하지 못할 수 있기 때문에 많은 도움이 필요하고 전략이 적용되어야 한다. 다양한 방식으로 자료를 제공하고 설명을 하거나 여러 측면에서 접근하는 것이 한 예이다. 그리고 또 다른 것으로는 정보를 조작하는 과정에서 생기는 궁금증을 해결하는 것이다. 특정한 지식을 다양한 측면에서 다루는 것은 교사의 지도에 의해 이루어지는 경우가 많은데, 이때 어려움이 있는 학생들은 접근 방법, 접근의 과정, 또는 접근한 결과 자체를 생성형 AI를 통해 진행하여 도움을 받을 수 있다. 또한 이 과정에서 궁금한 점도 묻고 답을 확인하여 학습에 대한 수월성을 높일 수 있다.

실제 수업 사례를 보면, 초등 사회과에서는 교통수단에 대한 기념 기반 탐구 학습의 과정에서 활용이 가능하다. 교사는 교통 수단에 대해 형태, 원인, 관점 등 다양한 접근한 시도하여 교통수단의 개념에 대한 학습을 시도하는데, 이 과정에서 챗봇을 통한 조사가 가능하다. 또한, 학습 효과를 높이기 위해 AI로 그림을 제작하여 발표 및 공유하는 활동으로 연계가 가능하다([그림 8−18]).

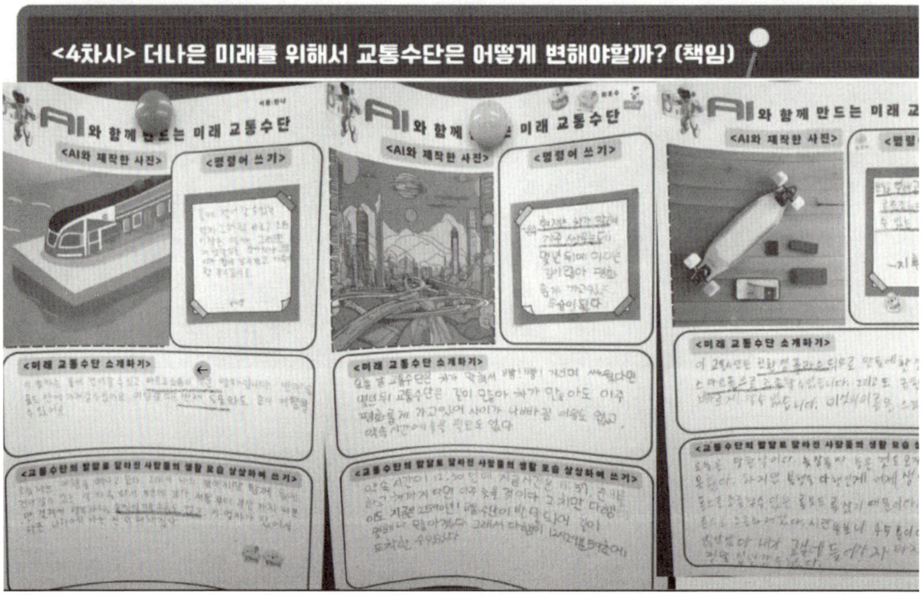

[그림 8-18] 초등 사회과 수업에서의 생성형 AI(AI융합교육연구회, 2024)

3. AI를 활용한 안보통일교육은 어떻게 이루어질 것인가?

1) AI와 안보통일교육의 융합

앞서 교육에서의 AI 활용은 크게 머신러닝 및 딥러닝 모델 기반의 학습자 맞춤형 교육서비스와 교과 특화 AI 교육 서비스, 생성형 AI 기반의 산출물 제작으로 나누었다. 안보통일교육에서 AI의 적용은 어떠한 방식으로 이루어질 수 있는지 또한 이에 따라 살펴볼 수 있다.

(1) AI 기반 학습자 맞춤형 안보통일교육 서비스

학습자 맞춤형 교육 서비스는 학습자의 인지적, 정의적 영역의 유형, 수준에 대한 진단을 기반으로 진행된다. 따라서 안보통일교육을 위한 인지적, 정의적 영역에 대한 면밀한 사전 연구가 선행되어야 한다. 또한 안보통일교육의 교육과정이 계열화되어 정립되어야, 진단을 통한 처방이 가능해진다. 따라서 안보통일교육의 주요 영역인 북한인식교육, 국제관계, 한미일관계, 남북관계 등(박찬성, 2024)에 대한 영역 설정이 선행되어야 한다. 또한 의사소통, 협상, 협력 등의 기능적 측면과, 감수성, 실천과 참여, 공감, 관심과 흥미 등의 태도적 측면이 동시에 설정되어야 한다.

각 영역의 지식에 대한 수준과, 기능의 각 구성요소에 대한 수준([그림 8-19]), 태도의 수준들을 파악할 수 있는 진단 도구와, 각각의 요소의 변화와 향상을 위한 수업 프로그램들을 개발해야 한다. 그리고 진단 도구에 의해 도출된 학생의 안보통일교육 수준과 이에 맞는 프로그램들을 서로 유기적인 피드백 체계를 구성해야 한다.

머신러닝과 딥러닝의 모델은 이러한 피드백 체계를 이루는 연결을 담당한다. 이러한 연결은 다음의 질문들을 해결할 수 있는 모델의 개발이 이루어져야 한다. 학생들의 영역별, 기능별, 태도별 수준을 예측하는 요인은 무엇인가? 특정 예측 요인들을 통해 수준은 어느 정도 예측되는가? 수준 향상을 예측할 수 있는 수업 프로그램들은 무엇인가?

이처럼 안보통일교육에 대한 교육과정 확립, AI 기반 진단 도구 개발, AI 기반 처방 전략 개발이 이루어져야 한다. 그리고 전영선 등(2003)이 제안했던 AI 통일교육 플랫폼과 같은 온라인 디지털 시스템에 구현할 수 있을 것이다. 이 시스템을 통해 학습자는 자신의 안보통일교육 수준의 진단, 적절한 수업 프로그램 처방이 진행될 수 있다. 교수자는 학생들의 진단과 처방 모니터링, 학급/학생별로 추천된 보충 및 심화자료 활용을 통한 지도 및 상담이 이루어져야 한다.

현재 이러한 학습자 맞춤형 플랫폼은 이제 막 서비스가 시작되고 있으며, 학생들의 과목별 성취도나 학습 진행상황을 모니터링 하는 데 신뢰도 높은 활용이 이루어지고 있는 반면, AI 기반 진단이나 관련 콘텐츠 추천은 아직 걸음마 수준이다. 안보통일교육에서도 초기 맞춤형 시스템 컨셉을 확정하고 다양한 준비가 진행되어야 한다.

(2) AI 기반 안보통일교육 특화 서비스

AI 기반 과목별 특화 서비스는 교육현장의 요구도가 높은 주제, 교육 및 AI 개발에 활용 가능한 데이터가 정합되었을 때 추진이 가능하다. 예를 들어 안보통일교육에서 북한인식교육에 대한 중요성이 높다. 학생들은 북한에 정보를 습득하여 인식을 형성하는데, 북한 관련 정보는 특히 국내에서는 파편화되어 있어 학생들이 이에 대한 지식의 구조를 형성하기가 어렵다. 반면 북한 관련 자료들은 체계적으로 관리가 되고 있기에 디지털화를 통해 학습시키기가 유리하다. 따라서 북한이해를 위한 언어모델을 개발하고 이를 활용하기 위한 챗봇 등을 개발하여 제공할 수 있다. 이를 통해 학생들은 북한의 역사, 평양의 변천 과정, 북한 주민의 상식, 북한 초등학생이 배우는 교육과정 등을 학생들이 친숙한 형태로 접할 수 있을 것이다.

(3) AI 활용 안보통일교육 콘텐츠 제작

안보통일교육은 실제 자료의 수집과 이해가 진행되고, 안보와 통일이라는 목적을 달성하기 위한 활동이 다양하게 이루어진다. 따라서 산출물을 제작하는 활동 자체나, 제작하여 활용하는 과정이 활용된다. 북한 주민의 생활을 그림으로 그리거나, 국제정세에 대해 지도로 표현하거나, 함께 어울려 사는 동영상을 만드는 등의 콘텐츠 제작이 주요 활동으로 이루어질 때, 이 과정에서 생성형 AI를 활용하는 것이 가능하다.

전영선 등(2023)의 연구에서 통일에 대한 다양한 키워드를 통해 생성한 그림들을 제시하고 있다. [그림 8-20]의 왼쪽 그림은 'AI가 생각한 통일교육'이라는 명령어로 그린 것이고, 오른쪽 그림은 '한국의 통일 이후 행복한 사람들'이라는 명령어로 그린 그림이다. 비록 그림의 어색함이 존재하지만 학생들은 자신이 원하는 그림 표현을 위해 더 적절한 명령어를 추가할 수 있다.

통일부 통일교육원

통일교육 커리큘럼

	입문 (Beginning) 통일교육이 처음이라면?	기초 (Basic) 통일·북한을 더 알고 싶다면?	심화 (Advanced) 통일교육 전문가에 도전?
통일정책	- 세 가지 키워드로 본 한반도의 길 - 우리의 통일노력 - 통일문제, 어떻게 볼 것인가 - 통일의 비전과 과제	- 평화가 경제다 - 함께가는 통일의 길	- 공존과 번영의 모색, 한반도 신경제공동체 - 남북교류협력법 해설 - 남북경협 평가와 전망 - 냉전에서 평화로, 한반도 평화체제 구축
북한이해	- 숫자로 보는 북한 주민의 생활 Ⅰ, Ⅱ - 북한사회와 주민생활 Ⅰ, Ⅱ, Ⅲ - 북한, 어떻게 볼 것인가	- 북한의 시장화와 새로운 계급의 출현 - 북한 청소년의 생활과 문화 - 날씨로 보는 북한사회 - 통계로 보는 북한 사회 - 북한 여성의 삶과 의식 - 북한의 대학교육과 청년세대의 변화	- 북한법 이해 - 북한금융의 이해 - 북한 주민생활과 법 - 북한의 과학기술정책과 IT 실태
국제정세	- 전환의 시대 한반도 읽기	- 4가지 관점에서 본 2018 국제정세와 한반도 - 망원경과 현미경으로 본 2019 국제정세와 한반도 - 독일통일 다시보기 - 폴란드 역사로 보는 우리의 통일미래 - 중국-대만 양안관계를 통해 본 한반도 문제	- 북한법 이해 - 북한금융의 이해 - 북한 주민생활과 법 - 북한의 과학기술정책과 IT 실태
인문교양	- 역사 속 통일의 현대사적 의미 - 평화, 우리 삶의 이야기	- 인간의 권리, 그리고 북한인권 문제 - 통일로 가는 징검다리, 겨레말큰사전 이야기 - 코리안 디아스포라와 통일	- 독립과 분단에서 평화와 통일로! Ⅰ, Ⅱ, Ⅲ - 남북협상의 이해
문화관광	- 뮤지컬과 함께하는 통일의 꿈	- 북한 영화 속 일상정치 - 북한 관광의 이해	- 북한 문화재와 문화유적지

[그림 8-19] '입문'-'기초'-'심화'의 수준을 제시한 통일교육 커리큘럼(통일교육원)

예를 들어 [그림 8-20]의 왼쪽 그림은 AI에게 어떠한 장면을 그릴 것인지 추론하지 않고 직접 설명을 해주어야 한다. ChatGPT에게 "조선민주주의인민공화국의 지도를 스크린에 띄우고 주요 도시의 위치를 설명하는 대한민국 교실의 수업 장면을 그려줘. 교사는 여성으로 하고 학생들은 초등학생으로 해줘. 학생들은 귀

여운 가구가 있는 교실에서 수업을 듣고 있고 일부 학생은 손을 들고 질문을 하려고 해."라는 명령어를 입력하면 ChatGPT는 [그림 8-21]과 같은 그림을 그린다. 국기의 배치와 스크린에서의 표시가 잘못되고 어색하지만 [그림 8-20]과 비교하면 훨씬 통일교육의 현장 모습에 가깝다. 이러한 방식으로 AI를 활용하여 그림을 생성하고, 이를 하나의 장면으로 완결할 수 있다. 또는 줄거리를 고안하고 스토리보드를 대략 작성한 후 4컷 이상의 만화 등으로 그림책 만들기가 가능하다.

[그림 8-20] 그림 생성형 AI를 통해 제작한 통일교육 관련 그림

[그림 8-21] 통일교육 수업 상황을 묘사한 명령어를 입력하여 ChatGPT가 생성한 그림

그림뿐 아니라 안보통일 관련 대본 작성도 가능하다. 각자의 입장을 고려해야 하는 동북아 국제관계를 이해하기 위하여 각각의 입장을 학습하고 이를 실제로 적용하고 위해서 대본을 작성하여 역할극 등을 할 수 있다. 학생들이 직접 대본을 작성할 수도 있으나 다음과 같이 간단하게 대본을 작성할 수 있다.

명령어: 대한민국을 우리나라로 하고 우리나라 사람과 미국인이 통일에 대해 이야기하는 대본을 작성해 줘. 우리나라는 통일을 하고 싶지만 미국은 자신의 나라에 이득이 되는지 여부가 중요해서 꼭 도와줄 필요가 없다는 내용을 주제로 해줘. 중간에 일본 여성이 끼어들어서 북한을 적대시하는 발언을 하는 것도 반영해 줘.

****통일을 둘러싼 대화****

등장인물
- **우리나라 사람 (민준)**: 통일을 희망하는 대한민국 국민
- **미국인 (존)**: 미국에서 온 친구, 통일에 대해 회의적
- **일본인 여성 (유미코)**: 통일에 부정적이며 북한에 대해 적대적인 입장

장면: 한 카페에서 통일에 대해 이야기하는 세 사람

민준: 존, 너도 알겠지만, 우리나라는 분단 상태로 정말 오랫동안 살아왔어. 통일이 되면 우리 민족이 다시 하나가 되고, 가족들이 재회할 수 있을 거야. 통일이 되면 평화도 더 강화될 거라고 생각해.

존: 음, 민준. 네 생각을 이해하려고 해보는데, 솔직히 말해서 통일이 미국에게 얼마나 유리한지 잘 모르겠어. 비용도 많이 들고, 미국 입장에서는 굳이 꼭 나서서 도울 필요가 있을까? 결국, 미국도 자국의 이익이 중요한걸.

민준: 물론 미국의 이익도 이해는 하지만, 통일이 되면 동북아시아에 안정이 찾아오면서 경제적으로도 긍정적인 영향을 미칠 거야. 한국이 통일되면 훨씬 강한 경제력을 가질 수 있고, 그게 미국에게도 장기적으로는 이익이 되지 않을까?

유미코: (대화에 끼어들며) 미안하지만, 나는 통일이 그렇게 좋기만 한지 잘 모르겠어. 북한은 여전히 위협적인 나라야. 그들이 통일되면 더 큰 힘을 갖게 될 수도 있는데, 그건 일본 입장에서도 매우 불안한 일이야.

민준: 유미코, 북한이 위험 요소로만 보일 수도 있지만, 우리는 그들과 대화를 통해 평화적으로 해결할 수 있다고 믿어. 지금까지 많은 갈등이 있었지만, 그들도 결국에는 같은 민족이야. 통일이 되면 오히려 더 협력적인 관계로 나아갈 수 있지 않을까?

존: 그래도 유미코의 말에도 일리가 있어. 지금처럼 분단 상태로 두는 것이 미국과 일본에 더 유리할 수도 있어. 통일을 지원하는 데 들어가는 시간과 자원이 너무 큰데, 그런 노력과 비용이 과연 보상받을 수 있을지 모르겠어.

민준: (실망한 표정으로) 우리에게는 단지 '효율'과 '이익'의 문제만이 아니야. 통일은

우리 민족의 염원이자, 분단으로 고통받은 가족과 사람들을 위한 거야. 이건 경제적인 이익을 떠나서, 우리에게 중요한 가치야. 미국이 우리 편에서 도와줄 수 있다면 좋겠지만, 결국 우리 힘으로 해내야겠지.

유미코: 그럼에도 난 북한이 평화롭게 바뀔 거라는 확신이 들지 않아. 그들이 지금까지 보여준 걸 생각하면, 통일 후에도 일본에게 위협이 될 수도 있다고 생각해.

존: (생각에 잠기며) 알겠어, 민준. 네가 말한 그 가치와 의미도 이해는 돼. 하지만 이 문제는 복잡하고, 여러 나라의 입장이 얽혀 있어서 쉽게 해결될 수는 없을 것 같아. 미국도 자기 이익을 고려할 수밖에 없는 상황이니까.

민준: (결연한 표정으로) 난 그래도 포기하지 않을 거야. 통일이 이루어질 그날을 위해, 우리나라 사람들은 계속해서 노력할 거야.

이 대본에서 일부 내용을 보완하고, 역할을 정한 후 각자가 자신의 특성을 반영하여 어투나 용어를 변경하는 등의 작업을 거치면 실감나는 역할극을 수행할 수 있을 것이다. 역할극을 통해 한국, 미국, 일본 각각의 입장을 고려하여 대북 현안을 다루어야 한다는 것을 학습했다고 했을 때, 이를 정리하는 것으로 수업을 정리할 수 있을 것이다. 이 과정에서도 다음과 같은 생성형 AI를 활용한 노래가사 만들기와 같은 활동이 가능하다. 이어서 앞 절에서 제시한 "SUNO"와 같은 노래 생성 AI를 이용하면 이 가사를 그대로 부르는 노래를 AI로 만들 수 있을 것이다.

명령어: 한 학생이 이 대화를 통해 한국과 미국과 일본은 각자의 입장이 있어서 북한 문제 해결에 입장을 고려한 접근이 필요함을 알았다고 해. 이 주제의 노랫말을 만들어줘.

노래 제목: "서로 다른 길 위에"

(Verse 1)
우리에게는 오래된 꿈, 하나로 이어진 길
끊어진 땅 위에서 피어난 희망을 가슴에 품지
하지만 서로 다른 나라, 다른 생각을 가진 사람들
이해의 벽이 우리 앞을 막고 있어

(Pre-Chorus)
미국은 이익을 원하고, 일본은 두려워해
하지만 우리는 한 걸음씩 다가가며
모두의 마음을 모으고 싶어

(Chorus)
서로 다른 길 위에 서서
같은 하늘 아래에서 꿈꾸며
조금씩 맞춰가는 우리 마음
우리는 다르지만 함께할 수 있어
평화로운 세상을 위해

(Verse 2)
각자의 나라, 각자의 이유가 있어
하지만 우리는 서로의 눈을 바라봐
너의 두려움도 이해하려 해
우리는 함께 고민해 갈 수 있어

(Pre-Chorus)
미국은 자기 길을 찾고, 일본은 멈칫하며
우리는 그 길 사이에서 대화를 찾아가며
희망의 씨앗을 심으려 해

(Chorus)
서로 다른 길 위에 서서
같은 하늘 아래에서 꿈꾸며
조금씩 맞춰가는 우리 마음
우리는 다르지만 함께할 수 있어
평화로운 세상을 위해

(Bridge)
언젠가 모든 길이 하나로 모일 거야
그날을 위해, 서로의 입장을 이해하며
서로를 존중하는 마음을 가져야 해

(Chorus)
서로 다른 길 위에 서서
같은 하늘 아래에서 꿈꾸며
조금씩 맞춰가는 우리 마음
우리는 다르지만 함께할 수 있어
평화로운 세상을 위해

(Outro)
다른 길 위에 있어도 함께 걸어가
우리의 소망을 잊지 말자
평화를 위한 그 길에 서서
우리는 하나가 될 수 있어

이와 같이 교수자의 안내에 따라 학습자가 수업 중 활용하는 방식이 가장 손쉽게 접근할 수 있는 방법일 것이다. 이 외에도 학급 또는 교내 단위로 "안보통일교육 생성형 AI 콘텐츠 콘테스트" 등의 특별 프로그램을 통해 학생들에게 성취감과 공유 기회를 부여할 수 있을 것이다.

4. AI와 안보통일교육의 과제

미래 세대를 위한 안보통일교육의 효과적인 시행을 위해서는 AI 적용이 필수적이다. 그리고 이를 위해서 맞춤형 교육, 특화 서비스, 콘텐츠 제작, 프로그램 개발이 가능하다. 그러나 AI 교육의 패러다임이 아직 정상화가 되지 않은 상황에서 많은 과제 또한 안고 있는 것도 사실이다. AI 교육에서 해결해야 할 과제들은 많이 있지만, 그중 특히 안보통일교육에서의 주목해야 하는 것들을 들자면 데이터, 윤리성이다.

1) 데이터

머신러닝이나 딥러닝에서 모델링하는 AI 모델은 학습의 결과물이다. 학습에는 데이터가 그 재료로서 사용된다. 데이터가 충분하지 않거나, 충분하지만 편향되어 있으면 이 데이터를 활용한 모델의 판단 결과 또한 편향이 드러나게 된다. 예를 들어, 앞서 [그림 8-20]에서 제작한 그림에서 태극기가 정확히 표시되지 않거나, 등장인물들의 복장이 북한의 복장과 유사한 결과는 AI가 학습한 데이터 중 이 부분이 정확하지 않거나 충분하지 않기 때문이다. 따라서 AI를 적용하는 통일안보교육에서 생성형 AI 활용을 위해서는, 북한이나 통일, 안보와 같은 주제의 텍스트 자료와, 사진 자료를 충분히 준비하고 학습 시 활용해야 한다.

이는 단순히 정확한 모델을 만드는 데 목적이 있는 것이 아니다. 생성형 AI를 활용하여 제작하는 콘텐츠에 대해 학생들은 당연히 가상의 콘텐츠로 인식하지만, 이것이 학생들의 경험을 구성한다. 교사의 지도가 부족하게 되면 결과물을 그대로 진실로 믿게 된다. 따라서 생성된 콘텐츠가 정확할 수 있도록 기존 AI를 수정·

보완하고, 새로운 안보통일교육 AI 모델이나 생성형 AI 서비스를 준비해야 한다. 이 과정에서 중요한 것이 다시 처음에 언급한 데이터이다. 올바른 데이터에서 올바른 모델이 나오고, 올바른 결과가 나타나게 된다.

2) 윤리성

AI를 활용하는 데는 모델에 정보가 입력되어야 한다. 이때 입력되는 정보는 머신러닝 모형일 경우 학습자 정보가 주를 이룬다. 학습자의 각종 설문 조사 응답 결과, 응답 시간 및 접속 빈도, 플랫폼 접속 및 활용 정보가 있고, 가족 구성이나 사회적 배경도 수집될 수 있다. 이러한 데이터는 모델을 개발하는 데 활용이 된다. 물론, 당연히 익명화를 진행한 데이터가 학습에 이용되겠으나, 운용하는 사람의 부주의로 개인정보가 유출되거나, 목적과 다르게 활용될 수 있다.

AI가 수집하는 데이터는 학습뿐 아니라 사용자의 모든 입력 내용도 해당한다. 생성형 AI가 할 수 있는 많은 작업 중에서는 많은 정보를 종합하고 요약하거나 여기에 새로운 정보를 더해서 다른 서술을 생성하는 것이 있다. 이 과정에서 개인정보를 다루는 사람들이 응답이나 시험 문제 서술, 신체적 또는 정신적 특징을 그대로 입력해서 요약하거나, 피드백을 생성할 수 있다. 이때, 입력한 정보는 생성형 AI 서버로 전송된다. 이렇게 수집된 데이터는 사용자에게는 불리하고 서비스 제공자에게 유리한 맞춤형 자료 제공, 예를 들면 광고 등으로 활용될 수 있다.

안보통일교육은 학습자의 태도와 정치적 성향, 가치관이 많이 드러난다. 따라서 이 과정에서 수집되는 데이터는 개인 식별을 하고 저장하면 각 개인이 불이익을 받을 수 있는 상황이 형성된다. 따라서 이러한 위험성을 알고 데이터 관리와 투명성을 강화해야 할 필요가 있다.

Ⅲ. 결론

AI는 안보통일교육을 혁신적으로 변화시킬 수 있는 잠재력을 가지고 있다. 이를 통해 교육의 질을 높이고, 더 많은 학습자에게 효과적인 교육을 제공할 수 있을 것이다. 특히, AI는 기존 교육에서 다루기 어려운 복잡한 상황과 개별적 요구를 처리할 수 있는 능력을 갖추고 있어, 기존의 접근 방식을 근본적으로 변화시킬 것이다.

먼저, AI를 활용한 맞춤형 학습 경로와 실시간 피드백 시스템은 학습자가 자신의 능력에 맞춰 학습할 수 있도록 지원한다. 이는 학습자의 성과를 극대화하는 데 도움이 되며, 안보와 통일 교육에서도 더욱 실효성 있는 결과를 가져올 것이다. 또한 AI는 학습자가 협력하고 실험적인 방법으로 학습할 수 있는 기회를 제공한다. 시뮬레이션과 가상 현실을 통해 학습자는 다양한 상황에서 문제 해결 능력을 배울 수 있으며, 이는 실제 안보 위기나 통일 과정에서 필요한 사회적, 협력적 능력을 배양하는 데 유용하다. 마지막으로 AI는 끊임없이 변화하는 안보와 통일 환경에 빠르게 적응할 수 있다. 새로운 정보와 상황을 실시간으로 반영하여 학습자가 현재의 안보 위기나 통일 상황을 정확히 인식하고 대응할 수 있게 돕는다.

안보통일교육에서 AI의 활용은 교육의 질을 혁신적으로 개선할 수 있는 중요한 기회를 제공한다. AI는 맞춤형 학습, 실시간 피드백, 몰입형 시뮬레이션 등을 통해 기존 교육 방식의 한계를 극복하고, 학습자들이 보다 효과적으로 안보와 통일의 문제를 다룰 수 있게 한다. 이를 통해 안보와 통일에 대한 심층적 이해와 실천적 능력을 배양할 수 있으며, 한반도의 평화와 통합을 위한 중요한 준비가 될 것이다. AI는 단순히 교육의 도구를 넘어서, 교육의 본질을 변화시키는 중요한 전환점이 될 수 있다.

참고문헌

박찬석(2024), "안보 통일교육의 실천", 『도덕윤리과교육』, 83, pp. 87-110.

전영선 등(2023), "AI시대 통일교육 콘텐츠 개발 및 플랫폼 구축 방안", 『국립통일교육원 결과보고서』.

Bishop, C. M. (2006), *Pattern Recognition and Machine Learning*, Springer.

Brass, J., & Lynch, T., L. (2020), *Personalized Learning. Journal of Curriculum Theorizing*, 35(2), 3-21.

Brown, T., Mann, B., Ryder, N., Subbiah, M., Kaplan, J., Dhariwal, P., ... & Amodei, D. (2020), *Language Models are Few-Shot Learners*, 34th Conference on Neural Information Processing Systems.

Chan, C., Ginosar, S., Zhou, T., & Efros, A. A. (2019), *Everybody Dance Now*, IEEE/CVF International Conference on Computer Vision (ICCV).

Goodfellow, I., Pouget-Abadie, J., Mirza, M., Xu, B., Warde-Farley, D., Ozair, S., ... & Bengio, Y. (2014), *Generative Adversarial Networks*, Advances in Neural Information Processing Systems.

Hastie, T., Tibshirani, R., & Friedman, J. (2009), *The Elements of Statistical Learning*, Springer.

Hochreiter, S., & Schmidhuber, J. (1997), *Long Short-Term Memory*. Neural Computation, 9(8), 1735-1780.

Huang, C. A., Vaswani, A., Uszkoreit, J., Shazeer, N., Simon, I., Hawthorne, C., ... & Eck, D. (2018), *Music Transformer: Generating Music with Long-Term Structure*, International Conference on Learning Representations (ICLR).

Krizhevsky, A., Sutskever, I., & Hinton, G. E. (2012), *ImageNet Classification with Deep Convolutional Neural Networks*, Advances in Neural Information Processing Systems.

LeCun, Y., Bengio, Y., & Hinton, G. (2018), *Deep Learning—A Revolution in Artificial Intelligence*, Nature, 521, 436-444.

Lee, S. (2023), *The Role of Virtual Tutors in Modern Education*, Journal of Learning Technologies.

Murphy, K. P. (2012), *Machine Learning: A Probabilistic Perspective*, MIT Press.

Pandey, P. L., & Angadi, G. R. (2024), *Generative AI in School Education: Challenges and Oportunities*, Journal of Emerging Technologies and Innovative Research, 11(5), 240-253.

Sadhana, D., & Singh, Y. (2024), *Ethical Considerations in AI-Driven Education*,

International Journal of Innovative Research in Technology, 10(10), 49-53.

Sharma, A., & Mansotra, V. (2019), *Deep Learning based Student Emotion Recognition from Facial Expressions in Classrooms*, International Journal of Engineering and Advanced Technology, 8(6), 4691-4699.

Sutton, R. S., & Barto, A. G. (2018), *Reinforcement Learning: An Introduction* (2nd ed.), MIT Press.

Vaswani, A., Shazeer, N., Parmar, N., Uszkoreit, J., Jones, L., Gomez, A. N., ... & Polosukhin, I. (2017), *Attention is All You Need*, Advances in Neural Information Processing Systems.

Wang, Tianming, Zhu Chen, Quanliang Shang, Cong Ma, Xiangyu Chen, and Enhua Xiao. (2021), "A Promising and Challenging Approach: Radiologists' Perspective on Deep Learning and Artificial Intelligence for Fighting COVID-19" Diagnostics 11, no. 10: 1924.

제3부

안보통일교육의 교과 적용

제9장

박 형 빈(서울교육대학교)

2022 도덕과 교육과정과 안보통일교육 방향과 과제

Ⅰ. 들어가며

21세기 한반도는 급변하는 국제 정세 속에서 평화와 통일을 향한 새로운 도전에 직면하고 있다. 특히, 세계화와 정보화가 심화되면서 국가 간 상호 의존성이 높아지고, 민족주의와 국가 정체성에 대한 논쟁도 격화되고 있다. 분단의 역사를 가진 대한민국에게 통일은 여전히 민족적 숙원이자, 미래 세대의 평화와 번영을 위한 필수적인 과제다. 이에 따라 통일교육의 중요성은 더욱 강조되고 있으며, 이를 안보와 연결해 통일교육을 강화하는 '안보통일교육'의 필요성이 부각되고 있다.

과거의 통일교육은 주로 북한 체제에 대한 비판과 안보 위협에 대한 경각심을 심어주는 것에 초점을 맞췄다. 그러나 21세기 안보 환경과 국제 질서가 변화함에 따라, 통일교육의 패러다임도 새로운 전환점을 맞이하고 있다. 평화와 공존, 인권과 같은 보편적 가치를 바탕으로 한 안보통일교육이 필요한 상황이다. 이는 자유민주주의에 대한 확고한 신념을 바탕으로 평화적 통일을 추구하면서도, 민족정체성과 세계시민성을 조화롭게 발전시키는 교육적 접근을 요구한다.

안보통일교육은 한반도 문제에 국한되지 않는다. 북한의 군사적 위협, 국제적 제재, 주변 강대국들의 이해관계가 얽히면서, 한반도의 통일 문제는 단순한 국내적 사안을 넘어 국제적 협력과 조정이 필요한 복잡한 의제로 떠오르고 있다. 따라서 통일 이후 남북한 주민 간의 사회적, 문화적 이질감을 극복하고, 평화롭고 번영하는 통일 한국을 준비하는 데 안보통일교육은 중요한 역할을 할 수 있다.

본 연구는 2022 도덕과 교육과정 속에서 안보통일교육의 이론적 토대를 검토하고, 이를 실천적으로 어떻게 적용할 수 있을지를 탐구하고자 한다. 특히, 기존의 통일교육이 안보 중심에서 평화, 공존, 인권으로 확장될 수 있는 방법론적 틀을 제시하며, 민족정체성과 세계시민성을 조화롭게 발전시키는 미래형 교육 모델을 탐색할 것이다. 본 연구는 안보통일교육의 이론적 배경을 체계화하고, 학교와 지역사회에서 구체적으로 적용 가능한 교육 방법론 모색을 위해 안보통일교육의 방향과 과제를 제시하는 데 중점을 둔다. 또한 학교 현장에서의 협력적 교육 체제 구축 방안과 안보통일교육의 지속 가능성을 위한 정책적 제안도 함께 제시할 것이다.

연구 문제는 다음과 같다. 첫째, 안보통일교육의 이론적 배경은 무엇이며, 2022 도덕과 교육과정에서 각기 내용 요소는 어떻게 반영되어 있는가? 둘째, Z세대를 고려하여 실천적 실행이 가능한 것으로서 안보통일교육의 학교 현장 교육 방법은 무엇인가? 셋째, 안보통일교육의 방향과 과제는 무엇인가?

결론적으로 본 논문은 통일교육이 평화적이고 지속 가능한 사회통합을 이루기 위해 안보적 접근뿐만 아니라 윤리적, 세계시민적 시각을 반영해야 한다는 점을 강조하며, Z세대를 고려하고 2022 도덕과 교육과정을 분석한 관점에서 미래지향적인 안보통일교육의 발전 방향을 제시하고자 한다.

Ⅱ. 안보통일교육의 이론적 배경

1. 안보교육과 통일교육의 개념

인간 안보는 국가 중심적이고 구조에 초점을 맞춘 안보 전략에 대한 대안적 개념으로, 인간의 복지와 관계 형성에 중점을 둔 관점이다(Vergin & Reich, 2016). 평화와 안보교육은 지속 가능한 발전을 위한 중요한 요소이며 평화와 안보에 대한 지배적인 패러다임에 도전하는 교육이 되어야 한다(Igbuzor, 2011). 안보교육에서는 학생들이 안보 원칙을 적용할 기회를 가져야 한다(Du, 2011).

이러한 점을 감안할 때, 안보통일교육은 통일을 대비하고 한반도 평화체제를 구축하기 위한 필수적인 교육적 접근이다. 안보와 통일이라는 두 개념은 각각 남북한의 정치적, 사회적 갈등 상황 속에서 발전해 왔다. 안보 교육은 주로 북한 체제의 군사적 위협에 대비하고, 국가 안보를 지키기 위한 방어적 성격을 띤다. 이와 반대로, 통일교육은 분단된 민족의 통합을 목표로 민족적 동질성 회복과 통일 한국의 미래를 준비하는 교육이다. 특히, 냉전 시대에 안보 교육은 북한 체제의 위협에 대비한 방어적 교육으로서 발전하였다. 이는 통일교육에서도 북한에 대한 경각심을 심어주는 방향으로 이어졌다. 통일교육은 그동안 반공 교육 또는 안보 교육의 연장선으로 북한 체제의 위험성을 부각시키는 데 초점을 맞추었다(박형빈, 2020a). 그러나 오늘날 통일교육의 개념은 보다 확장되었다. 안보 교육은 여전히 중요하지만, 그와 함께 민족적 동질성을 회복하고, 통일 이후의 평화적 공존을 위한 준비가 필요하게 되었다. 따라서 통일교육은 안보에 더하여 평화, 인권, 민주시민적 가치를 중시하는 새로운 교육 패러다임으로 자리 잡을 필요가 있다(박형빈, 2018: 134).

그동안 통일교육 관련 연구들은 평화통일교육 관련 연구(한만길, 2019), 세대 통일교육 연구(조정아, 2018), 대학통일교육(변종현, 2012) 등 다양한 관점에서 접근되어 왔으며, 최근에는 안보통일교육에 대한 연구(박찬석, 2024)로 발전하고 있다. 통일교육이 단순히 안보 교육의 연장이 아닌, 통일 후의 사회 통합과 미래의 평화적 공존을 위한 준비 과정이라는 인식의 확대는 통일교육의 역할을 더욱 다양하게 한다. 이제 통일교육은 북한 체제에 대한 비판과 안보 위협에 대한 경각심을 넘어, 남북한 주민 간의 이질감을 극복하고 통일 이후의 사회적, 문화적 통합을 준비하는 교육으로 변화하고 있다. 안보통일교육은 이러한 변화된 환경 속에서, 한반도의 평화와 번영을 위한 필수적인 과제로서 그 역할이 더욱 중요해졌다고 할 수 있다.

그것은 안보통일교육이 단순한 군사적 안보만을 다루는 것이 아니라, 민주시민교육과 평화교육의 핵심 요소를 포괄하는 교육이 되기 때문이다. 민주시민교육은 민주주의의 가치와 시민으로서의 책임을 가르치는 교육으로, 학생들이 민주적인 절차와 법의 중요성을 이해하고, 적극적인 시민으로서의 자질을 기르는 것을 목표로 한다(박형빈, 2018: 136). 통일교육은 이와 맞물려 통일 이후 남북한 사회에서 필요한 민주주의적 자질을 함양하는 데 중점을 둔다. 통일 이후 남북한 주민 간의 갈등을 비폭력적으로 해결하고, 서로의 차이를 존중하는 문화를 형성하는 데 있어 민주시민교육은 중요한 역할을 한다. 평화교육은 남북 간의 군사적 긴장과 갈등을 평화적으로 해결하기 위한 교육적 접근이다. 전통적인 안보 교육이 군사적 위협에 대비한 방어적 성격을 가졌다면, 평화교육은 이를 넘어서, 갈등 해결을 위한 대화와 협력의 중요성을 강조한다. 특히, 평화적 통일을 위해서는 남북한 주민이 서로를 적대시하지 않고, 상호 협력을 통해 갈등을 해결하는 능력을 키우는 것이 필수적이다. 이러한 교육은 궁극적으로 통일 이후 남북한 주민이 평화롭게 공존하고, 함께 번영할 수 있는 사회를 만드는 데 기여할 것이다. 민주시민교육과 평화교육은 각각 통일 이후의 사회적 통합과 정치적, 문화적 차이 극복에 중점을 두며, 안보통일교육의 필수적인 구성 요소로 작용한다. 이는 통일교육이 단순한 이념 교육에서 벗어나, 남북한 주민 간의 평화적 공존과 국제 사회에서의 협력적 관계를 강조하는 새로운 패러다임으로 발전했음을 의미한다.

한편, 세계화는 한반도의 통일 문제에도 깊은 영향을 미치고 있다. 과거의 통일교육이 민족적 동질성 회복에 중점을 두었다면, 오늘날의 교육은 세계화 시대의 흐름 속에서 민족정체성과 함께 세계시민성을 강조하는 방향으로 변화하고 있다. 이는 통일한국이 단순히 민족 내부의 통합을 넘어, 국제사회에서 책임 있는 역할을 수행할 수 있는 국가로 나아가기 위해 필수적인 요소다. 특히, 민족정체성은 한반도 통일을 위한 중요한 기초 요소로 남아 있지만, 그것이 폐쇄적 민족주의에 머물러서는 안 된다. 민족적 동질성을 회복하고 통일을 이루는 과정에서, 남북한 주민은 서로의 차이를 극복하고, 세계적 차원에서의 협력과 공존을 추구하는 세계시민적 가치 또한 내면화해야 한다(박형빈, 2018: 135). 이것은 통일한국이 국제사회에서 평화와 인권을 중시하는 글로벌 시민으로서의 역할을 수행할 수 있도록 돕는 중요한 교육적 과제이다.

나아가 세계시민성은 통일교육의 중요한 요소로서, 통일 이후 남북한 주민이 국제사회와의 협력을 통해 평화와 번영을 추구할 수 있는 능력을 함양하는 데 중요한 역할을 한다. 세계화 시대의 통일교육은 남북한 주민이 국제사회와 상호작용하며 공존할 수 있는 능력을 길러주는 것을 목표로 한다. 이를 위해 통일교육은 민족정체성과 세계시민성이라는 두 가지 축을 동시에 다룬다. 민족정체성은 통일 한국의 내부적 결속을 강화하고, 세계시민성은 통일 이후 통일 한국이 국제사회에서 책임 있는 국가로서 역할을 할 수 있도록 돕는다.

세계화는 남북한 주민 간의 차이를 넘어서, 통일 이후 글로벌 사회에서의 남북한 통합과 협력을 더욱 중요한 과제로 만든다. 따라서 안보통일교육은 단순히 한반도 내부의 문제를 해결하는 것에서 나아가, 통일 이후 글로벌 사회에서의 역할까지 고려해야 한다. 이는 세계화 시대의 흐름에 맞춰 민족적 정체성과 세계시민적 가치가 조화를 이루는 새로운 형태의 통일교육을 요구한다. 민족정체성의 변화와 함께, 통일교육은 남북한 주민이 세계 시민으로서의 책임감을 인식하고, 통일 한국이 국제사회의 일원으로서 평화와 인권, 민주주의의 가치를 실현할 수 있도록 준비하는 교육이 되어야 한다. 더불어 통일 후 남북한 주민 간의 갈등을 극복하고, 글로벌 사회에서의 협력적 관계를 구축하는 데 중요한 역할을 할 것이다. 이를 감안할 때 안보통일교육의 이론적 기반은 민족정체성의 회복과 함께 세계시민성을 내면화하는 데 중점을 두고 있다고 할 수 있다. 이는 통일 한국이 단순히 민족 내부의 결속을 다지는 데 그치지 않고, 국제사회에서 평화와 공존의 가치를 실현하며, 책임 있는 글로벌 시민으로서의 역할을 수행할 수 있도록 돕는 교육적 접근이다.

그러므로 안보통일교육은 남북한 주민 간의 사회적 통합과 국제사회에서의 협력적 관계를 형성하는 데 중요한 역할을 하며, 이는 세계화 시대의 요구에 부응하는 새로운 교육 패러다임으로 자리 잡아야 한다. 이를 위해 통일교육은 남북한 주민이 통일 이후 상호 협력하며 평화롭게 공존할 수 있도록 준비하는 한편, 글로벌 사회에서 통일 한국이 책임 있는 역할을 수행할 수 있도록 돕는 방향으로 발전해야 한다. 이러한 교육적 접근은 안보교육과 민주시민교육, 평화교육의 핵심 가치를 통합하여, 통일 이후의 사회적 통합을 위한 준비뿐만 아니라, 국제사회에서의 평화와 협력의 역할을 강조하는 안보통일교육으로 완성될 것이다.

2. 2022 도덕과 교육과정 분석

2022 도덕과 교육과정에서는 통일교육, 민주시민교육, 평화교육, 세계시민교육, 다문화교육, 그리고 안보교육의 내용이 다양한 주제와 영역에서 융합적으로 제시되고 있다. 특히, '타인과의 관계', '사회와의 관계' 영역을 통해 학생들이 공동체 내에서 공존하고 협력하는 방법을 학습하도록 구성되어 있다. 이러한 교육적 접근은 현대 사회가 요구하는 다양한 가치들을 반영한 것으로, 민주주의와 인권, 평화적 공존, 글로벌 시민의식 등을 함께 함양할 수 있도록 돕는다.

먼저 평화교육은 갈등 해결 및 공존의 가치와 직접적으로 연결되어 있으며, 친구 관계나 가상공간에서 발생할 수 있는 갈등과 폭력 문제를 예방하는 내용을 포함하고 있다. 통일교육은 북한 이탈 주민이나 북한 주민과의 평화적 공존을 준비하는 내용을 다루며, 통일 한국의 사회적 통합을 목표로 한다. 민주시민교육에서는 민주사회의 기본 원칙과 시민의 역할을 강조하며, 학생들이 다양한 의견을 존중하고 소통하는 방식을 배운다. 세계시민교육은 국제적 협력과 평화, 그리고 세계시민으로서의 책임감을 고양시키는 내용으로 구성되어 있으며, 다문화교육은 다양한 문화적 배경을 가진 사람들과의 소통과 존중을 강조한다.

안보교육은 도덕과 교육과정에서 직접적으로 언급되지 않지만, 평화적인 통일과 국제 사회에서의 협력의 중요성을 강조하는 맥락에서 간접적으로 다루어진다. 이는 학생들이 국가 안보에 대한 기본적인 이해를 바탕으로 국제적 협력을 통해 안보 위협에 대비할 수 있는 능력을 기르는 데 도움을 줄 수 있다.

다음 〈표 9-1〉은 2022 개정 도덕과 교육과정에서 평화교육, 통일교육, 민주시민교육, 세계시민교육, 다문화교육, 그리고 안보교육과 관련된 성취기준과 교육 내용 요소를 정리한 것이다. 이 표는 각 성취기준별로 해당 교육들이 어떻게 반영되고 있는지를 구체적으로 보여준다. 특히, 다양한 교육적 가치들이 서로 긴밀하게 연결되어 있어, 학생들이 통합적인 시각으로 학습할 수 있는 기회를 제공하고 있다.

〈표 9-1〉 2022 개정 도덕과 교육과정 내용 분석: 평화/통일/민주시민/세계시민/다문화/안보 교육

성취기준	평화교육	통일교육	민주시민교육	세계시민교육	다문화교육	안보교육
[4도02-02] 친구 사이의 배려	갈등을 배려와 존중을 통해 평화적으로 해결	북한 이탈 주민에 대한 편견을 해소, 다양성을 존중, 통일 준비	서로 다른 의견을 가진 친구들과 소통을 통해 민주적인 관계 맺기	다양한 문화적 배경을 가진 친구들과 소통하며 세계시민 의식을 함양	다양한 문화적 배경을 가진 사람들과 소통하는 방법, 다문화 사회에서 협력하는 태도 형성	국가 안보를 지키기 위한 기본적인 의식을 형성
[6도02-01] 편견 발생 이유 탐색, 다른 사람과 올바른 관계 맺기	편견과 차별로 인해 발생하는 갈등을 예방하고 평화로운 관계를 형성	북한 주민과의 평화적 공존, 통일을 위한 사회적 통합 방안 모색	다양성을 존중하고 협동하는 민주사회의 기본 원칙을 이해	국제적 협력과 평화를 위한 지구적 책임 인식	다른 나라 사람들의 다양한 문화를 존중하고 공정한 관계 형성	안보의 중요성과 국가의 방위 체계에 대해 학습
[9도02-03] 가상공간과 현실 세계에 대한 비교·분석	가상 공간에서 발생하는 사이버 폭력, 혐오 문제를 예방하고 평화로운 온라인 환경 조성	통일의 중요성	타인 존중을 통한 민주적인 참여	인류 공영을 위해 협력, 글로벌 시민의 자세	다문화적 갈등을 해결, 상호 존중, 평등한 사회	국가 안보를 위한 사회적 책임과 협력
[4도03-01] 공정의 의미를 이해, 공정의 가치를 실천	공정한 사회 구현을 통해 갈등을 예방, 평화로운 공동체 형성	남북한 통일을 통해 미래 세대의 통합된 사회를 준비 공정한 사회를 만드는 법 학습	공정한 사회를 만들기 위한 민주 시민의 역할 인식	국제적 평화를 위한 시민의 책임 의식 함양 국제적 협력을 통한 세계 평화 기여	다른 문화에 대한 이해와 존중, 글로벌 사회 형성 다양한 문화적 배경을 가진 사람들과의 조화로운 공동체 형성	안보적 갈등 해결 방안을 학습, 국가 안보를 위한 실천 방안 마련 미래 안보 위협을 대비하기 위한 국가적 전략 모색
[6도03-04] 다양한 문화를 이해, 인류애	국제적인 분쟁, 빈곤, 자원 문제 해결을 위한 글로벌 평화 기여	북한 주민들과의 평화적 공존, 통일 준비	국제적 협력, 민주사회	국제적 협력, 세계 평화	다른 나라 문화를 존중, 인류애	국가 안보
[9도03-01] 통일의 의미	평화를 지향, 남북한 통합	통일 한국	남북한 통일	통일 후 국제사회와의 협력, 평화 유지	다양한 문화적 배경을 수용, 사회 통합	통일 한국, 안보 체제 구축

〈표 9-1〉에서 볼 수 있듯이, 각 성취기준은 다양한 교육적 목적을 달성하기 위해 융합적으로 설계되었다. 예를 들어, 4학년 성취기준인 [4도02-02] 친구 사이의 배려는 평화교육에서 갈등을 해결하는 방식, 통일교육에서는 북한 이탈 주민에 대한 편견 해소, 민주시민교육에서는 민주적 관계 형성, 세계시민교육과 다문화교육에서는 문화적 배경을 존중하는 내용을 포함하고 있다. 이러한 융합적 접근은 학생들이 여러 가치들을 동시에 학습할 수 있도록 돕는다. 2022 도덕과 교육과정에서는 통일교육, 민주시민교육, 평화교육 내용이 여러 영역에 걸쳐 통합적으로 제시되어 있다. 특히, '타인과의 관계', '사회와의 관계' 영역에서 다양성 존중, 공정성, 인류애 등의 가치를 강조하며 통일교육과 민주시민교육, 평화교육을 연계하고 있다. 안보 교육은 명시적으로 언급되지는 않으나, 평화적인 통일과 국제적 협력을 강조하는 과정에서 암묵적으로 다루어질 수 있다. 각각의 교육 분야는 다음과 같은 고유한 특성을 지니고 있다.

첫째, 평화 교육이다. 2022 개정 도덕과 교육과정에서는 평화 교육을 타인과의 관계, 사회와의 관계 영역과 연계하여 다룬다. 특히, 일상생활에서 배려와 존중을 바탕으로 갈등을 평화적으로 해결하고, 다양성을 존중하는 태도를 강조하며 평화로운 공동체 형성을 위한 가치와 태도를 함양하는 데 중점을 둔다. 또한 국제적인 분쟁 및 문제 해결을 위한 협력과 공존, 과학 기술 발전의 평화적 활용 등을 통해 세계 평화에 기여하는 세계시민으로서의 역할을 강조한다.

둘째, 통일 교육이다. 2022 개정 도덕과 교육과정에서는 통일 교육을 타인과의 관계, 사회와의 관계, 현대 사회와 윤리 영역과 연계하여 다룬다. 특히, 북한 이탈 주민에 대한 편견 해소, 북한 사회와 문화에 대한 이해, 분단 상황에 대한 객관적인 인식, 평화 통일을 위한 노력 등을 통해 통일에 대한 긍정적인 인식을 갖도록 한다. 또한 과학 기술을 평화적으로 활용하여 통일 한국의 발전에 기여할 수 있는 방안을 모색하도록 하여 통일 미래를 준비하는 데 필요한 역량을 함양하는 데 중점을 둔다.

셋째, 민주시민 교육이다. 2022 개정 도덕과 교육과정에서는 민주시민 교육을 타인과의 관계, 사회와의 관계, 현대 사회와 윤리 영역과 연계하여 다룬다. 특히, 다양성을 존중하고 포용하는 태도, 공정한 사회 참여, 민주적인 의사 결정, 책임 있는 행동 등을 통해 민주시민으로서의 자질과 역량을 함양하는 데 중점을 둔다. 또한 과학 기술의 발전과 활용에 대한 민주적인 의사결정 참여의 중요성을 인식하도록 한다.

넷째, 세계시민 교육이다. 2022 개정 도덕과 교육과정에서는 세계시민 교육을 타인과의 관계, 사회와의 관계, 현대 사회와 윤리 영역과 연계하여 다룬다. 특히, 다양한 문화적 배경을 가진 사람들과 더불어 살아가는 세계시민의식, 국제적인 협력과 공존을 통한 세계 평화 추구, 과학 기술 발전의 혜택을 모든 인류가 누리고 그 위험을 함께 책임지는 자세 등을 통해 세계시민으로서의 책임감과 역할을 강조한다.

다섯째, 다문화 교육이다. 2022 개정 도덕과 교육과정에서는 다문화 교육을 타인과의 관계, 사회와의 관계 영역과 연계하여 다룬다. 특히, 다른 문화에 대한 이해와 존중, 편견 해소, 다양성을 존중하는 태도 등을 통해 다문화 사회에서 조화롭게 살아가는 데 필요한 가치와 태도를 함양하는 데 중점을 둔다.

여섯째, 안보 교육이다. 2022 개정 도덕과 교육과정에서는 안보 교육을 명시적으로 다루지는 않는다. 그러나 한반도의 통일과 평화에 관한 쟁점을 다루면서 국가 안보와 평화적 통일의 조화로운 추구를 강조할 필요가 있다. 평화 통일을 이룩하고 유지하기 위해서는 국가 안보의 중요성을 인식하고, 안보를 위협하는 요인들을 극복하기 위한 노력이 필요하다.

결론적으로 2022 도덕과 교육과정은 다양한 교육적 가치들을 통합적으로 다루고 있으며, 평화적이고 협력적인 사회를 이루기 위한 준비 과정으로써 학생들에게 중요한 학습 경험을 제공하고 있다. 2022 개정 도덕과 교육과정에서는 평화 교육, 통일 교육, 민주시민 교육, 세계시민 교육, 다문화 교육, 안보 교육 내용이 여러 영역에 걸쳐 통합적으로 제시되어 있다. 이는 학생들이 다양한 측면에서 평화, 통일, 민주주의, 세계시민성, 다문화 이해, 안보 등을 종합적으로 이해하고 실천할 수 있도록 돕는 데 효과적일 것으로 예상된다. 앞으로 교육 현장에서 이러한 교육 내용을 보다 효과적으로 구현하기 위한 다양한 교수 학습 방법 및 자료 개발이 필요하다.

Ⅲ. 안보통일교육의 교육 실천 방안

1. Z세대 특성과 안보통일교육

Z세대는 일반적으로 1996년부터 2010년 사이에 태어난 세대를 지칭하며, 스마트폰과 인터넷의 보편화된 환경에서 자란 첫 세대다. 이들은 디지털 원주민(Digital Native)으로 불리며, 어렸을 때부터 디지털 기기를 능숙하게 다룰 수 있는 세대다. Z세대는 정보 습득과 소통을 대부분 온라인에서 이루며, 일상생활과 사회적 상호작용도 디지털 공간에서 많은 부분이 진행된다(박형빈, 2020b). 이들은 전통적인 오프라인 중심의 삶에서 벗어나, 온라인 플랫폼을 기반으로 한 새로운 경제 및 사회구조에서 활동하고 있다. 예를 들어, 교육의 경우에도 기존의 학교 체제에 머물지 않고, 무크(MOOC: Massive Open Online Course)와 같은 온라인 교육 플랫폼을 통해 다양한 교육을 접하는 경향이 강하다(오기성, 2022). 영국의 경제 주간지 이코노미스트에서는 이러한 Z세대를 일컬어 '포노 사피엔스(Phono Sapiens)'라고 명명했다. 이는 스마트폰이 그들의 삶과 문화를 지배하는 주요 기기라는 점을 반영한 것이다. 이 세대는 언제 어디서나 스마트폰을 통해 전 세계와 연결될 수 있는 능력을 갖추고 있으며, 온라인을 통해 필요한 정보를 즉각적으로 습득하고, 이에 따른 소비활동 또한 매우 자유롭게 이루어진다. 페이스북, 유튜브 같은 플랫폼 기반의 서비스들이 Z세대의 생활 방식에 밀접하게 연결되어 있으며, 이들은 이러한 플랫폼들을 일상적으로 활용해 소비하고, 정보를 교류하며, 사회적 관계를 형성한다.

한국의 Z세대는 IMF 이후의 경제적 긴축 상황 속에서 자라났으며, 이러한 경제적 압박은 이들의 가치관 형성에 큰 영향을 미쳤다. 이 세대는 기성세대와는 달리 안정성과 실용성을 매우 중시하며, 미래에 대한 불확실성에 대비하는 특징을 가지고 있다(오기성, 2022). 동시에 Z세대는 '현재 지향적 성향'을 보이며, 즉각적인 보상을 추구하는 경향이 강하다. 이들은 전통적인 방식의 장기적인 목표 설정보다는 당장 실현 가능한 실용적인 목표를 선호하는데, 이는 경제적 불안정성과 미래에 대한 불확실성을 내재화하며 자라난 환경에서 기인한 결과다. 따라서 Z세대는 안정적인 직업과 현실적 성취를 매우 중시하는 경향이 있으며, 이로 인해 실용적이고 현실적인 교육과 직업훈련을 선호하는 성향이 강하다.

또한 Z세대는 디지털 환경에서 다양한 정보를 접하며 성장한 만큼, 역사적・정치적 부채의식이 상대적으로 약하고, 수평적 사고를 하는 경향이 있다. 이들은 인종, 성별, 종교 등의 차별에 대한 편견이 적고, 사회적 정의와 공정성을 매우 중요시하는 세대로 나타난다. 특히 Z세대는 '공정성'을 매우 중시하며, 온라인 해시태그 운동과 같은 사회적 캠페인에 적극적으로 참여한다. 이러한 참여는 단순히 온라인 상에서 그치지 않고, 실제 오프라인 시위나 사회적 활동으로 이어지기도 한다.

2. Z세대를 위한 교육 방법론 및 정책 제안

Z세대는 전통적인 공동체 의식보다는 개인주의적 성향이 강한 세대다. 이들은 공동체보다는 개인의 자율성과 독립성을 중시하며, 느슨한 연대 속에서 가벼운 소속감을 느끼는 것을 선호한다. 이는 그들이 디지털 환경에서 언제 어디서나 자신과 맞는 소수의 사람들과 함께 가상 공동체를 형성할 수 있는 능력을 가지고 있기 때문이다. 이러한 가상 공동체는 특정 목적을 중심으로 형성되는 경우가 많으며, 그 목적이 달성되면 자연스럽게 해체되는 특징을 보인다.

그러나 Z세대의 개인주의는 사회적 참여나 공동체 의식의 부재로 이어지지는 않는다. 오히려 이들은 디지털 환경을 활용해 자신의 의견을 적극적으로 개진하고, 온라인 상에서 빠르게 연대하며 사회적 문제에 대한 관심을 표출하는 경향이 강하다. 해시태그 운동이나 온라인 청원 등을 통해 사회적 문제에 대한 공정성을 요구하고, 이를 기반으로 실질적인 변화를 이끌어내려는 의지가 강하다. 이들은 공정성과 투명성을 요구하며, 이를 위해 적극적으로 목소리를 내는 세대다.

Z세대의 특성에 맞춘 안보통일교육은 단순한 군사적 안보와 이념 교육에서 벗어나, 이들이 중시하는 가치인 공정성, 투명성, 그리고 디지털 기술을 활용한 사회 참여를 강조하는 방향으로 나아가야 한다. Z세대는 전통적인 방식의 권위주

의적 교육이나 일방적인 지식 전달 방식보다는, 실질적인 문제 해결 능력을 기를 수 있는 교육을 선호한다. 따라서 안보통일교육 역시 이들의 특성에 맞춰 디지털 플랫폼을 활용한 상호작용형 교육, 비판적 사고를 기를 수 있는 문제 해결 중심의 교육으로 변화해야 한다. 또한 Z세대는 평화와 공존, 인권과 공정성을 중시하는 세대이므로, 통일교육에서도 이러한 가치를 반영한 교육적 접근이 필요하다. 이들에게는 남북한 간의 이념적 갈등보다는, 평화적 공존과 협력을 통한 통일의 당위성을 강조하고, 통일 후의 사회적 통합을 위해 필요한 가치와 태도를 중점적으로 교육해야 한다.

결론적으로 Z세대를 위한 안보통일교육은 이들의 디지털 역량과 사회적 가치관을 반영한 새로운 교육 패러다임을 요구한다. 이는 단순한 이념 교육을 넘어서, 디지털 기술을 통한 창의적 학습과 비판적 사고를 함양하며, 평화와 공정성이라는 가치를 중심으로 남북한 통합의 필요성을 교육하는 방향으로 나아가야 한다. Z세대는 자신들이 중시하는 가치를 바탕으로 통일 이후의 한국 사회를 이끌어나갈 세대이므로, 그들에게 맞춘 교육적 접근이 필요하다.

Ⅵ. 안보통일교육의 방향과 과제

1. 안보통일교육의 방향

안보통일교육의 궁극적인 목표는 한반도의 평화적 통일을 실현하고, 통일 이후 남북한 주민 간의 사회적 통합을 이루는 것이다. 이를 위해 안보통일교육은 기존의 군사적 안보와 반공 중심의 교육을 넘어, 남북한의 이질성을 극복하고 평화로운 공존을 준비하는 교육적 접근이 필요하다. 이러한 목표를 달성하기 위해 안보통일교육은 다음과 같은 세 가지 주요 방향을 따라야 한다.

안보통일교육의 첫 번째 방향은 '평화'를 중심으로 하는 교육적 패러다임의 전환이다. 과거의 통일교육은 주로 북한 체제에 대한 비판과 안보 위협에 대한 경각심을 심어주는 데 집중되어 있었다. 그러나 오늘날의 교육 환경과 국제적 정세는 남북한 간의 이념적 갈등보다는 평화적 공존과 협력을 중심으로 통일을 준비할 필요성을 강조하고 있다. 따라서 안보통일교육은 군사적 충돌을 예방하고, 남북한 간의 상호 신뢰를 구축하는 데 중점을 두어야 한다.

평화 중심의 교육은 학생들에게 남북한의 차이를 이해하고 존중하는 태도를 기르며, 갈등을 평화적으로 해결하는 방법을 배울 수 있도록 해야 한다. 또한, 통일 이후의 사회적 통합을 위한 준비 작업으로, 남북한 주민이 서로 공존할 수 있는 사회적 규범과 가치 체계를 형성하는 교육을 제공해야 한다.

두 번째 방향은 민족 정체성과 세계시민성의 조화이다. 안보통일교육은 민족적 동질성을 회복하고, 통일 한국 내에서 남북한 주민이 공유할 수 있는 공동의 정체성을 형성하는 데 중점을 두어야 한다. 그러나 이는 폐쇄적 민족주의에 머물러서는 안 된다. 세계화 시대에 맞춰, 통일한국은 국제사회에서 책임 있는 일원으로서 평화와 인권, 민주주의의 가치를 실현할 수 있는 국가로 성장해야 한다.

따라서 안보통일교육은 민족적 정체성을 강조하면서도 동시에 세계시민성을 함양하는 방향으로 나아가야 한다. 이를 통해 학생들은 통일 한국이 남북한의 통합뿐만 아니라, 국제사회의 평화와 협력에 기여하는 글로벌 시민으로서의 역할을 인식할 수 있도록 교육받아야 한다. 특히, 국제적인 시각에서 통일 문제를 바라보고, 남북한의 평화적 통합이 국제 사회와의 협력을 통해 가능하다는 점을 강조하는 것이 필요하다.

세 번째 방향은 디지털 시대에 맞는 교육 혁신이다. Z세대와 같은 디지털 네이티브 세대를 위한 안보통일교육은 기존의 교육 방식에서 벗어나, 디지털 기술을 활용한 교육 혁신을 필요로 한다. 온라인 학습 플랫폼, 가상현실(VR)과 같은 기술을 활용한 시뮬레이션 교육 등을 통해, 학생들이 남북한의 역사적, 정치적 상황을 더 실감나게 체험할 수 있는 기회를 제공해야 한다.

디지털 시대의 교육 혁신은 학생들이 비판적 사고를 기르고, 통일 문제에 대해 더 주체적으로 생각할 수 있는 기회를 제공해야 한다. 이를 위해 상호 작용형 교육 방법론과 문제 해결 중심의 교육이 필요하다. 디지털 플랫폼을 활용하여 학생들이 통일 이후 남북한 주민 간의 갈등 해결 방안을 모색하고, 평화적 통일을 위해 필요한 사회적 역량을 함양할 수 있는 교육 프로그램이 개발되어야 한다.

네 번째 방향은 통일 이후의 사회적 통합을 위한 포용적 가치 교육의 강화이다. 남북한은 오랜 기간 동안 서로 다른 정치, 경제, 사회 체제 아래에서 발전해 왔기 때문에, 통일 이후 남북한 주민 간의 이질성은 매우 클 것이다. 따라서 안보통일교육은 이질적인 남북한 주민들이 평화롭게 통합될 수 있도록 포용적이고 상호 존중하는 가치를 함양하는 데 초점을 맞춰야 한다(박형빈, 2020: 103).

포용적 가치 교육은 남북한 간의 차이를 인정하고, 이를 존중하며 상호 협력을 이루어내는 방향으로 설계되어야 한다. 이를 위해, 안보통일교육은 다양성 존중, 상호 이해, 그리고 협력의 가치를 강조하는 교육 내용으로 재편되어야 한다. 특히 남북한의 서로 다른 문화적, 사회적 배경을 이해하고, 이를 포용할 수 있는 태도를 학생들에게 길러주는 것이 중요하다. 이를 통해 통일 이후 남북한 주민 간의 갈등을 최소화하고, 함께 협력하여 새로운 사회를 구축할 수 있는 기반을 마련할 수 있다.

다섯 번째 방향은 지역 및 국제 협력 중심의 통일교육이다. 한반도 통일 문제는 단순한 국내적 문제를 넘어서 국제적인 협력과 조정이 필요한 복잡한 사안이다. 통일은 주변 강대국들의 이해관계와 국제사회의 지원 및 협력이 필수적이므로, 안보통일교육은 지역 및 국제 협력을 강조하는 방향으로 나아가야 한다.

특히, 통일교육은 학생들이 통일 문제를 지역 사회와 국제 사회의 협력적 관점에서 이해하도록 돕는 데 중점을 두어야 한다. 통일 한국이 국제 사회에서 평화와 번영을 이루기 위해서는 주변국과의 협력 관계를 잘 유지해야 하며, 이를 위해 학생들에게 국제적 시각을 심어줄 필요가 있다. 예를 들어, 국제기구의 역할, 주변국의 입장, 한반도 통일과 관련된 국제 협력 사례 등을 교육 내용에 포함함으로써, 학생들이 통일 문제를 글로벌 관점에서 바라볼 수 있는 능력을 기를 수 있도록 해야 한다.

또한 지역 협력 측면에서도 학생들이 지역 사회에서 통일 문제를 직접 경험하고 학습할 수 있는 기회를 제공하는 것이 중요하다. 지역 사회와의 협력을 통해 학생들이 남북한 주민 간의 교류 프로그램에 참여하거나, 지역 통일 관련 프로젝트에 기여할 수 있는 기회를 제공함으로써, 통일 문제에 대한 실제적 경험을 쌓을 수 있도록 해야 한다.

결론적으로 안보통일교육의 방향은 기존의 평화 중심 교육, 민족 정체성과 세계시민성의 조화, 디지털 혁신 교육에 더해, 포용적 가치 교육과 지역 및 국제 협력을 포함한 다섯 가지 축으로 설정되어야 한다. 이러한 방향성을 통해 안보통일교육은 통일 이후 남북한의 평화적 통합과 국제적 협력을 이끌어 나갈 주체적인 시민을 양성할 수 있을 것이다. 이를 통해 학생들은 통일 한국의 미래를 준비하는 과정에서 평화적 공존의 가치를 내면화하고, 남북한의 통합을 위한 주체적인 역할을 할 수 있는 시민으로 성장할 수 있을 것이다.

2. 안보통일교육의 과제

안보통일교육이 효과적으로 자리 잡고, 통일 한국을 준비하는 데 중요한 역할을 하기 위해서는 여러 실천적 과제를 해결해야 한다. 안보통일교육의 과제는 학생들의 이해와 참여를 증진시키고, 교육의 효과를 극대화할 수 있는 방법을 마련하는 데 중점을 두어야 한다. 다음과 같이 안보통일교육의 발전을 위해 해결해야 할 다섯 가지 주요 과제를 제시할 수 있다.

첫 번째 과제는 안보와 통일교육의 균형을 유지하는 것이다. 안보통일교육은 과거 주로 안보 위협에 대한 경각심을 일깨우는 데 중점을 두었으나, 오늘날의 교육에서는 평화적 통일과 국제적 협력의 중요성을 강조해야 한다. 통일을 준비하면서도 여전히 북한의 군사적 위협이 존재하는 상황에서, 학생들이 안보와 평화를 동시에 인식할 수 있는 균형 잡힌 교육이 필요하다.

안보와 통일은 서로 대립하는 개념이 아니라 상호 보완적이다. 안보 위협에 대한 대비를 소홀히 하지 않으면서도, 궁극적으로 평화를 통한 통일을 목표로 해야 한다. 이를 위해 교육 과정에서 군사적 대비와 더불어 평화적 해결책을 함께 다루는 내용이 포함되어야 한다. 이러한 균형 잡힌 교육은 학생들에게 현실적이면서도 이상적인 통일의 비전을 제시하는 데 기여할 것이다.

두 번째 과제는 학생들의 참여와 흥미를 유도하는 교육 방법을 도입하는 것이다. 안보통일교육은 전통적으로 교사 중심의 강의식 교육 방식이 많았지만, Z세대와 같은 디지털 원주민 세대에게는 이러한 방식이 흥미를 끌기 어려울 수 있다. 따라서 학생들이 통일 문제에 더 능동적으로 참여할 수 있는 교육 방식이 필요하다.

프로젝트 기반 학습(PBL), 시뮬레이션 학습, 디지털 콘텐츠를 활용한 상호작용형 교육 등 다양한 방식이 도입되어야 한다. 예를 들어, 학생들이 남북한 간의 갈등을 해결하는 시나리오를 작성하거나, 가상의 통일 정부를 구성하는 등 실제적인 문제 해결 과정에 참여할 수 있는 기회를 제공해야 한다. 이러한 방식은 학생들이 통일 문제를 더 깊이 이해하고, 주체적인 역할을 인식할 수 있도록 돕는다.

세 번째 과제는 통일교육을 위한 교사의 전문성을 강화하는 것이다. 현재 많은 교사들은 통일 관련 교육에 대한 전문 지식을 충분히 갖추지 못한 상황에서 수업을 진행하고 있다. 이는 학생들에게 올바른 정보를 전달하는 데 한계를 발생시킬 수 있으며, 교육의 질을 저하시킬 수 있다.

교사의 전문성을 강화하기 위해서는 통일교육과 안보통일교육에 대한 교사 연수 프로그램을 강화해야 한다. 교사들이 통일 문제에 대한 최신 정보를 지속적으로 습득하고, 남북한의 역사적, 정치적, 사회적 차이를 깊이 이해할 수 있는 기회를 제공해야 한다. 이를 통해 교사들은 학생들에게 더 깊이 있고 균형 잡힌 시각을 전달할 수 있을 것이다.

네 번째 과제는 지역 사회와의 연계를 강화하는 것이다. 통일교육은 단순히 학교 안에서 이루어지는 교육만으로는 한계가 있으며, 지역 사회와의 협력과 상호작용이 필수적이다. 학생들이 통일 문제를 더 실질적으로 경험하고 학습할 수 있도록, 지역 사회와의 연계 프로그램을 활성화해야 한다. 예를 들어, 지역 사회 내에서 통일 관련 강연, 남북한 문화 교류 프로그램, 통일 체험 캠프 등을 마련함으로써 학생들이 이론적 지식뿐만 아니라 실제적인 경험을 쌓을 수 있도록 해야 한다. 이를 통해 학생들은 통일 문제를 더 가깝게 느끼고, 자신들이 통일의 주체로서 역할을 할 수 있음을 인식하게 될 것이다.

다섯 번째 과제는 지속 가능한 통일교육 정책을 수립하는 것이다. 통일교육은 단발적인 이벤트나 프로그램이 아니라, 장기적으로 지속 가능한 교육 체계를 필요로 한다. 이를 위해 정부 차원에서 통일교육을 장기적인 관점에서 계획하고,

학교와 교육 당국이 일관성 있게 이를 실행할 수 있는 제도적 기반을 마련해야 한다.

또한 지속 가능한 교육 정책은 학생들이 통일 문제에 대한 관심을 계속 유지할 수 있도록 지원해야 한다. 정기적인 통일 관련 행사, 통일 교육 과정의 의무화, 교과 과정 내 통일교육 비중 확대 등을 통해 통일교육이 장기적으로 교육 현장에서 뿌리내릴 수 있도록 해야 한다. 이러한 지속 가능한 교육 체계는 학생들이 통일 한국의 주역으로 성장하는 데 필수적인 기반이 될 것이다.

결론적으로 안보통일교육의 과제는 교육 내용의 균형, 학생 참여 중심의 교육 방법 도입, 교사 전문성 강화, 지역 사회와의 연계 강화, 그리고 지속 가능한 교육 정책 수립이라는 다섯 가지로 요약할 수 있다. 이러한 과제들을 해결함으로써 안보통일교육은 한반도의 평화적 통일을 준비하는 중요한 교육적 도구로 자리 잡을 수 있을 것이다.

V. 나가며

본 연구는 2022 도덕과 교육과정의 내용을 심층적으로 분석하고, 이를 바탕으로 안보통일교육의 이론적 토대와 실천적 적용 방안을 다각도로 탐구하였다. 급변하는 국제 정세 속에서 한반도의 평화와 통일을 준비하기 위해서는 기존의 통일교육에서 나아가, 변화된 안보 환경에 적합한 새로운 패러다임의 안보통일교육이 절실히 요구된다. 특히, 한반도 주변국과의 관계, 국제적 협력 및 글로벌 시각에서의 접근을 고려한 안보통일교육이 필요하며, 이는 미래 세대의 교육을 통해 평화적이고 지속 가능한 통일을 달성하기 위한 중요한 과제다. 본 연구는 이러한 필요성을 강조하며, 2022 도덕과 교육과정의 내용을 분석하고, 안보통일교육의 이론적 방향성을 제시하였다. 또한 Z세대를 위한 실천적 교육 방법론을 제안하였다. 나아가 학교 현장에서의 협력적 교육 체제 구축 방안과 안보통일교육의 지속 가능성을 위한 정책적 제안도 함께 제시하였다.

먼저 2022 도덕과 교육과정은 통일교육, 평화교육, 민주시민교육, 세계시민교육, 다문화교육 등의 내용을 포괄적으로 다루고 있다. 이는 학생들이 남북한의 통일 문제뿐만 아니라, 글로벌 사회에서의 평화와 공존을 이해하고, 민주시민으로서의 책임과 역할을 배우는 데 중요한 기반을 제공한다. 유념할 점은 안보교육은 명시적으로 다루어지지 않더라도, 통일 및 평화의 중요성과 국제 협력의 필요성을 강조하는 교육과정 속에서 간접적으로 다루어지고 있다. 이는 학생들에게 국가 안보의 중요성을 인식시키면서도, 국제적 차원에서의 협력과 평화 구축을 위해 필요한 태도를 기르는 데 기여할 수 있을 것으로 보인다.

특히, Z세대는 디지털 네이티브 세대로서, 전통적인 교사 중심의 강의식 교육보다는 디지털 기술을 활용한 즉각 반응의 교육 방식에 익숙하며, 이를 통해 더 효과적으로 학습할 수 있다. Z세대는 정보의 소비와 습득이 빠르며, 문제 해결 중심의 학습과 비판적 사고를 선호한다. 따라서 이들의 특성을 반영한 안보통일교육은 단순히 지식을 전달하는 것에 그치지 않고, 디지털 플랫폼을 활용하여 학생들이 직접 통일 문제와 안보 문제를 탐구하고, 해결책을 모색할 수 있는 방식으로 이루어져야 한다. 이를 통해 학생들은 통일 문제를 주체적으로 학습하고, 평화적 공존과 국제 협력을 위해 요구되는 가치를 내면화할 수 있다.

안보통일교육의 방향성은 안보와 평화 중심의 교육 패러다임 전환, 민족정체성과 세계시민성의 조화로운 발전, 디지털 시대에 맞는 교육 혁신, 포용적 가치 교육의 강화, 지역 및 국제 협력 중심의 통일교육으로 정리될 수 있다. 더불어 통일교육과 안보교육의 균형을 유지하면서도, Z세대의 특성을 반영한 혁신적인 교육 방안을 개발하고 적용하는 것이 중요하다.

종합하면 민족정체성을 강조하며 남북한 주민 간의 통합을 꾀하는 것은 내부적 갈등을 예방하고 사회적 단결을 도모함으로써 내부로부터의 위협 요소를 줄이는 데 기여한다. 이는 남북한 주민 간의 협력과 안정적 통합을 통한 내적 안보 강화와 연결된다. 아울러 민족적 동질성과 세계 시민성을 조화롭게 발전시키는 것은 글로벌 차원에서 평화와 인권의 가치를 내면화하고 이를 실천하는 역량을 길러, 국제사회의 책임 있는 일원으로서의 역할을 강조한다. 이는 단순히 안보를 유지하는 데 그치지 않고, 평화와 민주주의라는 적극적 안보의 목표를 실현하는 과정과 맞닿아 있다. 따라서 소극적 안보가 추구하는 통합과 안정이라는 기초를 다지면서, 적극적 안보의 목표인 평화와 인권의 실현을 위한 역량을 동시에 키우는 데 이러한 논의들이 기여할 수 있다. 이를 통해 민족적 정체성과 세계적 책임감이라는 두 축이 안보의 개념과 균형적으로 연결될 수 있다.

결론적으로 안보통일교육은 단순히 통일을 위한 지식 교육에 그치는 것이 아니라, 학생들이 평화적 공존, 국제 협력, 민주시민으로서의 책임감 등을 체화할 수 있는 종합적이고 융합적인 교육이어야 한다. 이를 위해서는 안보교육과 통일교육 간의 균형을 맞추고, Z세대의 특성을 반영한 새로운 교육 방법을 도입하는 것이 필요하다. 디지털 시대의 교육 혁신을 통해 학생들이 실질적이고 주체적으로 통일 문제를 학습하고, 평화적 공존의 가치를 내면화할 수 있도록 하는 것이 중요하다. 또한 통일교육의 실천적 과제를 해결하기 위해 교사 연수 강화, 지역사회와의 협력, 지속 가능한 교육 정책의 수립 등이 요구된다.

안보통일교육은 한반도의 평화적 통일을 준비하는 과정에서 중요한 역할을 담당하며, 미래 세대가 통일 이후의 한국 사회를 평화롭게 이끌어나갈 수 있는 주체적인 시민으로 성장하는 데 기여할 것이다. 나아가 이러한 교육적 접근은 학생들이 국제 사회에서 협력적이고 책임 있는 글로벌 시민으로서의 역할을 수행할 수 있도록 돕고, 통일 한국이 국제 무대에서 평화와 인권을 증진하는 국가로 자리매김하는 데 기여할 수 있을 것이다.

참고문헌

박형빈(2018), 『통일교육의 사회통합 역할 모색을 위한 민족정체성과 세계시민성 담론』, pp. 134-141.

_____(2020a), 『도덕과 교육과정에서 통일교육과 민주시민교육 그리고 평화교육의 관계 설정 및 발전 방안』, pp.100-106.

_____(2020b), "디지털원주민 시대의 통일교육과 게이미피케이션(Gamification)", 『윤리교육연구』, (55), pp. 337-364.

박찬석(2024), "안보통일교육의 초등 도덕과 교육 적용". 『초등도덕교육』, (88), pp. 225-252.

변종헌(2012), "20대 통일의식과 대학 통일교육의 과제", 『통일 정책 연구』, 21(1), pp. 157-186.

오기성(2022), "MZ 세대 통일의식 제고 방안 연구", 『평화학연구』, 23(2), pp. 79-101.

조정아(2018), "2030 세대의 통일의식과 통일교육의 새로운 패러다임 모색", 『통일교육연구』, 15(2), pp. 21-45.

한만길(2019), "평화통일교육의 방향과 내용 고찰", 『통일정책연구』, 28(1), pp. 135-157.

Du, W. (2011), SEED: hands-on lab exercises for computer security education, *IEEE Security & Privacy*, 9(5), pp. 70-73.

Igbuzor, O. (2011), Peace and security education: A critical factor for sustainable peace and national development, *International journal of peace and development studies*, 2(1), pp. 1-7.

Vergin, R., & Reich, H. (2016), EDUCATION OF TODAY IS THE SECURITY OF TOMORROW!. *Kritika Kultura*, 26, p. 165.

제 10 장

이 상 희(광주교육대학교)

안보통일교육을 위한 초등 도덕과 통일 감수성 교육

Ⅰ. 서론

2023년 학교통일교육 실태조사의 '북한에 대한 인식' 항목 조사 결과는 학생들이 계속적으로 북한을 '경계해야 하는 대상'으로 바라보고 있다는 점을 보여준다. 2021년 학교통일교육 실태조사에서는 북한을 '협력해야 하는 대상(52.6%)'으로 가장 높게 인식하고 다음으로 '경계해야 하는 대상(24.2%)'으로 인식했었다(국립통일교육원, 2021: 25). 2022년 같은 조사의 같은 항목에서는 '협력해야 하는 대상(38.7%)'과 '경계해야 하는 대상(38.1%)'으로의 응답이 비슷하게 나타나 북한을 협력 대상으로 바라보는 인식은 줄어들고 경계 대상으로서의 인식이 높아지고 있음을 나타낸다(국립통일교육원, 2022: 53). 2023년 조사에서는 '협력해야 하는 대상(32.1%)', '경계해야 하는 대상(43.5%)'으로 응답하므로 이제는 북한을 협력 대상에서 경계 대상으로 인식할 뿐만 아니라, 경계 대상으로 바라보는 인식이 가장 높다는 것을 보여준다(국립통일교육원, 2023a: 63).

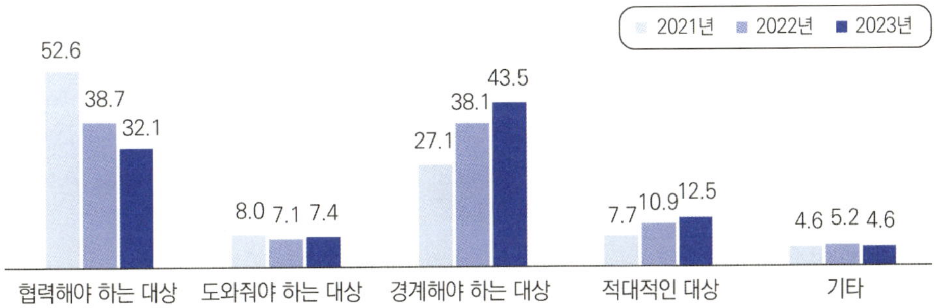

[그림 10-1] 북한에 대한 인식(통일부 국립통일교육원, 2023: 63)

이러한 조사 결과는 서울대학교 통일평화연구원의 통일의식조사에서도 발견된다. 남북한 통일의 필요성 질문에 대한 '매우 필요하다'와 '약간 필요하다'를 합한 응답 비중 24.8%는 2007년 조사 시작 이래로 가장 낮은 수준이고, '별로 필요하지 않다'와 '전혀 필요하지 않다'를 합한 비중 29.8%는 2007년 조사 시작 이래로 가장 높은 수준이다(김범수 외, 2023: 1-32). 면밀하게 살펴볼 점은 통일에 대한 부정적 인식이 젊은 층(19~29세)에서 두드러지는 것이다.

오늘날 학생 및 젊은 층에서 북한을 협력에서 경계해야 할 대상으로 바라보는 인식이 증가하고, 통일에 대한 부정적 인식이 증가하는 현상의 원인으로 오랜 분단으로 인한 학습자 통일의식의 약화, 통일교육 정책과 실효성 등 통일교육과 관련된 영향을 생각해 볼 수 있다. 하지만 여기에는 남북한 관계의 변화와 날로 급증하는 국제사회의 갈등 등 외부 환경과 관련한 다양한 요인이 복합적으로 작용했을 가능성이 크다. 최근 몇 년간 일상생활에서 경험하는 남북 관계는 단기간 내에 관계의 개선이 이뤄질 것이라는 낙관적 전망을 어렵게 하여 교실에서 배우는 통일교육의 내용과 괴리를 느끼게 한다. 이뿐만 아니라 통일 및 대북 정책에 관한 남한 내 정치 및 사회적 갈등, 즉 사회적 합의의 부재는 통일교육을 더욱 어렵게 만드는 요소로 작용하고 있다. 게다가 미국과 중국의 패권 경쟁 심화, 러시아-우크라이나 전쟁, 이스라엘-하마스 전쟁 등과 같은 국제 정세 속에서 학생들이 평화적 통일에 대한 열망을 갖는다는 것은 어불성설이다.

그러므로 통일교육을 위해서는 남북통일에 우호적이지 않은 이러한 현실과 통일 및 북한에 대한 부정적 인식이 높은 학생들에게 초점을 맞춰 새로운 접근을 위한 변화의 노력이 필요하다. 현재의 기성세대가 통일을 아무리 주장하더라도 오늘날의 젊은 세대가 통일에 관심이 없거나 통일 원하지 않는다면 통일의 현실화를 기대하기 어렵다(김택빈, 2024: 146). 통일에 대한 지금 학생들의 인식과 자질이 앞으로의 통일 담론과 통일 한반도 구축의 실직적 토대가 되므로 경험 연구에서 밝혀진 학습자의 북한 인식 및 통일의식을 바탕으로 통일교육의 방향을 재고해야 한다.

Ⅱ. 2022 개정 교육과정에 따른 도덕과 안보통일교육 이해

1. 도덕과 통일교육의 성격과 안보통일교육의 방향

2009 개정 도덕과 교육과정에서 "도덕과는 '자율적이고 통합적인 인격 형성'을 위해 윤리학적 접근을 중심으로 연관된 여러 학문의 접근을 활용한다(교육부, 2009: 3)."라고 밝히고 있으며 2015 개정 도덕과 교육과정에도 같은 내용이 삽입되어 있다(교육부, 2015: 4). 2022 개정 교육과정에서는 "도덕과는 '도덕적인 인간'을 토대로 그가 살아가야 할 '정의로운 사회'를 연속적인 지향점으로 설정하고자 한다(교육부, 2022: 5)."라고 밝히고 있다. 이러한 도덕과의 성격은 7차 교육과정 이후 도덕과 교육과정에서 통일교육을 특정한 정치적 이념의 전달이 아닌 도덕윤리적 관점에서 다룰 것을 요구한다(조난심 외, 2005: 122-123).

통일교육에 관한 윤리적 접근은 통일교육의 목표와 내용, 방법론에 영향을 미친다. 통일교육을 둘러싼 오랜 쟁점인 평화 지향적 통일교육과 안보 지향적 통일교육 간의 긴장과 관련하며, 근본적으로 통일교육이 달성해야 할 궁극 목표와 개별 접근으로서 도덕과 통일교육이 추구하는 고유 목표 간의 우위 문제 또는 우선성 문제를 야기한다. 이 가운데에서 통일교육의 궁극 목표와 도덕과 통일교육의 성격이 얼마만큼 조화를 이룰 수 있는지에 관한 문제는 별도의 논의를 필요로 하므로 여기에서는 논외로 하고, 학교 도덕과 통일교육을 통일교육을 수행하는 하나의 차원으로서 이해하기로 한다.

그러나 통일교육의 주요한 접근으로서 평화와 안보는 여러 사정으로 강조점과 비중을 달리할 수는 있어도 어느 한 쪽을 선택함으로써 다른 한쪽을 포기해야 하는 양자택일의 가치가 아니다. 평화교육에 기초한 통일교육은 장기화된 분단 상황에서 민족 당위적 통일론이 힘을 잃고 남북 관계의 악화로 인한 경제실리적 통일론조차도 설득력을 잃는 현실에서 비교적 남북 모두의 관점에서 납득할 수 있는 틀로 여겨져 왔다. 하지만 지금의 남북 관계는 평화를 논하는 것이 무색할 만큼 극단적 긴장 관계에 있다. 얼마 전 북한에서는 통일 불가를 드러내며 남한을 "제1적국"으로 명명하며(뉴시스, 2024.04.19.) 만에 하나라도 북한의 공격력이 사용된다면 그것은 "동족이 아닌 적국을 향한 합법적 보복 행동"이라고 밝혔다(SBS 뉴스, 2024.10.18.). 이러한 현실은 겉보기에 모순적인 것처럼 보이는 두 가치를 장단기적 관점에서 균형적이면서도 유연하게 채택할 것을 요구한다.

그런데도 통일교육에 관한 접근에서 평화와 안보를 대립적 구도로 설정하는 데에는 첫째, 과거에 행해졌던 반공교육으로서 안보교육의 이미지가 남아있기 때문이고(박찬석, 1998: 26; 김병문, 2017: 14), 둘째, 안보에 관한 협소한 이해에서 기인한다(김병문, 2017: 12; 김병연, 2024: 183). "올바른 북한관", "북한에 대한 객관적 이해"와 같은 용어를 통해서 정부에 따른 통일교육의 기조 변화가 감지되는 것은 사실이다(이상희, 2017: 235). 하지만 그동안 발간된 『통일교육지침서』[1]를 바탕으로 볼 때 어느 정권에서나 우리가 지향하는 통일의 방향은 "평화" 통일이었으며 북한을 "협력의 대상인 동시에 안보를 위한 경계의 대상"으로 간주해 왔다(통일교육원, 2002: 21; 2005: 21; 2007: 34; 2008: 30; 2014: 40; 2018: 13; 2023: 17). 또한 통일교육의 이론적 틀로 다문화교육, 인권교육, 세계시민교육, 민주시민교육, 덕교육 등 다양한 관점이 제시되어 왔기 때문에 통일교육에 관한 평화와 안보적 접근을 정치적 구도로 대립시키기보다 다각적인 통일교육의 주요 접근으로 이해할 필요가 있다.[2] 통일교육 지침에 따라 평화와 안보 둘 다 필요한 통일교육의 접근이고 다만 다른 요소와 결합하여 어느 한쪽에 초점을 맞추면서도 산술적이지 않은 적절한 균형점을 찾는 게 중요하다는 것은 명백하다.

이러한 맥락에서 학교 통일교육은 궁극적으로는 통일교육의 목표 성취를 전제하고 이를 추구하는 과정에서 도덕과의 고유한 성격을 통일교육의 내용과 방법론

1) 『통일교육지침서』는 통일부가 1999년 제정된 통일교육지원법을 근거로 학교 통일교육 및 사회 통일교육의 지침을 주고자 2002년부터 발간하기 시작하였으며 2018년 『평화 · 통일 교육 관점과 방향』, 『2023 통일교육 기본방향』으로 명칭을 바꿔 발간했다. 여기에서는 이들 자료를 통칭하는 데 『통일교육지침서』라는 용어를 사용한다.

2) 통일교육 지향점의 변화가 교사로 하여금 일관성 있는 통일교육의 실행을 방해한다는 비판이 제기될 수 있다(김병연, 2024: 180). 통일교육의 근간 측면에서 목표와 내용의 개입이 지나칠 경우 안정성 있는 통일교육의 내용과 질을 담보할 수 없으므로 이러한 비판에 주의를 기울여야 한다. 본고에서는 다각적인 접근이 통일교육의 방법론적 측면에서 통일교육을 더욱 풍요롭게 하는 장점이 있다는 점과 목표와 내용적 측면에서 시대 및 상황적 변화에 적합한 교육적 대응이고 궁극적으로는 통일교육의 안정성을 해치지 않는다는 전제하에서 이를 긍정한다.

적 측면에서 담아낼 필요가 있다. 이 가운데 변화의 노력은 통일교육의 내용으로서 학습 제재보다는 내용의 전개, 내용을 다루는 접근 방법론에서 두드러진다.

중학교 도덕 성취기준에서 요구하는 "도덕적 가치에 기초하여 통일의 의미 재구성"은 통일의 의미를 민족 공동체에 한정하지 않고, 평화와 자유, 안전한 삶의 구현으로서 이해하게 한다. 이러한 성취기준을 달성하기 위한 교수·학습 방법은 "다양한 관점 채택", "다차원적인 분석", "토의와 토론"의 과정으로 이어진다.

> [9도03-03] 북한에 대한 이해를 바탕으로 분단의 문제점을 분석하고, **도덕적 가치에 기초하여 통일의 의미를 재구성함**으로써 바람직한 남북 관계 및 통일의 방향을 제안할 수 있다.

고등학교 현대사회와 윤리 과목의 성취기준은 "남북통일과 한반도 평화는 관련 쟁점에 관한 지속적인 탐구"를 제시하므로 통일 문제를 둘러싼 쟁점, 즉 논쟁성이 있는 주제에 관한 열린 탐구를 요구한다.

이러한 도덕과 통일교육의 성격은 2015 개정 교육과정 생활과 윤리 과목의 교수학습 방법 해설에 잘 나타나 있다.

> 학생들이 **통일에 대해 당위적인 차원에서 이해하도록 하기보다는 통일 문제를 하나의 윤리적 쟁점으로 바라보고, 이러한 윤리적 쟁점을 탐구하는 과정에서 통일에 대한 자신의 생각과 자세를 성찰**하도록 하는 데 주안점을 둔다. 윤리적 탐구 공동체 방법을 활용할 경우 통일과 관련된 윤리적 쟁점을 분명하게 하고, 탐구 공동체가 서로 배려, 협동, 존중하는 분위기에서 통일에 대한 다양하고 심층적인 논의를 전개할 수 있다.

통일의 필요성을 강조하는 입장에서 볼 때, 통일의 의미를 도덕적 관점에서 바라보도록 하는 접근은 결국에 '통일'보다는 안보나 평화, 인권, 자유 등의 특정 가치 교육을 우선하는 게 아니냐는 비판과 함께 통일 문제를 쟁점화하는 개방성이 오히려 학생들의 통일의식을 약화하지 않을까 하는 두 가지 우려를 제기한다.

이에 관한 답변은 정치적, 이념적, 이론적 관점이 아닌 경험적 관점에서 도출된다. 앞서, 우리는 우호적이지 않은 대내외 환경 속에서 통일에 대한 부정적인 인식이 갈수록 높아지고 있음을 확인했다. 더 과격하게는 "남한의 젊은 세대들이 통일문제에 별다른 관심이 없고 더 나아가 상당수가 통일을 원하지 않는다는 것은 이미 공공연한 사실"이라고 한다(김택빈, 2024: 147). 학교 통일교육을 담당하는 교사들은 현장에서 통일을 반대하는 학생들과 마주한 경험을 통해 통일에 대한 당위적 접근의 한계를 지적한다(김병연・조정아, 2020: 50). 이러한 통일에 관한 부정적인 인식이 만연한 가운데 "통일은 반드시 무조건 해야 한다."라는 일방적이고 직접적인 접근은 오히려 통일교육을 反통일교육으로 만들고, 북한 사회의 체제를 중심으로 한 객관적 이해는 북한이해교육을 편견교육으로 변질시켜, 원래의 교육 목표와 정반대되는 역효과를 가져올 수 있다. 그러므로 통일교육의 궁극 목표 달성을 위한 교수전략으로서 "다양한 접근"과 "스스로 배움 방식"의 채택이 불가피하다. 민족 공동체 관점에서 통일에 관한 사회적 합의가 부족하여 통일을 열린 문제로 다루는 것은 매우 불편하고 가슴 아픈 일이다. 하지만, 지금의 현실에서는 통일에 관한 발전된 논의로 나아가기 위해서 먼저 통일에 관한 서로 다른 생각들을 마주하고 이에 관해 합리적으로 소통할 기회가 제공될 필요가 있다.

2. 초등 도덕과 통일교육의 핵심 키워드로서 통일 감수성

2022 개정 초등 도덕과 교육과정에서 통일교육 관련 내용을 표로 재구성하면 다음과 같다(교육부, 2022: 35, 40 표로 재구성). 굵은 글씨로 표시된 것은 통일교육 관련 내용이며 밑줄을 친 것은 통일교육과 인접 관점에서 연계되어야 할 내용 요소이다.

공통 교육과정_ 초등학교【도덕】

(3) 사회·공동체와의 관계

핵심 아이디어	• 사회 정의는 시민의 인간다운 삶을 보장하는 도덕공동체의 토대가 된다. • 세계시민은 인류의 문제를 이해하고 공감하여 인류 번영과 세계 평화에 기여한다.	
범주	학년군	
	3~4학년군	5~6학년군
지식·이해	• 공정한 사회를 위해서 내가 할 일은 무엇일까? • 디지털 사회에서 발생하는 문제를 어떻게 해결할까? • **통일은 왜 필요할까?**	• 인권을 존중해야 하는 이유는 무엇일까? • 정의로운 공동체를 위해 어떻게 행동해야 하는가? • **통일과정과 통일 이후 사회는 어떤 모습이어야 할까?** • 다른 나라의 사람들까지 사랑해야 하는 이유는 무엇일까?
과정·기능	• 불공정한 사례 분석을 통해 공정 사회를 위해 내가 할 일 탐색하기 • 디지털 사회에서 발생하는 문제를 알아보고 해결 방안 탐색하기 • **통일의 필요성 설명하기**	• 인권 관련 문제 사례 조사하기 • 정의로운 공동체를 위한 규칙 고안하기 • **통일과정과 통일 이후 바람직한 사회 모습 탐색하기** • 다른 나라의 사람들이 겪는 문제를 살펴보고 해결 방안 생각하기
가치·태도	• 공정을 실천하려는 태도 • 정보통신 윤리의식 함양 • **통일 감수성 함양**	• 인권 감수성 함양 • 정의로운 공동체 형성 의지 함양 • **통일을 추구하는 태도와 의지 함양** • 인류를 사랑하는 태도
성취기준	[4도03-03] **통일의 필요성을 이해하고, 통일 감수성을 길러 바람직한 통일의 방향을 모색한다.**	[6도03-03] **통일과정과 통일 이후 사회의 여러 가지 상황을 예상하고 바람직한 통일과정과 통일 국가의 사회상을 제시한다.**
성취기준 적용 시 고려 사항	**통일에 관해 다양한 관점을 탐색하면서 균형 잡힌 통일의식을 함양하고 북한 주민에 대한 이해의 과정을 확장하여 인류애까지 이어지도록 한다.**	

초등학교 도덕 과목의 성취기준 24개 중 통일교육 성취기준은 2개이며, 대단원 체계에 해당하는 사회·공동체와의 관계 영역에 속해 있다. 성취기준에 따른 학습 요소는 '통일의 필요성', '통일 감수성', '바람직한 통일', '통일과정', '통일 후 미래상' 등이다. 성취기준 적용 시 고려 사항으로 "통일에 관한 '다양한' 관점의

탐색"과 "'균형 잡힌' 통일의식의 함양", "'북한 주민'에 대한 이해를 '인류애'로 확장"할 것 등이 제시되고 있다. 통일의 의미와 가치는 큰 틀에서는 통일의 필요성, 즉 통일을 왜 해야 하는지에 관한 답이기도 하다. 이 학습 요소를 배우기 위한 학습의 과정은 통일을 개인, 사회, 민족, 국가, 국제사회 등 다양한 차원에서 탐구하고 민족·역사적 가치를 포함하여 보편 도덕의 가치를 분석의 틀로 사용할 것을 포함한다. 이러한 교육과정의 내용 체계는 궁극적으로는 통일 감수성 또는 통일 의지 및 태도 함양으로 이어진다.

국가 차원에서 제시되는 『통일교육지침서』에서 일관되게 추구해 온 통일교육의 목표는 ① 통일의지 함양, ② 건전한 안보관 형성, ③ 북한에 대한 적합한 이해 세 가지이다.[3] 초등 도덕과 통일교육에서 내용 체계의 가치·태도 범주에 해당하는 통일 감수성은 통일교육의 목표 중 하나인 통일의지 함양을 단적으로 드러내는 핵심 용어로 해석된다. 3~4학년군에서 내용 체계의 지식·이해 범주인 통일의 필요성은 학습의 제재이며, 과정·기능 범주는 학습 방법으로서 참조된다. 교육과정의 흐름으로는 통일의 필요성에 관한 지식을 바탕으로 실제적으로 통일의 필요성을 설명하는 과정을 거쳐 최종적으로 통일 감수성을 함양하도록 요구하고 있다. 5~6학년군에서 내용 체계의 지식·이해 범주인 '통일과정과 통일 이후 사회의 모습'이 주요 학습 제재이며, 과정·기능 범주에서 이에 관한 탐구를 수행하고 가치·태도 범주에서 통일을 추구하는 태도와 의지 함양을 기른다.

Ⅲ. 안보통일교육을 위한 초등 도덕과 통일 감수성 함양 교육

1. 안보통일교육을 위한 통일 감수성의 의미

안보문제는 '지식정보'가 아닌 '공감정보'가 바탕이 되어야 한다(김병문, 2017:

3) 『통일교육지침서』 2002, 2005, 2008, 2016, 2018, 2023년도 발간 자료 분석을 통해 연구자가 정부 정책의 변화에도 불구하고 지속해서 추구되어 온, 공통의 통일 목표를 추출한 것이다.

24). 단지, 현재의 안보 상황을 지식적으로 전달하여 북한에 대한 경계심과 부정적 인식을 키우는 방향으로 유도해서는 안 된다. 학생들의 안보 및 통일의식을 고취시키기 위해서는 학생들 스스로 안보문제에 접근(직·간접적인 경험)하여 스스로 깨우쳐 안보의 중요성에 공감할 수 있어야 한다. 과거 안보교육이 정부주도형으로 이루어짐에 따라 나타난 부정적 인식이 반복되지 않도록 안보통일교육은 학습자 스스로의 경험과 비판적 사유의 과정을 통해 이뤄져야 한다.

사전적 의미에서 감수성(感受性)은 "외부 세계의 자극을 받아들이고 느끼는 성질"로 정의되며 그 유의어로 정서, 감성, 감각 등이 있다. 감수성에 관한 일상적인 의미의 용례를 살펴보면, "감수성이 풍부하다.", "감수성이 예민하다.", "독특한 감수성이 있다." 등으로 감도(感度)를 지닌 것, 비교적 이성(理性)과 구별되는 정서적이고 감각적인 것, 오관의 지각과 관련한 인상을 준다. 이러한 맥락에서 감수성은 외부 환경이나 자극에 대한 반응, 대처, 극복을 위한 마음의 능력이자, 감정·태도·행동 조절 능력으로서, 비단 관념이나 지식·정보뿐만 아니라 한 개인이 전인격적으로 갖게 되는 감정적 측면으로 이해된다(이인정, 2020: 233).

하지만 감수성은 외적 자극에 대한 여러 지각 능력이므로 지각을 활성화하는 데 기여하는 요소로 인지적 요소를 배제하지 않는다. 감수성의 사전적 의미에서는 개인 내적 심리적 상태 혹은 특성으로 이해되나 외부 자극에 대한 연속된 반응으로서 감수성에는 행동, 태도, 감정 등의 외적 출력이 있을 수 있다. 이렇듯 감수성의 개념에는 외부 자극에 대한 인식과 이에 따른 반응이 포함될 수도 있다(박형빈, 2021: 47에서 재인용). 그러므로 감수성은 인지 및 행동과 완전하게 분리되지 않은 채 경험된다. 그리고 외부 자극에 대한 높은 수용은 자연적으로 감정 이입과 공감적 반응과 밀접한 관련을 맺게 된다. 따라서 감수성은 인지, 정의, 행동 모두와 관련된 능력과 자질로 여겨질 수 있다.

감수성을 보다 종합적인 인간 능력 관점에서 이해하는 구체적인 용례가 있다. 다문화 감수성(multicultural sensitivity)은 문화적 차이에 대한 개인의 인식과 이러한 차이를 존중하고 적절하게 대응할 수 있는 능력으로 정의된다(박형빈, 2021: 44에서 재인용). 문화 간 감수성(intercultural sensibility)은 "서로 다른 둘 이상의 문화 집단들 간에 나타나는 문화적 차이에 대해 반응하는 과정에서 형성되는 인지·정서적 특성 및 행동 경향성"으로 정의된다(이인정, 2020: 233에서 재인용). 인권 감수성 테스트 척도를 개발하여 설문조사한 구정우 연구진도 인권 감수성(human right sensitivity)을 "인권적 관점에 따라 판단하는 능력"으로 정의하고, "'인권지식', '인권태도', '인권판단' 등과 관련된 문항들을 통합"하는 것, 즉 인권에 관한 종합적 능력으로 간주한다(구정우 외, 2018: 55-56, 58).

그런데 감수성은 좁은 의미에서 레스트(J. Rest)가 제시한 도덕성 4구성요소 모형의 한 가지 구성요소의 관점에서 이해되기도 한다. 레스트는 도덕적 행동에 관한 심리 과정으로 도덕적 민감성(moral sensitivity), 도덕적 판단력(moral judgement), 도덕적 동기화(moral motivation), 도덕적 품성(moral character) 4가지를 제시하였고 감수성은 이 가운데 민감성(sensitivity)의 또 다른 우리말 번역어이다. 레스트에 따르면, 민감성, 즉 감수성은 상황을 해석하는 것과 관련한다. 보커(J. M. Volker)는 상담가의 도덕적 감수성을 측정하고자 감수성의 하위 요소로 상황지각, 결과지각, 책임지각을 제안했다(문용린 외, 2003: 12; Volker, 1983: 37). 문용린 연구진은 인권 감수성 지표 개발 연구에서 레스트의 도덕성 4구성요소에 따라 인권 감수성을 인권 판단력, 인권 동기화, 인권 옹호 성격과 구별되는 것으로 정의하였다(문용린 외, 2003: 11). 이러한 관점에서 통일 감수성은 통일과 관련된 문제 상황지각과 이로 인한 결과지각, 통일에 관한 책임지각으로 이해될 수 있다.

감수성을 키워드로 웹 통합검색한 도서 목록을 살펴보면, "질문으로 시작하는 생태 감수성 수업", "철학 감수성", "감수성 훈련, 진정한 나를 찾아서", "공동체의 감수성", "젠더 감수성 교육", "인권 감수성 Up! Up!", "대중적 감수성의 탄생", "성인지 감수성" 등 감수성을 포함해 만들어진 다양한 합성어를 확인할 수 있다. 이들 용례에서 감수성은 비교적 기민한 반응 지각력의 의미를 내포하나 정서를 중심으로 확장된 의식과 사고 및 태도 등의 의미를 전달한다. 또한 감각과 연결지어짐에 따라 능력이나 역량과 같이 다소 건조한 느낌보다는 감성 충만한 느낌을 풍기고 이러한 측면은 감수성이란 용어가 대중적으로 사용되는 이유로 추정된다.

종합해 보면, 사전적 정의에 기초하여 감수성은 첫째로 외부 세계의 자극을 느끼고 받아들이는 인간 성질로 다양한 감각 기관에 의한 지각을 의미하며, 둘째로 감수성은 민감도와 유사한, 즉 자극을 수용하는 정도 혹은 수준의 차이가 있는 모종의 능력을 의미한다. 셋째로 감수성은 기본적으로 정서적인 것으로 간주되나 자극의 수용 과정 및 반응에서 인지, 정서, 행동 모두와 연결될 수 있다(박형빈, 2021: 52 참조). 이렇듯 감수성의 의미는 정서에서 출발하여 다른 차원으로 확장한다.

감수성에 관한 이러한 이해를 바탕으로 '통일 감수성'의 의미를 도출할 수 있다. 통일 감수성에 관한 학계의 합의된 정의가 있다고 말할 수 없지만 잠정적으로 '통일 감수성'은 "통일과 관련된 지식이나 정보 등 다양한 외부자극에 대해, 한 개인이 전인격적으로 반응하는 성질"이며(이인정, 2019: 10을 바탕으로 필자가 수정), 구체적으로는 "통일과 관련된 문제를 도덕적 문제로 인식하고, 통일 문제를 나 혹은 우리의 문제로 수용하는 공감적 태도를 바탕으로 분단으로 인한 문제점을 극복하고 평화적 통일을 실현하고자 하는 성향과 태도"로 규정될 수 있다.

2. 통일 감수성 교육을 위한 교수학습 설계의 주안점

서론에서 현행 통일교육을 위한 주요 초점을 북한 및 통일에 대한 부정적 인식을 줄이고 통일의 필요에 관한 긍정적 인식을 높이는 데 두었다. 그러므로 교수학습 방안 설계의 주안점은 통일의 필요성, 바람직한 통일의 과정, 통일 한반도의 미래상 등 통일교육의 학습 요소가 학생들에게 이미 정답이 있는 결론으로 강요된다고 느끼지 않게 함으로써 통일에 대한 거부감, 무관심, 회의주의를 최소화하는 것이다. 학생들은 통일을 둘러싼 여러 문제에 관하여 다양한 견해를 접할 기회를 갖고, 탐구를 수행하는 과정에서 북한 및 통일에 대한 보다 깊이 있는 이해를 쌓을 수 있어야 한다. 이러한 통일교육 접근은 일시에 통일 인식을 끌어올리는 통일교육의 효과성 기대보다는 북한과 통일에 대한 열린 마음을 갖게 함으로써 북한 및 통일 문제에 대한 관심을 지속시키고 건전한 논의를 지속하게 하는 데 있다. 그리고 누적된 시간만큼 통일 역량이 길러질 수 있다고 기대한다. 이를 위해, 교수학습 방안 설계에서 중점이 되는 세 가지는 다양성, 창의성, 개방성이다.

1) 다양성

교수학습 매체의 다양성. 학습 자극의 다양화로 여러 감각 기관이 사용될 수 있는 여러 가지 매체를 활용한다. 다양성의 설계 원리는 감수성이 외부 자극의 수용이라는 개념에서 도출되었다. 감수성을 높이기 위해서 학생들이 다양한 1차 자극물을 경험하도록 한다.

2) 창의성

교수학습 전개에 관한 새로운 시도. 교수학습 매체 측면에서 다양하고 새로운 자극을 도입할 뿐만이 아니라 자극을 활용하는 내용적 접근에서도 새로운 접근으로서 창의성의 발휘를 요구한다. 이러한 다각적인 시도는 통일교육에 관한 안보적 접근, 평화교육적 접근, 다문화교육적 접근, 세계시민교육적 접근, 민주시민교육적 접근 등과 연결될 수 있다.

3) 개방성

통일교육의 목표 및 내용에서 지식이나 생각, 접근과 참여에 있어서 학생들의 솔직한 관점을 수용하는 개방적인 학습 분위기를 조성한다. 학생들이 통일에 대한 부정적인 토로와 일차적 반응을 보일 수 있다. 그러나 여기에 그치지 않고 다양한 관점과 차원의 논리를 경청할 수 있는 수업 장면의 개방성이 유지되어야 한다. 통일과 관련된 지식이나 생각에서 단순한 감정적 반응이 아니라 합리적 근거를 갖춘 다양한 논리를 허용하여, 학생들의 참여를 바탕으로 한 성찰적 배움의 기회를 제공한다.

3. 안보통일교육 관점에서 그림책을 활용한 통일 감수성 교육 방안

1) 그림책 활용의 의의

통일 감수성 교육을 위한 교수학습 방안 설계의 원리 1) 다양성 학습 자극의 다양화를 위해 교수학습 매체로 그림책을 선정하였다. 그림책은 영유아를 위한 문학 장르로 생각할 수 있지만 비교적 짧은 이야기 안에서 울림이 있는 내용을 그림과 함께 함축적으로 전달하기 때문에 나이를 불문하고 모든 학습자에게 좋은 자료가 될 수 있다. 그림책은 일차적으로는 읽기 자료에 시각적 요소가 더해진 것이지만, 시각적 요소가 전체 이야기를 지배적으로 끌고 나가는 영상 매체와 달리 시각적 요소가 상당히 제한되어 있다. 그림책의 이러한 특징은 부족한 정보의 나머지 부분을 채우기 위해 독자의 상상력을 자극하는 요소이다. 또한 누군가 그림책을 소리 내 읽고 이를 다 함께 들을 때에는 청각 자극이 더해져 독자의 상상을 더욱 풍부하게 만든다. 읽어주는 그림책은 아이들로 하여금 듣는 귀의 힘을 길러준다. 의사소통 능력의 중요한 자질에는 자신의 생각을 잘 표현하여 상대방에게 전달하는 것만이 아니라, 상대방의 말을 귀 기울여 잘 듣는 '경청과 존중의 태도'도 있다. 또한 그림책은 다양한 차시의 학습 활동으로 확장할 수 있다는 장점이 있다. 독후 활동, 그림책 삽화 그리기, 작은 책 만들기, 독서 클립 영상 만들기, 그림책 ost 만들기, 그림책 읽어주기 등 학습자의 능동적 참여가 요구되는 다양한 활동과 연계하기에 용이하다. 학생들의 자발적 참여, 체험, 감상을 바탕으로 하는 그림책 활용 수업은 2) 창의성을 충족시킨다. 그림책은 초등학교 통일교육에서 자주 활용되는 소재이므로 전혀 새로운 시도는 아니지만, 통일 문제를 세계, 평화, 자유 등에 관한 관점을 바탕으로 다양한 활동과 연계되어 통일 문제에 관한 3) 개방성을 확보한다. 그림책은 무엇을 가르치기 위한 책은 아니지만 어린이가 읽는 책이 아니라 어른이 어린이에게 '읽어주는 책(마쓰이 다다시, 2010: 17)'으로서 어른과 어린이를 함께 연결해 즐거움을 창출한다.

2) 그림책 선정 시 고려 사항

궁극적으로는 통일 감수성을 함양해야 한다는 우선적 고려 사항을 제외하면, 문자 그대로 그림책이기 때문에 회화로서 갖는 미학적 측면과 이야기로서의 서사 구조와 내용에 관한 문학적 측면을 고려한다. 그림책의 여러 교육적 가치를 발견할 수 있지만 그중 한 가지는 심미감의 발달이다. 통일 감수성 교육을 위한 방법으로서 그림책을 사용하는 까닭은 그림책이 글과 그림이 어우러진 예술 작품이기 때문이다. 하지만, 미학적 측면을 고려하여 그림책을 선정한다는 것은 예술 작품으로 그림책을 평가한다는 의미가 아니라 학습자가 경험하는 기존의 미적 경험에 비추어 다양한 재료, 표현, 색감 등 '미적 경험을 확장'하는 데 도움을 주는지에 초점을 맞추는 것을 의미한다. 서사의 구조와 내용은 학습자 발달 단계에서 스스로 또는 일정 부분 교사의 도움을 바탕으로 충분히 이해 가능한 수준인 동시에 적절한 흥미와 관심을 이끌 수 있어야 한다. 학습 초기에는 직관적인 요소에 의해 흥미가 좌절되지 않도록 학습 첫인상에 유의할 필요가 있으나 내용의 심화 과정에서는 다른 동기적 요소를 통해 이를 보완할 수 있다.

통일 감수성 함양이라는 교육 목표의 성취를 위해 가장 중요한 것은 그림책의 통일교육적 시사점이다. 그러나 서론에서 지적했듯이, 통일교육의 실제적 내용과 외부 통일 환경(예: 남북 관계 교착 등)의 간극이 큰 현실에서 통일의 필요성에 관한 당위적 접근과 직접적인 가르침 방식은 북한 및 통일에 대한 학습자의 부정적인 인식을 높일 뿐만 아니라 통일에 대한 강한 반감을 불러일으킬 우려가 있다. 그러므로 그림책의 통일교육적 교훈은 문학 작품으로서 그림책이 학습자에게 얼마만큼의 감동을 주는지에 관한 작품 감상의 결과가 자연스럽게 통일교육의 결과로 이어질 것을 가정한다.

통일 감수성 교육에 활용될 수 있는 작품들은 통일교육을 위한 직접적인 목적으로 제작된 그림책, 소설 등 통일교육용 서적에 국한되지 않는다. 통일교육을 위한 목적성을 갖고 제작된 경우, 통일교육의 내용을 전달하는 데 있어 단지 매체 또는 정보의 전달 형식의 변화를 통해 학습자 흥미를 일으키는 데 주요한 초점을 맞추는 경향이 있다. 하지만 통일 감수성 교육을 위한 그림책의 활용 목적 가운데 하나는 통일 의지에 대한 직접적인 교수로 인해 발생할 수 있는 학습 부작용을 최소화하는 데 있다. 그러므로 다소 간접적인 방식을 통해 점진적으로 통일교육의 목표와 내용에 다가가고자 한다. 본 연구에서 제안하는 바는 학습자의 거부감을 줄이면서 자연스럽게 통일 문제로까지 생각을 확장해 볼 수 있는 기회를 먼저 제공한 뒤, 학습자 스스로 통일 문제에 대한 심화된 탐구를 수행할 수 있도록 하는 것이다.

구체적으로 남북한 분단의 관계를 친구와의 우정 측면에서, 통일의 민족 공동체적 필요를 우리 할아버지 할머니의 내러티브 측면에서, 통일의 필요성을 평화적이고 생명적 관점에서 개인을 둘러싼 일상의 삶 측면에서 접근하는 것이다. 이러한 접근은 통일교육이 反통일교육으로 부정적 효과를 일으킨다는 현장의 목소리를 바탕으로 직접적이기보다는 간접적이고 연계적인 방식에서 통일을 다룬다는 특징이 있다. 다소 방어적인 접근이라는 비판이 제기될 수 있으나 통일교육이 본래의 취지에서 벗어나게 되는 나쁜 결과를 막는 동시에 외부 환경적 요소를 감안한 현실적인 선택이기도 하다. 통일 문제를 다루는 접근 방식에서는 간접적이지만 통일교육의 실효성 측면에서는 더 적합할 것이라는 교육적 기대가 있다.

3) 활용 가능한 그림책 목록

자료명	≪우리 할아버지≫ 존 버닝햄 글 · 그림, 박상희 옮김, 1995, 비룡소.
학습 요소	분단의 현실 이해, 이산가족의 아픔
학습 단계	동기부여
난이도	★
비고	내러티브 연계

이 그림책은 할아버지와 손녀딸이 함께한 시간에 관한 따뜻한 이야기로 분단이나 전쟁, 통일과 직접적인 관련이 없다. 그런데도 이 책이 분단의 현실과 연계

될 수 있는 점은 누군가에게 할머니, 할아버지와 같은 세대의 관점으로, 더 구체적으로는 이산가족의 아픔이 있는 사람들의 관점으로 넘어가기 위한 징검다리가 되기 때문이다. 분단 문제를 이해할 때 탐구 활동으로 할머니, 할아버지에게 분단의 경험 인터뷰 조사를 계획하여 다른 세대의 목소리에 초점을 맞추어 분단을 이해하는 시간을 가질 수 있다. 또는 분단과 관련하여 할머니, 할아버지에게 들었던 일화를 공유할 수 있고, 이어서 아버지, 어머니의 목소리 그리고 나의 목소리로 구별하여 분단에 대한 서로 다른 생각을 확인하고 받아들이는 시간을 갖는다. 이 책은 개인의 관점에서 분단을 이해하기 때문에 분단을 바라보는 다양한 관점을 이해하기 위한 다른 활동의 보완이 필요하다.

자료명	≪비무장지대에 봄이 오면≫ 이억배 글 · 그림, 2010, 사계절.
학습 요소	분단의 현실 이해, 이산가족의 아픔, 안보의식 제고, 보훈
학습 단계	본시 학습
난이도	★★★
비고	안보현장견학 연계

≪비무장지대에 봄이 오면≫은 계절 변화에 따른 비무장지대의 아름답고 평화로운 자연 환경과 계절에 따른 군인들의 생활 변화를 대비시킨다. 여기에 항상 북녘을 바라보기 위해 전망대에 오르는 할아버지의 이야기가 더해진다. 따뜻한 색채로 담담하게 남북한 분단의 현실과 이산가족의 이야기를 담아내고 있다. 비무장지대는 분단을 상징적으로 드러내지만 비무장지대가 무엇인지 모르는 아이들이 있다. 비무장지대라는 키워드를 중심으로 분단의 원인과 과정, 지금의 현실을 탐구하고 비무장지대의 자연·환경적 가치를 살펴볼 수 있다. 할아버지에 초점을 맞춰 분단의 아픔을 가진 이산가족의 문제를 상세히 탐구할 수 있다. 또한 분단의 현실을 바탕으로 평화와 통일의 의미를 도덕적 가치 측면에서 살펴보는 징검다리로 전개할 수도 있다.

가족을 그리워하는 할아버지의 이야기는 조부모 세대의 관점을 통해 전쟁의 고통을 간접 경험할 수도 있지만 일부 학생들에게는 여전히 자신과 동떨어진 삶의 이야기로 다가올 수 있다. ≪손을 내밀었다≫와 ≪내가 라면을 먹을 때≫와 같이 전쟁의 아픔을 나의 이야기, 내 또래의 아이들 지금 겪고 있는 문제로 다루고 있는 책들과 함께 읽어 본다.

자료명	≪손을 내밀었다≫ 허정윤 글, 조원희 그림, 2023, 한솔수복.
학습 요소	분단의 폐해, 평화의 가치, 인간안보, 국가안보
학습 단계	본시 학습
난이도	★★★★
비고	≪연평해전(2015)≫ 영화 연계 시청

이 책은 갑작스레 전쟁을 겪게 된 한 소녀의 이야기로 책 전반에서 전쟁의 아픔, 공포, 두려움 등이 강렬하게 전달된다. 전쟁으로 가족과 일상의 삶을 전부 빼앗긴 소녀의 가슴 아픈 상황과 절망이 어두운 색채와 거친 드로잉으로 표현되고 있다. 책 전반에서 전쟁의 문제를 폭로하고 있지만, 책 제목과 후반에서 건네는 작은 희망의 빛이 안도감을 준다. 소녀가 겪은 일을 우리에게도 일어날 수 있는 나의 문제로 생각해 보는 시간과 소녀에게 손을 내미는 누군가를 타자화하지 않고 우리가 손을 내밀어 줄 수는 없는지 관점을 바꿔보는 시간을 갖는다. 이 책은 전쟁과 난민을 이야기하고 있지만 분단 국가인 우리나라의 남북 관계, 전쟁의 위험, 북한 주민들의 현실의 관점에서 인간다운 삶을 보장받기 위한 노력을 다룰 수 있다. 또한 우리가 6·25 전쟁을 겪을 때 받은 해외 원조로 지금의 대한민국이 있을 수 있음을 생각해 보게 한다면 어려움에 부닥친 사람들에 대한 우리의 역할을 선택이 아니라 도덕적 의무로 고려할 수 있다. 또한 세계 원조를 받던 수혜국에서 원조를 제공하는 공여국이 된 국가로서 대한민국의 자랑스러움을 바탕으로 통일의 미래상에 관한 논의로 나아갈 수 있다.

자료명	≪내가 라면을 먹을 때≫ 하세가와 요시후미 글 · 그림, 장지현 역, 2023, 고래이야기.
학습 요소	분단의 현실, 다문화, 인권, 인간안보, 인류애
학습 단계	본시 학습
난이도	★★★
비고	NIE 학습 연계

BBC NEWS 코리아

뉴스 2024 미국 대선 비디오 라디오 다운로드 TOP 뉴스

이스라엘, 가자지구 학교 폭격에 수십명 사상

폭발로 충격과 공포에 휩싸인 가자지구

2024년 7월 7일

팔레스타인 관리들이 가자지구의 한 학교에 대한 이스라엘 공습으로 최소 16명이 사망하고 수십 명이 부상했다고 밝혔다.

뉴스 출처: https://www.bbc.com/korean/articles/c1vdr5w4441o

이 책의 제목에서 짐작할 수 있듯이, 주인공 '나'의 일상적 삶의 모습들을 다른 나라 어린이의 삶과 함께 대비하여 보여준다. 내가 밥을 먹고, 텔레비전을 보는 일상의 삶을 살아갈 때 다른 나라의 아이들도 이러한 삶을 살아가고 있는지 만약, 그렇지 못한 삶을 살아간다면 우리가 할 수 있는 노력에는 어떤 것들이 있는지 생각해 보게 한다. 이 책은 평화로운 나라와 전쟁을 겪고 있는 나라 이분법적 구도로 어린이의 삶을 보여주는 것이 아니라 세계 곳곳에 있는 여러 나라 아이들의 생활상을 보여준다. 우리와 비슷한 삶을 살아가는 아이들, 우리와 다른 삶을 살아가는 아이들, 그러한 삶 속에서 천진난만하게 드러나는 아이들의 웃음은 우리가 어떤 세상을 만들어나가야 하는지를 조용하게 보여준다. 이 책은 지구의 관점에서 다른 나라의 아이들을 조명하고 있지만, 우리나라 관점에서 북한과 남한의 아이들 그리고 남한 내에서도 서로 다른 모습으로 살아가고 다른 친구들의 삶에 대해 생각해 볼 기회로 활용할 수도 있다(뉴스 기사 참조).

자료명	≪빨간나라 파란나라≫ 에릭 바튀 글 · 그림, 이주영 역, 2018, 담푸스.
학습 요소	분단의 현실 이해, 남북한 화해를 위한 노력, 민족 공동체의 번영
학습 단계	동기 유발, 본시 학습
난이도	★★★
비고	≪새똥과 전쟁≫ 도서 연계

이 그림책은 외국 작가의 작품이지만 우리나라의 분단 현실과 미래 통일에 빗대어 이해하기에 적합하다. 빨간 나라, 파란 나라의 이야기를 시작으로 우리나라 분단의 원인과 과정을 탐구할 수 있다. 또한 책에서 분단 또는 갈등의 원인과 해결을 다루고 있어 자연스럽게 미래지향적인 통일 논의로 나아갈 수 있다. 하지만, 인위적으로 빨간 나라와 파란 나라를 남북한의 현실과 연결 지을 필요는 없다. 남북 분단이 아니더라도 개인 간 갈등 혹은 전쟁, 통일이 아니라 화해와 평화의 관점에서 이야기를 다룰 수 있다. 빨간 나라와 파란 나라가 갈라지게 되었지만 결국 두 나라의 사람들을 함께 모이게 한 것은 아이들의 노력이었다는 점에서 미래지향적인 노력에 관한 생각할 거리를 제공한다. 특히 분단을 일으킨 두 나라의 왕자가 함께 음식을 먹으며 즐겁게 노는 장면에 관해서는 아이들의 상상력을 동원한 다양한 해석이 나올 수 있다. 빨간 나라, 파란 나라의 이야기를 형제, 자매에 관한 나의 이야기, 남북한 관계의 민족 이야기, 세계에서 일어나고 있는 국가 간 이야기 등 여러 차원에서 생각해 본다.

자료명	≪평화 책≫ 토드 파 글 · 그림, 엄혜숙 역, 2016, 평화를 품은 책.
학습 요소	평화의 가치, 통일의 의미 재구성, 군사 안보, 인간 안보, 인류애
학습 단계	동기 유발, 본시 학습
난이도	★★
비고	그림엽서 제작 연계

이 그림책 맨 첫 장에 나오는 한국의 아이들에게 전하는 저자의 짧은 편지는 책 읽기에 관한 흥미를 불러일으킨다. 원색으로 표현된 간결한 그림체는 단순하면서도 강렬하게 의미를 전달한다. 평화에 어울리는 밝고 기분 좋은 경쾌함이 그림책 전반에서 잘 표현되고 있다. 평화의 의미를 어렵고 추상적으로 설명하는 것이 아니라 아이들 눈높이에 맞는 예시로 쉽게 설명하고 있다. 모두에게 집이 있고, 넉넉한 먹거리, 새 생명이 태어나는 것 등 평화의 보편적 가치를 일상적 관점에서 통찰력 있게 포착하고 있다. 책 말미에는 아이들 스스로 자신이 생각하는 평화의 의미를 구상해 보도록 하는 활용 페이지를 제공하고 있다. 수업에서는 별도의 그림 활동지를 통해서 평화 책의 '마지막 장' 만들기를 해볼 수도 있고 가장 마음에 드는 평화에 대한 설명을 바탕으로 '평화 카드' 만들기 활동을 해볼 수 있다. 다음 예시는 통일코리아 협동조합에서 판매하는 평화통일 그림 엽서의 작품이다.

악수하는 한반도

윷놀이 한반도

그림 출처: https://unitedkoreacoop.com/190/?idx=1575

<table>
<tr><td rowspan="5"></td><td>자료명</td><td>≪평화란 어떤 걸까?≫
하마다 게이코 글 · 그림, 박종진 역, 2011, 사계절.</td></tr>
<tr><td>학습 요소</td><td>평화의 가치, 통일의 의미 재구성, 인간 안보</td></tr>
<tr><td>학습 단계</td><td>본시 학습</td></tr>
<tr><td>난이도</td><td>★★★</td></tr>
<tr><td>비고</td><td>≪평화의 사진가(2010)≫
사진 보고 느낌 나누기</td></tr>
</table>

이 책은 ≪평화 책≫보다는 전쟁과 평화에 대한 보다 직접적인 이미지와 설명을 전달한다. 하지만 사실적인 그림 묘사와 설명은 평화의 의미를 진지하게 표현한다. 특히, 평화를 이야기 하기 위해 평화는 '~하지 않는 것'이라는 형식의 평화의 반대에 속하는 전쟁을 간접적으로 다룸으로써 평화의 소중함을 더 극대화한다. ≪평화 책≫에서도 그렇고 이 책에서도 단지, 평화의 의미를 나열하는 것이 아니라 평화를 위한 방법과 노력도 평화를 통해 전달하고 있다. 책의 내용 가운데 평화를 얻기 위한 비법 찾기 활동을 통해 자연스럽게 평화를 위한 노력, 갈등을 해결하기 위해 나부터 시작할 수 있는 다짐 등을 생각해 볼 수 있다. 책의 마지막 평화의 의미는 자기 중심적인 발달 단계에 있는 아이들에게 더욱 강렬하게 평화의 의미를 전달한다. 아래의 사진은 ≪평화의 사진가(2010)≫에 수록된 사진이다. 그림책을 읽고 평화와 안보의 중요성에 공감할 수 있는 사진을 감상할 수 있다.

〈바마야, 2002년, 부즈카시 구경꾼들〉

〈1992년 카불〉

<table>
<tr><td rowspan="5"></td><td>자료명</td><td>≪살아 있다는 건≫
다니카와 슌타로 글, 오카모토 요시로 그림, 권남희 역, 2020, 비룡소.</td></tr>
<tr><td>학습 요소</td><td>평화의 가치, 인간 안보</td></tr>
<tr><td>학습 단계</td><td>정리 및 마무리</td></tr>
<tr><td>난이도</td><td>★★★★</td></tr>
<tr><td>비고</td><td>노랫말 바꿔 부르기 가창 활동과 연계</td></tr>
</table>

통일을 통한 평화로운 삶의 소중함으로 다룰 수 있지만 이러한 연결에 간극이 있는 것도 사실이다. 이 책은 원래 시였던 것을 그림책으로 만든 것인데 책 말미에 시 원문과 전문이 실려 있다. 시 읽기를 먼저하고 평화적 삶의 의미를 드러내는 구절에 관한 그림 그리기 활동이나 곡조 붙이기 활동으로 활용할 수 있다. 분단 및 전쟁의 아픔과 대비하여 평범한 일상의 소중함으로 드러내는 관점으로 활용할 수도 있다.

4) 그림책 활용 교수 · 학습 과정안

<table>
<tr><td>자료</td><td colspan="3">빨간 나라, 파란 나라 그림책</td></tr>
<tr><td>수업 목표</td><td colspan="3">1. 그림책 이야기를 마인드 맵으로 작성하여, 일상 생활에서 서로 다투고 갈등을 해결하려고 노력한 사례를 예시할 수 있다.
2. 그림책 이야기를 우리나라 남북한 분단(통일) 문제로 확장하여 탐구 질문 3가지를 작성할 수 있다.</td></tr>
<tr><td>관련 제재</td><td colspan="3">분단의 현실 이해, 남북한 화해의 노력, 민족 공동체의 번영</td></tr>
<tr><td>대상 학년</td><td>4학년</td><td>차시</td><td>1/3</td></tr>
<tr><td>지도 원리 및 지도상의 유의점</td><td colspan="3">누구나 갈등을 겪을 수 있고 또 갈등을 해결할 수 있다는 관점에서 먼저, 빨간 나라와 파란 나라 이야기를 일상생활과 관련 지어 감상한다. 책의 내용을 바탕으로 마인드 맵을 작성하고 이를 확장하여 분단(통일) 상황과 관련하여 이야기와 관련해 더 깊이 알고 싶은 질문 목록을 작성한다.</td></tr>
<tr><td>준비</td><td colspan="3">사전에 그림책을 읽어줄 사람을 정한다. 또한 다 함께 그림책을 읽을 수 있는 모둠을 구성하거나 자리를 배치를 정돈한다. 모둠별/개인별로 마인드 맵 활동 방법을 할 수 있도록 종이, 색연필, 화이트보드, 사인펜 등을 준비한다.</td></tr>
<tr><td>도입</td><td colspan="2">• 그림책 표지를 보고, 책의 내용을 상상해 보도록 한다.
• 책의 제목이 무엇일지 추측하여 답해보도록 한다.</td><td>* 그림책에 대한 흥미와 관심 유도
* 책을 읽을 때 지켜야 할 규칙 안내</td></tr>
<tr><td>전개</td><td colspan="2">• 그림책 빨간 나라, 파란 나라를 함께 읽는다.
• 책의 내용을 중심으로 떠오르는 마음의 지도를 그린다.
• 책의 내용과 관련하여 이야기 주인공에게 질문할 목록을 작성하고 상상력을 발휘하여 질문에 대답한다(QnA).
• 책의 내용을 확장하여 남북한 분단의 원인, 과정, 화해를 위한 노력 등 탐구 질문 목록을 작성한다.</td><td>* 작성된 질문지를 바탕으로 다음 차시 탐구 수업 운영</td></tr>
<tr><td>정리 및 평가</td><td colspan="2">• 자유롭게 모둠별 마인드 맵과 질문 목록을 발표한다.
• 에릭 바튀의 또 다른 그림책 ≪새똥과 전쟁≫을 소개하여 수업 외 시간에서 심화 학습을 안내한다.
• 발표 내용을 교실 뒤편 또는 벽면에 게시하여 이 주제에 대하여 편하고 자유롭게 이야기할 수 있는 계기를 만든다.</td><td></td></tr>
</table>

활동지

1. 그림책에 새롭게 제목을 붙여봐요(원제목이 마음에 들 경우 새로운 제목을 붙이지 않아도 됩니다).

제목을 새롭게 붙인 이유(제목을 바꾸지 않은 이유):

2. 책을 읽고 떠오르는 생각(마음)을 지도로 그려봅시다. 내가 만든 그림책의 제목을 중심 생각으로 놓고, “나의 빨간 나라, 나의 파란 나라” 가지를 포함해 여러 생각의 가지를 추가합니다. 여러분에게도 빨간 나라, 파란 나라와 같은 경험이 있나요? “나의 빨간 나라, 나의 파란 나라” 가지는 여러분의 삶에서 경험한 다툼, 갈등, 미움, 이별에 대해서 생각해 보게 합니다.

이야기와 관련하여, 이야기 속 주인공에게 궁금한 질문을 작성해 봅시다. 친구들의 질문에 상상하여 답해봅시다.

ex) 가스통 왕자와 제데옹 왕자는 벽을 만들고는 왜 맛있는 음식을 먹으며 즐겁게 놀고 있었을까? 아이들은 어떻게 종이비행기를 날려 벽 위로 올라갈 생각을 했을까? 빨간 나라와 파란 나라가 화해하여 만든 나라의 이름은 뭘까?

3. 남북한 분단과 관련하여 알고 싶은 탐구의 질문을 작성해 봅시다.

ex) 우리나라는 어떻게 빨간 나라, 파란 나라가 된 건가요?
우리나라도 벽을 없앨 수 있을까요?
남북한 통일한 우리나라는 어떤 모습일까요?

참고문헌

김범수 외(2023), 『2023 통일의식조사』, 서울대학교 통일평화연구원.

김택빈(2024), "남북한 MZ세대의 통일의식", 『통일과 담론』, 3(1), 국립통일교육원, pp. 145-178.

김병문(2017), "한국 안보교육의 활성화 방안: 안보개념과 안보교육 행위자의 역할을 중심으로", 『한국보훈논총』, 16(3), 한국보훈학회, pp. 9-26.

김병연(2024), "평화 지향적 통일교육과 안보 지향적 통일교육의 연계성", 『윤리연구』 145, 한국윤리학회, pp. 179-209.

구정우 · 남윤창 · 황태희(2018), "인권 감수성 예측모형 구축 데이터마이닝 분석 기법을 중심으로", 『사이버커뮤니케이션학보』, 35(1), 사이버커뮤니케이션학회, pp. 53-110.

국립통일교육원(2021), 『2021년 학교통일교육 실태조사』.

국립통일교육원(2022), 『2022년 학교통일교육 실태조사』.

국립통일교육원(2023a), 『2023년 학교통일교육 실태조사』.

국립통일교육원(2023b), 『2023 통일교육 기본방향』.

교육부(2009), 『2009 개정 도덕과 교육과정(교육부 고시 제2011-361호, 별책 6)』.

교육부(2015), 『2015 개정 도덕과 교육과정(교육부 고시제2015-74호 별책 6)』.

교육부(2022), 『2022 개정 도덕과 교육과정(교육부 고시 제2022-33호 별책 6)』.

뉴시스(2024.04.19.), "'가로등까지 김정은의 대남 분노 표현 수단'-WSJ", https://www.newsis.com/view/?id=NISX20240419_0002705657&cID=10101&pID=10100

문용린 외(2003), 『인권감수성 지표 개발 연구』, 국가인권위원회.

박형빈(2021), "나바에츠(D. Narvaez)의 윤리 감수성(Ethical Sensitivity)에 기초한 통일감수성 교육 방안", 『통일교육연구』, 18(1), 한국통일교육학회, pp. 33-71.

박찬석(1998), 『한국의 통일교육 변천에 관한 연구』, 서울대학교 대학원 박사학위논문.

박찬석 외(2000), 『통일 교육론』, 백의.

박찬석(2017), "2016년 이후 통일교육의 현황과 과제", 『도덕윤리과교육』, 54, 한국도덕윤리과교육학회, pp. 265-289.

에마뉘엘 기베르 · 디디에 르페브르 · 프레데릭 르메르시에(2010), 권지현 역, 『평화의 사진가 사진과 그림으로 기록한 인간의 땅 아프가니스탄』, 세미콜론.

이상희(2017), "북한 일상생활 중심의 통일교육 교재 개발", 『학습자중심교과교육연구』 17(14), 학습자중심교과교육학회, pp. 231-249.

이인정(2019), "평화 · 통일 감수성 함양 교육의 목표와 내용 체계에 관한 연구", 『도덕윤리과교육』, 62, 한국도덕윤리과교육학회, pp. 1-24.

이인정(2020), "문화간 감수성 증진 통일교육 방안에 관한 연구", 『윤리교육연구』, 56.

제11장

박찬석(공주교육대학교)
조 윤(아산북수초등학교)

안보통일교육의 초등학교 실천 사례[1)]

Ⅰ. 서론

2023년 10월 발발한 이스라엘－하마스 분쟁과 2022년 겨울 러시아와 우크라이나 전쟁은 현대사의 안보의 중요성을 다시 깨닫게 해 주는 사건이다(이장욱, 2024: 101-102). 이 사건은 우리 사회에 자체적으로 지키지 못하는 안보 상황은 결국 갈등의 해소를 갖게 하지 못함을 알게 한다는 것이다.

이러한 의미에서 통일교육은 국제 및 남북문제에 대한 이해와 인식이 필요하다. 다양한 인식 방안이 오늘날에 요청된다. 즉 통일교육은 남남갈등과 남북갈등을 바라보면서 동시에 우리 내부의 자체적인 논의의 중심이 이루어지는 길을 찾아야 한다. 그 이유는 북한 자체가 한국 정부에 대해 적대적인 인식을 버리지 않고, 전쟁을 호언하는 상황에서 우리 사회는 북한과 우리 내부에 대해 숨고르기에 들어가는 위안이 필요하다. 그리고 어떠한 상황에서도 자력으로 군사력 보유를 하여 대결을 막는 노력을 보여야 할 것이다.

이에 안보통일교육의 주장은 북한 인식이나 국내 상황 인식에 있어서 올바른 자체 노력을 경주하자는 것이다. 북한 지도부가 매우 격정적으로 연설하는 투를 잘 분석하고 이번의 경우는 남북 관계의 단기, 중기적 방안을 위한 국내적 토대를 구축하는 것이 요청된다(신종대, 2023: 189).

그러한 차원에서 통일교육의 진행은 앞으로 남북한 간의 인식에 대한 예리한 분석과 신중함이 기초되어야 할 것이다. 그렇다고 엄숙주의로 북한의 상황을 인

1) 이 논문은 『도덕윤리과교육』 제84호 "안보통일교육의 초등 현상 실천"을 재구성한 자료입니다.

식하고 논란하는 것은 통일교육의 변천과 우리의 역량을 볼 때, 매우 불필요한 심기를 드러내는 것이다. 그동안 통일교육은 반공교육→통일안보교육→통일교육→평화통일교육으로 전개되어 왔다.

그러나 늘 안보와 평화를 사이에 두고 무엇을 우선하는 통일교육이냐 하는 데 있어서 국내여론은 요동치고 있었다. 문재인 정부의 평화통일교육은 국민적 심판을 받아 수정되어야 하는 시점을 지나고 있다. 북한은 핵개발 능력에 있어서 전례 없이 고도화되었고, 그들의 남북 통일에 대한 언사 수준은 어느 때보다도 전례 없이 회의적이다.[2)]

이러한 시국에 평화통일교육은 안보통일교육으로 전환하여 현 시점에서 우리와 평화나 통일을 원하지 않는 북한에 대해 우리 자체 통일교육은 내부적으로 많은 고려를 하여야 할 것이다. 이러한 측면에서 통일교육을 실시한 우리의 상황들을 파악해 볼 때, 남북의 평화와 통일을 생각하는 동시에 전쟁이나 위기를 대비하는 안보역량을 기르는 분단의 현장에서 분쟁적 요소를 극복할 교육 내용을 강화할 필요가 있다. 올바른 우리 내부의 안보역량을 강화하는 통일교육의 실시가 급선무이다. 이러한 이유로 안보통일교육을 실시하여야 한다. 그렇게 하기 위해서는 적대적 대북 감정을 기르기보다는 남북한 상황에 대한 올바른 인식과 우리 내부의 남남갈등의 요소를 차분히 파악하고 현재의 분단적 삶에 대한 인식과 지향 그리고 통일의지를 잘 지속할 교육이 필요한 것이다. 본 연구는 분단 환경적 요인들에 대해 잘 파악하여 통일로의 미래지향적 진척을 이루는 기회로, 초등교육 현장에서 안보통일교육을 잘 진행하여야 할 것이다.

2) 남쪽에 강경한 북한의 실례는 2024년 1월 16일 북한 조선중앙통신에 의해 잘 드러난다. "수도 평양의 남쪽관문에 꼴불견으로 서 있는 《조국통일3대헌장기념탑》을 철거해 버리는 등 이여의 대책들도 실행함으로써 우리 공화국의 민족 력사에서 《통일》, 《화해》, 《동족》이라는 개념자체를 완전히 제거해 버려야 합니다." 이렇듯이 대한민국과의 통일, 화해, 동족에 대해 매우 부정적인 발언과 함께 북한 당국은 압도적인 군사력강화와 핵전쟁억제력을 계속적으로 우선시하고 논의를 전개하고 있다.

Ⅱ. 현 한반도 정세와 초등학교 통일교육의 논의

한반도의 정세가 평화나 통일을 원하지 않는 북한에 대해 인식하고 접근할 필요가 있다. 우리 내부에는 많은 통일교육에 대한 고려를 하여야 할 것이다. 이러한 측면에서 통일교육을 실시한 우리의 상황들을 파악해 볼 때, 남북의 평화와 통일을 생각하는 동시에 전쟁준비와 유비무환의 자세로 안보역량을 기르는 상황을 초등학교 현장에서도 십분 이해할 필요가 있다. 이러한 차원에서 분단의 현장에서 분쟁적 요소를 극복할 내용을 초등학교 교수-학습을 통해 강화할 필요가 있다.

1. 안보통일교육의 이해

오늘날 미국과 중국 정부가 대립하면서, 남북 문제 역시 미중 간, 북미 간의 논의의 악화가 장기화되고 있다. 이로 인하여 실제적 남북 간의 협의도 이루어내지 못하고 있다. 특히 미국의 대선 기간이기에 그로 인한 한반도 논의의 공감대는 후순위로 밀리고 있다. 이러한 상황이 늘 존재하기에 아는 우리 내부의 안정적인 조건을 가능하게 하기 위해서 그동안 전개되어 온 우리의 통일교육을 보다 잘 인식할 필요가 있다.

오늘날의 상황을 냉정히 생각해 보면 우리의 통일교육은 남과 북이 여러 가지 측면에서 서로의 토대를 다르게 설정하고 있는 것을 알 수 있다. 통일교육은 실질적인 남북 화해와 협력에 바탕을 둔 통일을 주장하지만, 북한은 지금 대내외적 실존의 위기에 직면해 있다. 그렇기 때문에 실존 위기를 극복하는 그들의 인민공화국을 유지하려고 한다. 그러한 차원에서 북한 당국은 통일, 화해, 평화, 민족의 입장을 거칠게 거부하고 있는 것이다.

따라서 우리는 북한의 자기중심적 통일 논리나 분단 논리를 잘 파악하여야 한다. 이 과정에서 우리 시대는 통일교육을 고려하는 노력이 필요하다. 우리의 통일교육은 그동안 반공교육→통일안보교육→통일교육→평화통일교육으로의 실천과 노력을 전개하여 왔다. 한편 평화통일교육은 평화교육과의 연계성을 보이면서 남북 대립 극복의 대안을 제시하였다. 그러나 통일 지향적 분위기가 조성되지 못한 실정에서 통일교육은 인간·사회·국가 안보의 안정성을 마련할 필요가 요청되게 되었다. 남북의 분단과 안보의 불안은 평화와 통일의 그 중심축으로 삼아서 통일교육을 전개하기에는 상당한 내부적 진통과 문제를 안고 있다. 그 진통과 문제는 그동안의 통일교육의 다양한 시도를 종합하며 현재의 통일교육을 제대로 진단 파악할 역량을 강화하여야 한다.

이에 통일교육은 우선 우리 사회의 통합 능력을 배양하여야 한다. 통일교육은 정부, 사회, 개인들의 입장에서 요구되는 다양한 통일논의를 잘 조율할 필요가 있다. 남북 통일을 추구하는 데 있어서 한국 내부의 통일에 관한 다양한 의견들이 파악하는 과정이 전개되어야 한다. 이러한 의미에서 현재 남북한의 상황에 대한 다양한 입장의 수렴과 통합의 논리로서 통일교육은 화해와 협력적으로 전개되는 입장의 평화통일교육에 대해 국내외적 통일공감대 확산에 역부족함을 파악할 수 있다. 즉 정부와 시민들과 국내외적 여건들이 성숙하지 않은 가운데, 평화통일교육을 문재인 정부가 추진함에 어려움이 존재했다. 즉 평화통일교육은 국내외적으로 반향을 조율되지 못하고 실질적으로 평화, 통일, 안보의 실효에 대해 냉정하게 역량을 발휘하지 못하였다. 그렇기에 실제적으로 폭넓게 현실을 인식하고 미래지향적 통일을 준비하는 통일교육 학계는 더욱더 포용적인 국내외 사회적 사안에 대해 기획하고 노력하여야 할 것이다.

시민들은 포용력을 갖고 안보와 평화를 지속하는 통일교육 변화의 길목에서 더욱더 갈등을 해소하는 방안으로 찾아야 한다. 통일교육에 대한 보수와 진보 그리고 중도의 입장들은 반통일, 반북, 친북, 반미라는 극단적인 이미지로 상호 비방을 전개했던 다양한 사례가 존재한다. 이제 는 북한을 바라보는 경우나 통일을 바라보는 경우에 있어서도 시민적 공감을 얻으려는 융합성을 찾아야 한다(허영식, 2020: 163-164). 그러한 융합성을 찾는 노력은 포용적 내용을 통해 안보통일교육에 접목하여야 한다.

우선 '안보'의 개념은 다양하고 그 범주 역시 광범위하다. 상식적으로 우리는 안보를 보수주의자들이 주장하는 '국가안보'나 '정권안보'로 파악할 수 있다. 전자의

'국가안보'는 이제 갈퉁(Johan Galtung)이 말하는 '적극적인 평화(positive peace)'를 지켜 내는 최전선이라고 볼 수 있다. 그렇기에 대통령 선거 때마다 국가안보는 중요한 이슈이다. 이를 생각한다면 우리 내부의 국가안보의 상황을 면밀히 파악하면서 통일교육 논리를 전개하여야 할 필요가 대두되는 것이다.

한편 '정권안보'는 권위주의 시대나 민주화 시대에도 남북 분단을 이용한 보수 정부나 진보 정부가 공히 정권 유지를 위해 활용한 측면이 있다. 따라서 안보를 인식하는 통일교육에서는 안보의 어두운 면을 서서히 줄어들게 하면서 충분히 우려되는 동북아, 남북한의 상황에 대해 국가·사회적으로 안보 위기에 대해 문제를 해소하려는 노력을 준비하여야 할 것이다.[1] 이러한 차원에서 안보통일교육은 평화와 통일을 구현하는 데 안보를 통한 안정적인 통일교육을 실시하는 과정이 당상 기간 앞으로 논의될 수밖에 없을 것이다.

2. 북한 인식에 따른 통일교육 준비

통일논의의 답보와 남북, 북미 간의 부정적 반영이 한반도 주변에 전개되고 있다. 이러한 상황을 대범하고 강하게 대변하는 북한은 2004년~2023년 당 대회와 겨울철 군사 퍼레이드를 통해 강경한 북한 중심의 논리를 전개하고 있다. 북한 스스로 "우리는 힘이 있다. 강대 강이든 선대 선이든 우리는 (미국, 한국에) 대화이든 갈등이든 다 열어 놓고 있다."는 메시지를 던지고 있다(조선중앙통신, 2024).

물론 그동안 문재인 정부는 평화·통일교육을 주장하면서 통일공감대 확산과 실천 역량을 강화하는 데 주력하였다. 이러한 노력은 대북 협상의 발로와 평화 증진의 상징이라고 하지만, 그에 대한 실천을 매우 부족하였다. 북한은 여기서 자기의 의도데로의 입장이 주도되지 않자, 남한을 압박하면서 미국과의 대화를 이끌기를 주저하지 않았다. 결국 북한의 전략도 실패하였다. 그에 따라 우리 정

1) 갈퉁은 최근에는 직접적 폭력과 구조적 폭력을 정당화하는 문화적 폭력이 존재함을 역설하고, 이를 또 다른 범주의 폭력으로 설명하고 있어, 그의 폭력에 대한 개념규정의 외연은 더 확장되고 있다. 요한 갈퉁, 강종일 외 옮김(1996), 『평화적 수단에 의한 평화』, 들녘, pp. 19-20.

부를 욕을 해대며 압박하는 자존심을 무너트리게 하는 북한의 전략은 다시 부각되어 오늘에 이르고 있다. 실제로 북한이 주장하고 실험했던 핵 미사일 실험은 우리 내부의 갈등을 조장하고 국가안보를 긴장시킬 충분한 의도를 갖고 있다.

이러한 형국에서 평화와 통일공감대를 확산하려는 평화통일교육은 전환되는 시기에 이르렀다. 앞으로의 문제는 보다 현명하고 상황을 잘 파악하는 시민들의 안정적이고 지속가능한 삶을 구축하는 것이다. 그 속에서 평화와 안보의 안정을 지향하는 안보통일교육을 구축하는 데 노력을 경주할 필요가 있다. 즉 우리 사회가 보수, 진보 그리고 중도의 시민들이 공감하는 현실적 안보 위기 극복을 지향하는 통일교육을 실천하여야 한다는 것이다. 이는 민주적 사회에서 보수, 진보, 중도 세력이 갖는 안보 인식의 차이를 인정하면서도 동시에 통일 시민으로 역량을 갖추는 새로운 전기가 작동되어야 한다는 것이다. 우리 사회가 더 이상 북한 정치가들의 일거수일투족에 의해 심각한 영향을 받거나 정부의 기조에 따라 부침을 받더라도 건실한 통일교육을 구축하여야 한다는 것이다. 이를 보다 강건한 시민적 기초 위에서 전개하는 길이 안보통일교육으로 마련하여야 한다는 것이다.

늘 새로운 정부는 통일교육에 대해 기조를 마련하지만, 실질적으로 새 시대에 알맞은 통일교육은 남북한의 차이와 관점 그리고 우리 사회 내부의 통일에 대한 다양한 논의의 수렴과 포용에 대해 비약한 모습을 보여 왔다. 따라서 안보통일교육은 보수와 진보 그리고 중도 세력들의 통일교육적 연계성과 차이성을 유의하면서 안정적으로 현재의 분단 관리를 조율하면서 통일지향적 인간상을 구축하는 내용을 담아야 한다. 평화와 통일을 그 중심축으로 삼아 시민영역으로 확장하는 내용을 담은 통일교육은 우리의 안정과 발전을 구현하는 기조를 계속 구축하여야 할 필요성이 대두되고 있다.

안정적인 통일의 길은 한반도에 존재하는 다양한 세력들의 논리들을 관통하는 기초적인 화두를 파악하며 접근하여야 한다. 우리 사회의 통일교육 이슈는 평화, 통일, 안보 논의를 크게 벗어나지 않는다. 그러한 상황에서 통일교육은 평화와 안보의 축으로 한 방안을 마련해 왔다. 국내외적 상황이 경직되는 측면에서 안보통일교육을 전개하여야 이유는 극명하다.

첫째, 우리의 대한민국을 안정화하고 더 진일보한 통일준비를 위해 안보통일교육은 실천되어야 할 것이다. 즉 향후 남북관계는 매우 불투명하고 화해·협력·평화·통일·안정적 안보를 위한 다각적인 방향이 요청된다. 이러한 상황에서 통일교육은 개별적 인간 안보, 사회적 국가안보와 결합된 안보통일교육으로 분단관리와 긴장 완화를 위한 실현 가능한 목표를 통일교육에서 전개되어야 한다.

둘째, 안보통일교육은 앞으로는 우리의 분단 현실을 소상히 파악·극복하는 길을 제시하는 것이다. 2017년부터 전개된 평화통일교육은 다양한 평화통일교육의 방법론을 제시하였다. 그러나 안보 문제나 분단 관리, 평화 강화 내지 개발에 있어서 국내 여론의 지지를 얻는 데 실패하였다. 이렇게 된 이유는 통일교육에서 남북 분단과 갈등역사를 연구하다 보면, 평화의 범주로 서로 상호 대치되는 문제를 극복하는 데 어려움을 갖고 있기 때문이다. 평화를 내세워 보완적일 수밖에 없거나 평화를 통한 안보 확보는 매우 한정적이었다. 예를 들면 북한의 계속적인 무기 개발과 실험이 이루어지고 있는 상황에서 평화통일교육은 한계를 보인 것이다. 이에 안보교육을 보다 적극적인 평화통일교육과 결합하여 국민적인 지지와 바람을 강화·발전 가능하게 할 방안으로 안보통일교육을 찾아야 한다.

셋째, 안보통일교육은 인간안보와 사회안보, 국가안보에 대해 적극적으로 파악하면서 분단관리, 평화공존, 다양한 통일논리를 수용하는 방안으로 전개될 수 있다. 안보논리를 내세우는 보수 세력들에게 안보논리를 가장 합리적으로 지켜 주는 것이 안보통일교육이다. 남남 협력과 남북 화해 협력의 길은 정부나 사회단체가 국민들을 계속 설득하는 과정이다. 그 과정에서 정부나 사회단체들이 이념적 포용성을 강화할 방안은 각 세력의 갖는 논리들을 상호 공감해 주는 포용 논의를 갖추는 것이다. 그러한 차원에서 어느 정부가 등장하더라도 평화 논리, 안보 논리는 주장되어 왔다. 그러한 차원에서 평화논리의 한계성을 극복하면서 안보 논리의 재발견은 통일교육의 거대한 분단 갈등 해결의 화두를 제공할 것이다. 이를 통해 통일교육은 서로 다름을 인정하고, 적대감을 줄이면서, 평화공존을 실현하기 위한 안정적 기초를 쌓을 수 있을 것이다. 이렇게 되려면, 안보통일교육이 일방적이지 않고 긍정성을 갖추게 어떠한 정부도 평화와 안보 그리고 통일을 접근하는 모습에서 보다 개방적이고 현실적이고 통일교육을 제시하여야 할 것이다.

3. 통일로 가는 방안 – 안보, 평화 그리고 학습

안보통일교육은 평화로운 분단 관리 방안이나 통일을 꿈꾸게 하는 것을 국민들의 일상적 생활 속에서 이루게 하는 데 그 목표를 두고 있다. 안보통일교육은 전통적인 안보교육에서 벗어나야 한다. 탈북민 편견 해소, 전쟁에 대한 무지 극복이 안보통일교육과 접목되어야 한다. 앞으로 북한의 무기 개발이 가속화되면 '평화'는 매우 불안하게 될 것이다. 기존의 적대적 인식이 안보교육에 중요한 영향을 끼쳤다면, 되돌릴 수 없는 평화와 안보의 안정감은 안보통일교육으로 정립하여 주변 국가, 북한의 인식에서 국내외적 반작용을 최소화하는 노력이 필요하다(신종대, 2023: 171).

안보통일교육은 평화와 통일을 이루는 길은 보다 헌법 정신에 기초한 인권 존중, 배려, 정의, 책임에서 잘 조화되어야 한다. 그동안 통일교육이 설령 일부에서 편향성을 가지고 있었다고 하더라도 평화통일교육은 학교나 현장에서 지나치게 편향된 정치 수업을 거부하도록 개방되어 있어야 한다(장은주, 2017: 172-173).

이러한 취지에서 안보통일교육은 통일문제를 다루는 데 있어서 통일 지향적 국민들과 함께하는 통일교육이어야 한다. 평화로운 삶을 추구하는 안보통일교육은 통일공감대 확산 지향적인 덕성과 인격을 함양하는 교육이다. 안보통일교육은 통일공감대 확산 지향적 인식이 평화 지향적 인식과 대등하게 갖추어져야 한다. 안보통일교육은 편향에 대해 거부하고 논의할 수 있는 대화 담론의 현장에서 국민들과 더불어 존재하는 교육인 것이다.

안보통일교육은 초등의 경우 분단의 원인, 나라사랑, 통일 한국의 미래, 통일을 위한 노력을 전개하여야 한다. 이제 통일교육적 논의는 분단의 현실과 그 현실을 극복하는 실제적 논의를 강화하여 북한 인식 교육이나 안보 역량을 포함하여 안보와 평화로의 중층적 다양한 양상을 파악하여 우리 사회의 통일로 접근하는 데 갈등의 여지를 줄어나가는 분단해소의 접근을 구축하는 학습이 요청된다.

Ⅲ. 초등학교 통일교육의 수업 전개

1. 올바른 안보관과 통일과 구축

수차례 남북 정상회담과 북미 정상회담을 실시했음에도 한반도의 '완전한 비핵화' 합의는 요원한 길이다. 그렇기에 남북한 간의 상황을 인식하는 안보통일교육은 분단 사회에서의 통일교육으로 적용되는 기로에 서 있다. 그러한 의미에서 안보통일교육은 한반도의 비핵화를 외치면서 동시에 전쟁을 상정한 갈등 속에서 안정적인 노력을 구상하고 실천하여야 한다. 북한 김정은 정권은 그들이 추구하는 평화, 통일, 민족의 입장이 관철되지 않자, '대결'과 '강경'의 입장을 감추지 않고 있다. 북미, 남북 간의 긴장 속에서 북한은 언제든지 핵무기로 '공포의 균형'을 맞추겠다는 입장을 가지고 있다.

이제 분단의 80년을 앞두는 상황 속에서 평화를 향한 문화는 안보통일교육의 행위주체들 속에서 지속되어야 한다. 이에 안보통일교육으로의 길은 실질적인 평화와 안보 안정의 확산에 대한 답변과 방향성이 궁극적인 안정적 논의로 되어가야 할 것이다.

2. 초등현장에서 통일교육의 인식 재고

그동안 역대 통일교육은 우여곡절 끝에 평화통일교육과 국가안보교육의 사이에서 요동쳐 왔다. 문재인 정부는 평화·통일교육을 내세우면서 평화적 관점을 강화하였다. 그 후 윤석열 정부는 정부 자체적인 입장에서 더욱 분단 갈등적 현실에 기초한 통일교육을 전개하고 있다. 이러한 평화와 안보의 확장성을 학교 현장에서 가져야 할 안보통일교육이 필요하다. 우리 정부는 민주적 국민 여론을 기초로 하는 정부이기에 통일교육은 더욱 포용적 용어선택과 실천으로 이루어져야 한다. 즉 안보통일교육은 평화통일교육이나 통일교육으로 불리워 이루어낸 성과에 대해 새로운 변화를 부여하는 데에도 한계를 갖지 않아야 한다.

역대 정부가 보여준 편협성의 모습을 윤석열 정부는 서서히 벗어나야 제대로 된 안보통일교육을 진행할 것으로 생각된다. 즉 보수와 진보의 평화로운 공존이 가능하듯이 남북한의 평화공존을 위한 통일교육으로의 안보통일교육이라는 입장을 갖추고 있어야 한다는 것이다. 이러한 의미에서 안보통일교육은 안보와 평화 그리고 통일을 다각적으로 생각하는 교육적 진척을 계속 강구하여야 할 것이다.

첫째, 우리 사회는 다각적인 안보통일교육적 환경을 구축하여야 한다. 오늘날 우리 사회는 평화로 가는 과정이나 통일로 가는 과정으로 인지될 수 있는 진척이 이루어져야 한다. 안보통일교육이 분단 이래의 과거로부터 경험에서 지속가능한 연속성을 유지하고 있는 것임을 인지하여야 한다. 이러한 상황에서 우리 역대 정권들이 인정한 상호 이해의 단계인 '남북연합'에 대해 진척하는 연구와 학습이 요청된다. 언제나 분단 한반도는 안전과 안정을 구축하기 위한 의식 전환이 필요하다. 남북한 사이의 새로운 도약을 위해서는 상호 무력 도발은 물론 중대한 평화 진척의 문제에 있어서 평화적 논의의 관계 공고화가 필요하다. 안보통일교육은 '안보 능력을 키우는 교육'이다. 따라서 안정적 통일 의식이 더욱 강화하는 초등학교에서의 통일교육적 전개가 요청된다.

둘째, 안보통일교육은 그동안 뿌리 깊게 남아있던 우리 사회의 상호 갈등적 사회 논리나 남남갈등의 논란을 서서히 안정적으로 완화, 해소하여야 한다. 일단 평화적 한반도를 관리하기 위해서는 초등학생들에게 안정적인 통일 환경을 구축할 필요가 있다. 이에 초등 예비교사들의 통일교육에 있어서 안보의 통합적 논리를 학습하여야 한다. 남북한의 불안한 상황을 확실하게 인지하고 관리하는 안보역량을 파악하는 통일교육을 배워야 한다. 그래야 우리 사회는 통일문제에 있어서 남남갈등의 고조되는 상황을 지혜로운 통일교육의 효과로 벗어날 수 있을 것이다.

3. 초등교육의 안보통일교육 전개와 심화

2024년 현재 초등학교 통일교육을 받은 6학년 학생을 대상으로 북한과 통일에 관한 생각을 물으면 대부분 학생은 부정적인 생각을 하고 있다. 특히 북한이라는 나라에 대해 학생들은 폭력적 집단, 전쟁광들이 사는 나라로 인식하고 있다. 그렇다면 이는 학교 통일교육이 극우로 편향된 안보 교육으로 이루어진 결과일까? 이 문제의 원인은 안보통일교육 시간의 절대적 부족과 개연성 없는 통일교육 내용 때문이다.

학생들이 가지는 북한과 통일에 대한 선입견은 대부분 가정에서 만들어진다. 가정에서 듣는 뉴스와 그러한 뉴스를 보고 반응하는 부모님들 혹은 어른들의 말들로 북한과 통일에 대한 선입견을 품고 학교에 온다. 하지만 현재 우리 학교에서는 이러한 선입견을 바른 방향을 안내해 줄 수 있는 물리적 시간과 내용이 턱없이 부족한 상황이다. 실제로 현재 초등학교 교과에서 이루어지는 통일 수업은 1학년 6차시, 4학년 4차시, 6학년 4차시뿐이다. 심지어 1학년의 경우에는 즐거운 생활, 슬기로운 생활과 결합한 시간이다. 여기에 더해 내용적인 측면에서도 안보통일교육에 대한 구체적인 방법에 대해서는 생각해 볼 시간조차 없는 단순한 마음 다지기 활동뿐이다. 올바른 안보와 평화 통일에 대한 기반을 세울 수 있는 실질적 안보통일교육이 필요하다. 이를 위해 다음과 같은 초등학교 안보통일 수업을 학년에 맞게 구성하여 실제 적용해 보았다.

1~2학년 안보통일교육의 기본적 환경과 생각을 구성할 수 있는 중요한 시기이다. 1학년 통일교육의 핵심은 북한에 대한 이해와 북한 사람들에 대한 인간화가 이루어져야 한다. 남-북의 역사적, 정치적 차이와 갈등은 이미 오랫동안 지속되었다. 올바른 안보통일교육이 이루어지기 위해 이러한 차이에 대한 이해와 공감은 통일교육을 처음 시작하는 학생들에게 매우 중요하다. 1학년 학생들의 경우 자신의 경험과 욕구를 중심으로 판단하고 행동하는 경향이 있다. 이러한 특성에 맞추어 수업 주제를 북한 학생들의 삶에 초점을 맞추어 지도한다. 2학년 학생들은 자아 개념이 더욱 명확해지고 자기 인식이 강화되는 시기이다. 이에 따라 타인 사이의 관계에 대해 더 많은 깨달음을 얻을 수 있으므로 수업 주제를 북한 사람들의 삶으로 확장한다.

〈표 11-1〉 초등학교 1~2학년 안보통일교육 수업 전개 모습

〈초등학교 1~2학년 안보통일교육 수업 전개 모습〉	
1. 주안점	본 학급 학생들이 생각하는 북한의 이미지는 부정적이고 폭력적이다. 이는 매스컴에 나오는 북한의 부정적인 모습과 정치적, 이념적인 것에 치우친 어른들의 의견이 반영된 것으로 생각한다. 본 차시를 통해 학생들에게 일반적인 북한 사람들의 삶을 보여주고자 한다. 학생들의 눈높이에 맞는 북한 학생들의 모습을 통해 북한과 우리나라의 유사점을 스스로 생각할 수 있도록 하여 스스로 한민족의 의미를 자연스럽게 알아갈 수 있도록 수업을 구성하였다. 나아가 이러한 경험과 배움을 통해 안보통일의 기본 배경을 만들어 갈 수 있도록 발문을 고민하고 적용하였다.
2. 목표	북한 학생들의 학교생활과 비슷한 점 찾아보기
3. 활동 소개	가. 활동1: 사전에 촬영한 역할 놀이 영상을 보면서 북한 학생들과 비슷한 점 알아보기 나. 활동2: 북한 친구들에게 전하는 간단한 인사 쪽지를 만들어 친구들에게 소개하고 '우리는 한 민족' 퍼즐 만들기

좌·우 편향된 안보통일교육에서 벗어날 수 있는 가장 좋은 주제는 북한 사람들의 모습 그대로를 가르치는 것이다. 선입견이 있는 1~2학년 학생들을 위해 정치적, 이념적으로 치우치지 않고 북한 학생들의 삶을 수업 소재로 하여 공감에서 나아가 한민족의 동질성을 느끼게 하는 것에 초점을 맞추는 것에 주안점을 둔 수업이다.

활동 1에서 실시하는 역할 놀이 활동을 통해 1~2학년 학생들은 다른 사람과 상호작용을 경험하면서 다양한 관점을 이해하고 존중하는 능력을 배울 수 있다. 이를 통해 학생들은 다음과 같은 교육적 효과를 얻을 수 있다. 첫째, 간단한 북한어를 사용하고, 학생들이 북한의 학교생활을 연기함으로써 북한 초등학생들의 문화와 생활 방법을 이해할 수 있다. 둘째, 역할 놀이를 통해 북한 학생들의 상황을 이해하고 공감할 수 있다. 셋째, 다양한 상황을 간접적으로 체험하며 여러 관점에서 북한 사람들의 삶을 생각해 볼 수 있다. 실제 1학년 수업에서 사용한 대본은 다음과 같다.

〈표 11-2〉 초등학교 1학년 안보통일교육 수업 역할 놀이 대본

〈좋아하는 음식 이야기〉	〈바른말, 고운말〉
친구1: ○○동무, 어떤 음식을 가장 좋아하심까? 친구2: 나는 우리 어머니가 만들어주시는 김치를 가장 좋아합니다. 친구3: 어제 어머니가 김장하시는 동안 정말 수고하셨겠죠. 친구2: 어머니 김장김치를 가지고 왔습니다. 한 번 먹어보시오. 친구4: 우와 정말 맛있다.	선생님: (칠판에 글씨를 적으며) 다 같이 따라 읽어 봅세다. 세 명 다: 별찌 선생님: 별찌가 무슨 말 일까요? ○○학생 말해보시오. 학생1: 하늘에서 떨어지는 별을 별찌라고 합니다. 학생2: 어제 하늘에서 별지가 떨어지는 것을 보았습니다.
〈북한 친구들의 놀이시간〉	〈7월 북한 친구들의 대화〉
친구1: ○○동무, 휴식 시간에 어떤 일을 하심까? 친구2: 일 없습니다. 친구2: 나는 비새치기 놀이를 할낌다. 친구3: 동무들 그러면 다같이 비새치기 하러 갑시다. 친구들: 좋습니다.	친구1: (부채질하며) 뜨겁다! 벌써 8월 여름 방학이 다가오네. 친구2: 동무들 방학에 뭐할 거야? 친구3: 나는 아버지와 계곡에 갈 계획이 있습다. 친구4: 나는 부모님과 시원한 수박을 먹을 거예요.
〈북한 친구들의 생일〉	〈북한의 명절〉
친구1: ○○동무 생일 축하해요. 친구2: ○○동무 아침에 미역국 먹었슴까? ○○: 어머니가 아침에 미역국 끓여주셨습니다. 친구3: 생일 잔치 합니까? ○○: 오늘 학교 끝나고 제 생일 잔치에 다 같이 갑세다.	할아버지: 아이고! 우리 손주들 오셨네! 어머니: 아버지 어떻게 지내셨습니까? 아버지: 아버지 건강하게 보이십니다. ○○할아버지께 세배드려야지. 나: 할아버지 새해 복 많이 받으시길 바랍니다. 할아버지: 아이고 우리 예쁜 ○○. 고맙다.

활동 2에서는 앞에 활동을 바탕으로 남-북의 비슷한 점을 알고, 그 이유를 같은 조상(단군왕검)을 공유하는 한민족임을 다시금 알려주는 데 중점이 있다. 비슷한 언어와 문화를 알고, 이를 바탕으로 북한 친구들에게 간단한 인사를 적어보는 활동이다. 이러한 과정을 통해 학생들은 북한을 바라보는 관점에 있어서 북한의 정치인들과 일반 북한 사람들의 삶을 구분 지어 생각할 수 있는 기반을 마련할 수 있었다.

3~4학년 안보통일교육에서는 북한 사람들의 객관적인 삶을 바탕으로 안보에 대한 기초 교육이 이루어져야 한다. 우리나라 초등학생들에게 통일의 방법을 물

으면 대다수가 평화 통일을 해야 한다는 형식적인 답을 할 것이다. 무엇이 평화인지 정확하게 인지하지 못한 채 학교에서 단순하게 세뇌당한 평화 통일이라는 단어만 떠올리는 경우가 많다. 이러한 문제점을 보완하는 교육을 제공하기 위해서 학교에서는 올바른 안보 교육을 바탕으로 통일방법에 대한 교육이 이루어져야 한다. 초등학교 3~4학년 학생들은 이제 추상적인 개념을 이해하고, 복잡한 문제를 해결하는 다양한 접근 방법을 이해할 수 있다. 그러므로 1~2학년 교육을 통해 북한 학생, 나아가 주민들의 삶을 주제로 공부하며 북한에 대한 이해와 공감 능력을 길렀다면 3~4학년에서는 안보를 바탕으로 한 다양한 통일방법에 대해 배울 기회를 제공하고, 올바른 통일 방향을 스스로 생각하고 판단하도록 해야 한다.

〈표 11-3〉 초등학교 3~4학년 안보통일교육 수업 전개 모습

〈초등학교 3학년 안보통일교육 수업 전개 모습〉	
1. 주안점	바람직한 통일 가치관을 형성하기 위해서는 남-북 갈등에 대해서 객관적으로 인지하여야 하고, 평화 통일을 주장하려면 한반도의 통일을 위한 노력을 파악해야 한다. 분단 이후부터 현재까지 이르는 역사적 사건과 변화를 살펴보며, 남-북 관계를 객관적인 사실을 바탕으로 이해시켜 주고자 한다.
2. 목표	남-북의 갈등과 통일을 위한 노력을 알 수 있다.
3. 활동 소개	가. 활동1: 남-북의 대립 살펴보기 나. 활동2: 남-북의 통일을 위한 노력 살펴보기
〈초등학교 4학년 안보통일교육 수업 전개 모습〉	
1. 주안점	주입식 통일교육을 받은 학생들은 무엇이 올바른 통일인지 모르고 있다. 단순히 평화만을 외쳐서는 올바른 통일이 이루어질 수 없다. 이번 수업을 통해 학생들은 통일 방법에 대한 다양성을 이해하고, 그 과정에서 자신의 역할에 대해 생각하며, 미래의 리더로서 긍정적인 변화를 끌어낼 수 있는 능력을 기를 수 있을 것이다.
2. 목표	다양한 통일 방법을 알고, 남-북 평화를 위한 선언문을 쓸 수 있다.
3. 활동 소개	가. 활동1: 다양한 통일 방법 나. 활동2: 우리나라의 통일 원칙 다. 활동3: 내가 만드는 평화 통일 선언문

초등학교 통일교육은 정권에 따라 다루어지는 내용이 극명하게 달라졌다. 그로 인해 다루어지는 제재에 따라 학생들은 편향된 통일 인식을 가질 확률이 높아

졌다. 이러한 문제점을 해결하기 위해서는 객관적으로 정확한 사실을 학생들에게 안내하고, 이 사실에 대한 평가를 스스로 해 볼 기회를 초등학생 때부터 제공해야 한다. 이러한 자기 주도적 교육이 이루어질 때 분단 이래의 과거 경험에서부터 지속 가능한 연속성을 유지하고 있는 안보통일교육이 바르게 이루어질 수 있다.

초등학교 3학년 안보 통일수업을 살펴보면 활동 1에서 남-북의 대립 사건을 살펴보게 된다. 이를 통해 남-북 갈등을 객관적으로 알려줄 수 있고, 학생들이 가지고 있는 북한과 통일에 대한 주관적인 선입견을 없애고 사실에 기반한 판단을 할 수 있는 능력을 키워줄 수 있다. 또한, 학생들은 남-북 갈등의 원인과 배경을 이해하는 동시에 안보의 중요성을 깨달을 수 있다. 이는 안보 개념에 대한 이해를 증진하며, 자국과 인류의 안전을 위한 희생을 이해하고 안보에 대한 책임감을 기를 수 있다.

활동 2에서는 평화 통일을 위한 남-북의 노력을 살펴보고, 이를 바탕으로 학생 스스로 평화 선언문을 작성해 볼 수 있도록 지도하였다. 통일이 이루어지기 위한 실질적인 노력을 안내하여 학생들이 통일에 관한 관심을 높일 수 있다. 또한, 남-북의 협력과 대화가 어떻게 통일과 평화를 촉진할 수 있는지에 대해 생각해 볼 수 있는 기회를 제공함으로써 학생들은 통일의 과정에서 가장 중요한 협력과 타협의 중요성을 자연스럽게 배울 수 있다.

4학년 안보통일교육의 핵심은 여러 통일 방법에 대한 구체적인 안내이다. 예멘, 독일, 베트남의 통일 사례를 소개하며 우리나라가 나아가야 할 통일 방향을 한 번 더 생각해 볼 수 있는 안보통일교육 활동이다. 활동 2에서는 현행 대한민국 통일 원칙 3단계(화해 · 협력→남북 연합→통일국가) 방법과 그 외의 앞의 사례에서 소개되었던 국가들의 여러 통일 방법을 명확하게 제시한다. 모든 방법에 대한 장단점을 충분히 지도 후 학생 개인이 생각하는 평화 통일 방법을 선택하고 그에 어울리는 평화 통일 선언문을 작성하도록 한다. 이러한 과정을 통해 학생은 다각적인 안보 통일 방법에 대해 학습할 수 있다.

5~6학년 안보통일교육의 중요점은 세계시민교육과의 연결이다. 세계시민으로서 우리는 인류의 문제를 이해하고 공감하여 인류 번영과 세계 평화에 이바지해야 한다. 과거 초등학교 통일교육을 살펴보면 남북 통일 문제를 지엽적, 소극적

의미로 다루고 있다. 한반도의 통일 문제는 사실 세계 여러 문제와 관련되어 있으므로 이를 연결지어 지도하면 다양성과 포용에 대한 이해를 높이고, 평화와 협력에 대한 인식을 강화하여 지구촌의 안정과 번영에 이바지할 수 있는 안보통일교육을 실시할 수 있다.

〈표 11-4〉 초등학교 5~6학년 안보통일교육 수업 전개 모습

〈초등학교 5학년 안보통일교육 수업 전개 모습〉	
1. 주안점	지속 가능한 발전을 목표로 하는 통일 한반도 수업은 학생들에게 한반도 통일의 중요성과 그에 따른 평화와 번영의 가치를 이해시키고, 한반도 통일 문제를 지구촌 문제와 연결해 통일 구성원으로서 책임과 역할을 인식시키며, 다양한 분야에서 협력과 이해관계를 고려하여 통일 과정에서의 지속 가능한 발전 방안을 생각하고 문제 해결 방안을 제시할 수 있는 경험을 주고자 한다.
2. 목표	지속 가능한 발전 목표를 가진 통일 한반도를 생각할 수 있다.
3. 활동 소개	가. 활동1: 내가 기대하는 한반도 모습 나. 활동2: 통일 한반도 문제 해결 방법 생각하기
〈초등학교 6학년 안보통일교육 수업 전개 모습〉	
1. 주안점	그동안 배워온 안보통일교육 내용을 바탕으로 통일국가를 직접 만들어 봄으로써 통일된 대한민국의 의미와 가치를 이해시키고, 통일 과정에서의 역사적, 정치적, 경제적, 사회적 문제를 이해시키며, 통일이 현실화할 경우의 학생 개인이 꿈꾸는 모습을 친구들과 나눔으로써 안보통일교육 활동에 주체가 될 기회를 제공한다.
2. 목표	내가 생각하는 통일 대한민국을 만들 수 있다.
3. 활동 소개	가. 활동1: 국가의 구성요소 알아보기 나. 활동2: 내가 만드는 통일 대한민국

5~6학년 통일교육의 가장 큰 문제점은 지나치게 단순화되어 있다는 것이다. 통일교육에서 다양한 시각과 의견을 제공하지 않고, 통일에 대한 단일한 관점만을 강조하고 있어 학생들의 사고력과 지식의 범위를 제한하고 있다. 이제는 단순한 통일교육에서 벗어나 세계시민 교육 목표와 연계하여 통일 문제를 한반도 내의 문제로 단정 짓지 않고, 세계 여러 나라와 연관 지어 생각해 볼 수 있는 기회를 제공하여야 한다.

5학년 안보통일교육의 중점은 한반도 문제를 지구촌 문제와 연결 짓고, 지속

가능한 발전의 관점에서 문제 해결 방법을 생각해 볼 수 있도록 하였다. 발전이라는 말을 대부분의 초등학생들은 경제적인 성장 혹은 양적인 성장만을 생각할 수 있다. 이를 보완하기 위해 세계 여러 나라의 문제(경제, 사회, 환경, 정치)를 직접적으로 제시하고, 통일 한국이 마주할 수 있는 문제를 충분히 생각할 기회를 주고자 하였다.

활동 1: 내가 기대하는 한반도의 모습을 상상하고, 통일 한반도에서 마주할 수 있는 문제를 생각해 보게 하였다. 이때 제시할 수 있는 문제의 예로는 일자리 문제, 교육 문제, 불평등 문제, 환경문제 등이다. 이 활동에서 핵심은 세계 여러 나라들은 위와 같은 문제를 어떻게 해결하였는지 구체적인 사례를 제시하는 것이다. 이를 통해 학생들은 통일 한국 문제를 세계 문제와 연결 지어 생각할 수 있고, 미래 사회의 세계시민으로서의 역할에 대한 내적 기반을 쌓을 수 있다.

6학년 활동에서는 국가를 구성요소를 알아보고 자신이 생각하는 통일국가를 만들어 보는 것에 중점을 둔다. 이 활동에서는 한정된 경험치를 학생들에게 부여한다. 학생들은 자신이 꿈꾸는 통일 한국의 군사력, 경제력, 문화력, 외교력에 경험치를 넣을 수 있다. 이후 친구들과 자신이 생각하는 통일한국 모습을 발표하며 학생들은 다양한 안보통일 배움의 요소를 자연스레 습득할 수 있을 것이다. 이 수업을 통해 학생들은 첫째, 통일한국의 가치와 중요성을 자연스럽게 이해할 수 있다. 둘째, 학생들은 통일 과정에서의 도전과 기회를 스스로 발견하고, 다양한 관점에서 현실적 해결책을 고려해 볼 수 있다. 셋째, 학생들에게 협력과 세계의 흐름 안에서 이해관계의 중요성을 강조하며, 지속 가능한 발전을 위한 노력과 역할을 인식할 수 있다.

이러한 학년 특성에 맞는 안보통일교육은 일차원적이고, 단순한 통일교육에서 벗어나 국가 통일에 대한 인식과 이해도를 높이고, 한국인의 정체성과 안보의 중요성, 나아가 단합된 국가의 역할에 대한 이해를 강화할 수 있게 도와줄 것이다.

Ⅳ. 결론

평화로운 논의 시대의 학교 통일교육은 교사, 자신만의 정치적 입장을 고려하는 통일교육을 고집할 수도 있다. 그러나 난세에 통일교육은 갈등과 위기를 극복할 수 있는 방안이 필요하다. 통일교육을 가르치는 학교에서는 강의자들에게 자기 취향에 맞는 통일교육을 보장할 필요는 있다. 그러나 사회 분위기가 공론을 통한 통일교육을 조성하여야 한다는 입장이 요구되고 있다. 우리 사회가 불가역적인 평화 통일 안보 공감대가 확산했다고 보기에는 통일을 지향하고 평화 통일을 위한 경로를 지향하려면 백가쟁명의 통일교육 논리가 나타나더라도 소화할 수 있는 능력을 사회적으로 갖추어야 한다. 그렇기에 한국 사회에서 거론될 수 있는 평화통일교육은 평화적 접근, 통일을 위한 분단 관리, 다문화적 접근, 인간 및 세계 안보적 접근 등 다양한 방향의 교육적 모델이 더 창궐할 수 있게 되었다.

그렇기에 진보성향의 사람들과 논의 속에서 안보교육이 통일교육에서 설정되어서는 안 된다고 주장할 수도 있고, 보수적인 교육자들은 통일교육에서 무장 해제식 평화교육적 접근은 불가하다는 입장에 대해 포용 능력을 갖는 융합력을 견지하여야 한다. 즉 안보교육이나 평화교육적 접근을 강조하는 양자 모두가 통일교육에 있어서 상당히 중요한 의미를 갖고 있기 때문이다. 따라서 양자는 각각 역사적인 기반과 현실적 기반을 동시에 갖고 있음도 인정하면서, 양자의 문제를 인식하면서 동시에 양자의 대립적인 입장을 잘 융합하려는 노력, 양자를 다 볼 수 있는 혜안을 각 성향의 사람들에게 요청할 수도 있는 것이다.

우리 남북한은 전쟁을 겪었기 때문에 남북관계가 잘 이루어진다고 하여도 국가 안보적 차원의 논의들이 통일교육의 내용에 포함되어야 하는 것은 마땅하다. 그러나 그것으로 머물지 말고 안보통일교육은 평화지향의 통일교육으로 승화하도록 하고, 적극적인 평화교육, 인간안보, 사회안보, 국가안보와 접목되어야 한다.

그렇기에 안보통일교육이 실질적으로 의미 있게 전개되려면, 사회 현장에서 국민들 각자가 평화, 통일, 안보를 바라보는 통일교육의 입장을 잘 반영하여야 한다. 그러한 각자의 논의를 통해 통일, 평화, 안보를 통합적으로 과정적으로 바라보게 하는 노력이 안보통일교육에서 필요하다. 즉 통일문제에 대한 많은 이해 당사자들이 논쟁을 통해 해결하고 싶은 현실 문제에 있어서 고립된 독백적 수행으로는 해결이 불가능하다.

협력적 노력을 필요로 하는 참여자들의 논의가 가능하여야 한다. 교란된 합의의 논쟁을 극복하는 길은 반성적 자세에서 소통적 행위로의 진척을 추구하여야 한다. 논의는 행위갈등의 합의적 조정에서 작동하는 것이다. 그렇기에 평화·통일교육을 확산하는 길은 보다 더 많은 의사소통의 방향을 여는 평화의 과정, 통일의 과정, 안보의 과정, 교육으로의 포용적 평화통일교육, 통일교육 속에서 공간이 계속 만들어질 것이라 생각한다.

참고문헌

박보영(2006), "평화교육의 이론과 과제 연구", 연세대학교 박사학위논문.

박성춘(2018), "남북 통합을 위한 통일교육의 방향과 목표", 20-18년 한국도덕윤리과교육학회연차대회자료집 편, 『통일과 통합을 위한 도덕·윤리과 교육』, pp. 133-145.

수잔 L. 카펜더·W. J. D. 케네디, 정주진 옮김(2010), 『공공갈등 해결-정부, 기업, 시민단체를 위한 실천 가이드』, 서울: 도서출판 아르케.

신종대(2023), "윤석열정부의 통일·대북정책 검토와 과제 - 국내 수준의 합의 도모와 성과 추구-", 『현대북한연구』, 26권 1호, pp. 169-198.

요한 갈퉁. 강종일 외 옮김(1996), 『평화적 수단에 의한 평화』, 서울: 들녘.

이장욱(2024), "이스라엘-하마스 분쟁의 주요 이슈와 한반도 안보에의 함의", 『외교』, 제148호, pp. 101-122.

장은주(2017), 『시민교육이 희망이다』, 서울: 도서출판 피어나.

조정아·정용민·김병연 외(2019), 『평화교육의 실태와 쟁점: 통일교육과의 접점을 중심으로』, 서울: 통일연구원.

통일부 통일교육원(2018), 『평화·통일교육: 방향과 관점』, 서울: 통일교육원.

한만길 외(2016), 『통일을 이루는 교육』, 파주: 교육과학사.

허영식(2020), "포용국가 형성을 위한 포용적 민주시민교육의 과제", 『융합사회와 공공정책』, 제13권 제4호.

홍석훈(2018), "북한 핵정책에 따른 국제정세 변화와 대응방안", 진희관 외 6인 공저, 『통일과 평화 그리고 북한』, 서울: 박영사.

찾아보기

[인명]

[내용]

[기타]

저자약력

박찬석

공주교육대학교 교수
통일부 정책자문위원회 위원

저서 & 논문

- 대학 통일교육 환경 개선 방안 연구(2024)

한만길

교육학 박사 : 통일교육, 북한교육
전) 한국교육개발원 선임연구위원, 통일교육연구실장

저서 & 논문

- 통일을 이루는 교육, 교육과학사, 2016
- 평화통일교육의 방향과 내용 고찰, 통일정책연구, 제28권 1호, 2019, 통일연구원

정지웅

(사)코리아통합연구원 연구위원
아신대학교 부교수

저서 & 논문

- 분단통일국과 한반도 통일-힘과 통합이론의 관점에서」(박사논문)
- German Reunification from the Perspective of Integration Theory: From Functionalism to Neofunctionalism

김상무

동국대 WISE캠퍼스 사범교육학부 교수
독일 하이델베르크대 교육학과 박사(Ph. D.)
한독교육학회장, 한국통일교육학회장 역임

저서 & 논문

- 학교 통일교육인식론: 분석과 제언
- 통일을 이루는 교육(공저)

변종헌

제주대학교 교육대학 교수
전) 제주대학교 부총장 겸 교육대학장
전) 한국윤리학회 회장

주요 저서

- 남북한 관계와 한반도 통일
- 시민교육의 성찰

방만기

충남경제진흥원 일자리창출팀 수석연구위원
독일 자유베를린 대학교 경제학과 경제학 박사

저서 & 논문

• Wirtschaftsentwickjlung, Krise und Peripherisierung
• 독일 통일 과정에서의 기상협력 사례 연구

박형빈

서울교육대학교 윤리교육과 교수
서울교육대학교 교육전문대학원 에듀테크전공 및 인공지능인문융합전공 교수

저서 & 논문

• 뇌 신경과학과 도덕교육(2020세종학술도서)
• 통일교육학: 그 이론과 실제

안승대

한국교원대학교 및 부산대학교 강사
전) 대구미래대학교 조교수, 한국통일교육학회 편집위원장

저서 & 논문

• 남남갈등 극복교육-화쟁사상의 적용을 통하여

권승혁

공주교육대학교 과학교육과 교수
전) 한국교원대학교 뇌기반교육연구소 선임연구원

저서 & 논문

• Identification of fNIRS Brain Activity and Exploration of Deep Learning-Based Predictive Model in Self-Regulation Process Taking Mirror Task?

이상희

광주교육대학교 윤리교육과 조교수

저서 & 논문

• 한반도의 오늘과 통일 중등용 교사용 지도서
• 한반도의 오늘과 통일 중등용 교재
• 북한 일상생활 중심의 통일교육 교재 개발

조 윤

충남아산북수초등학교 부장 교사

저서 & 논문

• 안보 통일교육의 초등 현장 실천(2024)

안보통일교육의 이론과 실제

2024년 12월 25일 1판 1쇄 인쇄
2024년 12월 30일 1판 1쇄 발행

저 자 : 박찬석 한만길 정지웅
김상무 변종헌 방만기
박형빈 안승대 권승혁
이상희 조 윤

지지와의 협의하에 인지생략

발행인 : 한 정 주
발행처 : 교 육 과 학 사

경기도 파주시 광인사길 71
전화 (031)955-6956~8 / 팩스 (031)955-6037
Home-page : www.kyoyookbook.co.kr
E-mail : kyoyookbook@daum.net
등록 : 1970년 5월 18일 제2-73호

낙장·파본은 교환해 드립니다.
Printed in Korea.

정가 20,000원
ISBN 978-89-254-1488-1